학생부종합전형
NEW
자기소개서&면접

핵심 100문 100답

전용준·정유희 지음

학생부종합전형
NEW 자기소개서&면접 핵심 100문 100답

펴낸날 2020년 8월 10일 1판 1쇄

지은이 전용준, 정유희
펴낸이 김영선
책임교정 이교숙
교정·교열 양다은 · 안중원
경영지원 최은정
디자인 박유진 · 현애정
마케팅 신용천

펴낸곳 (주)다빈치하우스-미디어숲
주소 경기도 고양시 일산서구 고양대로632번길 60, 207호
전화 (02)323-7234
팩스 (02)323-0253
홈페이지 www.mfbook.co.kr
이메일 dhhard@naver.com (원고투고)
출판등록번호 제2-2767호

값 16,800원
ISBN 979-11-5874-081-8

이 도서의 국립중앙도서관 출판예정도서목록(CIP)은 서지정보유통지원시스템 홈페이지(http://seoji.nl.go.kr)와
국가자료공동목록시스템(http://www.nl.go.kr/kolisnet)에서
이용하실 수 있습니다.(CIP제어번호: CIP2020026641)

학생부종합전형

자기소개서&면접

핵심

100문
100답

전용준·정유희 지음

미디어숲

추천사

'NEW자기소개서&면접 핵심 100문 100답'을 찾아가는 저자들의 노력이 놀랍다. 현장에서 얻어지는 다양한 정보를 100개의 핵심 정보로 정리하는 것은 쉬운 일이 아니다. 정보에 목말라하는 학부모와 교사 그리고 컨설턴트에 이르기까지 다양한 수요자들의 입맛에 맞는 맞춤형 정보가 될 것으로 기대한다.

조훈, 서정대 교수

학교생활기록부를 바탕으로 학생부종합전형에서 중요한 서류인 자기소개서 그리고 2단계 면접 역시 매우 중요한 평가요소가 되고 있다. 학생, 학부모 입장에서 자기소개서 작성요령 및 면접대비 요령을 알고 입시를 준비해 나가야 한다. 특히 개정판에서는 자기소개서를 항목별과 계열별&학과별로 가장 궁금해하는 질문 100개를 엄선해 충분한 예시와 설명으로 답변한다. 대학 수시를 준비하는 학생들이 정독한다면 큰 도움을 얻을 수 있을 것으로 보인다.

김무현, 교육 매거진 〈앤써〉 발행인 겸 (주)해오름커뮤니케이션즈 대표

'NEW 자기소개서&면접 100문 100답'은 교사로서 참으로 반갑다. 이 책은 자기소개서를 작성하는 학생들에게 구체적인 작성방법 안내와 계열별 면접의 특징들을 분석하여 학생들 스스로 이 책을 통해 준비할 수 있도록 친절하게 설

명해 놓았다. 따라서 필요한 전략을 적재적소에 응용할 수 있으며 많은 도움이 될 것으로 보인다.

정동완, 오늘과 내일의 학교 회장, 경남 서창고 교사

〈자소서와 면접〉에 소개된 내용들은 학종을 준비하는 수험생들과 지도하는 선생님들도 반드시 알아야 하는 내용들로 구성되어 있다. 저자의 수많은 상담 사례와 예시 내용들은 이론이 아닌 수험생들이 바로 실제 활용할 수 있는 내용들이다. 학종을 준비하는 수험생들이 어려워하는 자소서 작성이나 면접 준비도 이 책에서 소개한 내용만 잘 이해한다면 충분한 준비가 될 것이다.

이영덕, 강대마이맥학원 입시연구소장

학생부가 없는 자소서와 면접은 존재할 수 없기에 체계적인 자소서와 면접 준비를 위해서는 학생 맞춤식 지도와 학생부 기록이 선행되어야 한다. 그런 의미에서 'NEW 자기소개서&면접 핵심 100문 100답'을 통해 각 항목별로 학생들의 학교생활을 알차게 채워 나갈 수 있고, 자소서와 면접 준비도 좀 더 연결성을 갖고 수월하게 준비할 수 있을 것이다.

손평화, 경남 거창고 교사

학생부종합전형에서 추천서가 폐지되고 자기소개서가 축소 또는 폐지되는 교육제도의 변화가 학생, 학부모, 교사들을 혼란스럽게 만들고 있다. 이러한 시점에서 자기소개서와 면접에 대한 의문점과 작성 시 고려할 사항들을 영역별로 서술해 두었다. 특히, 면접을 대비할 평가표 등을 소개하여 학생들 스스로 준비할 수 있도록 도움을 주는 등 합격할 수 있도록 가이드하고 있다.

김두용, 대구 영남고 교사

"학생부종합전형은 어렵다."라고 느끼는 것은 쉽게 설명된 참고서가 없기 때문일 것이다. 당장 급한 입시생부터 학부모, 교사까지 A라는 질문에 참고할 만한 데이터를 찾기 힘들다. 여기 'NEW 자소서&면접 100문 100답'에서는 자소서 작성에 궁금한 사항과 예시를 친절하게 설명하였으며, 면접에 대비할 수 있는 계열별 기출문제, 면접 평가표를 활용하여 학생 스스로 준비할 수 있도록 도움을 준다. 아직도 자소서 작성과 면접 대비에 고개를 갸웃한다면 이 책을 추천한다.

박상철, 경기 흥진고 교사

학생부종합전형의 마지막 관문인 자소서와 면접. 요즘 자기PR 시대라지만 학생들은 여전히 자기소개서와 면접을 어려워한다. 이 책은 자기소개서 작성 팁을 친절하고 세세하게 구체적으로 설명해 주고 있다. 또한 면접을 실시하는 대학을 준비하는 학생들에게 구체적인 예시와 준비방법, 대비법까지 제시하여 학생들에게 학생부종합전형을 대비할 수 있는 좋은 길라잡이가 되어 줄 것이다.

김승호, 청주외고 교사

자기소개서는 고등학교 3년 동안 학교생활기록부에서 보여주지 못했던 지원자의 '삶의 흔적'을 어떤 동기로 참여해 성장, 발전해 나갔는지를 구체적인 사례를 통해 보여주는 '나만의 삶의 기록물'이다. 'NEW 자기소개서&면접 핵심 100문 100답'은 이런 삶의 기록들을 더 알차게 만들 수 있도록 핵심 정보만 쏙쏙 제공하는 책이다. 학생부종합전형을 준비하는 학생들이라면 이 책을 통해 자신의 이야기를 더 알차게 만들어 나갈 수 있을 것이다.

김형준, 서울 숭의여고 교사

머리말

—

2022 대입 개편에 따른 학교생활기록부 기록의 내실화를 통해 달라진 학생부종합전형을 준비하라!

현재 교육계의 가장 큰 화두는 2015 개정 교육과정을 통해 기존의 단편적인 지식을 평가하는 방식에서 벗어나, 학생이 주도적으로 참여하는 과정 중심평가이다. 이는 결국 4차 산업혁명 시대에 능동적으로 대처할 수 있는 창의융합형 인재를 양성하는 데 목적을 두고 있다. 이러한 이유로 문·이과 통합교육 기반을 마련하기 위해 공통 과목을 신설하여 기초 소양을 갖추게 하고, 학생의 진로와 적성에 맞는 다양한 선택과목을 자율적으로 이수하도록 권고하고 있다. 학생 스스로 학교생활 전반에 걸쳐 진로 및 학업설계를 할 수 있는 역량을 키우는 데 초점을 맞추고 있는 것이다.

2015 개정 교육과정이 실질적으로 적용되면서 학생 스스로가 선택하는 교과목에 따라 다양한 수준의 탐구활동, 토론 및 발표활동, 프로젝트 활동 등이 진행 중이다. 학생의 주도적인 참여를 기반으로 한 활동 중심의 평가 관련 내용들이 향후 학교생활기록부에 기록될 예정이다.

최근 교육부의 정시확대 권고방침에도 불구하고 많은 대학이 '창의융합형 인재'를 선발하고자 학생부종합전형을 수시전형에서 가장 큰 규모로 선발하고 있다. 수시에서 논술과 특기자 전형을 점진적으로 축소하고 수시는 학생부위주전형으로, 정시는 수능전형으로 학생들을 선발하는 기류가 형성되고 있는 것이다.

　　작년 블라인드 면접에 이어 올해는 '공통고교정보' 폐지로 제출한 서류의 블라인드 평가를 실시하며, 교사추천서 및 자기소개서 제출을 간소화하는 대학들이 늘어나고 있다. 수능최저학력기준 약화 및 폐지, 2단계 면접의 차별화, 계열구분 없는 역량 중심의 평가, 고교-대학연계 프로그램 활성화, 대학별 학생부종합전형 지원자격 완화, 대학별 학생부종합전형 프로그램 활성화 등이 바로 그 것이다. 특히 고교 현장에서는 학생중심 프로젝트 탐구활동과 진로 중심 동아리 활동이 활성화되었고, 지역 학교 간 공동협력 수업을 기반으로 다양한 진로 선택 과목을 이수할 수 있는 온라인 공동교육과정까지 마련했다.

　　『자기소개서&면접 핵심100문100답』은 서류평가 방법 및 체크리스트, 그리고 자기소개서의 경우 대교협 공통양식 자기소개서 1번~3번의 작성요령, 작성예시, 평가 포인트와 대학별로 차별화된 자율문항인 자기소개서 4번 문항 등이 담겨 있다. 수험생들이 평소 궁금해하는 내용은 물론 꼭 알아두어야 할 핵심내용까지, 자기소개서의 모든 것에 대한 이해를 돕고자 하였다. 면접의 경우 일반면접 외에도 제시문면접, 토론면접, MMI 등의 심층면접까지 담았다. 면접 형태의 이해부터 면접 준비요령에 대한 친절한 설명과 함께 실제 면접후기 사례까지 인용하여, 면접에 관한 중요사항을 하나도 놓치지 않으려 애썼다. 또한 최근 학생부종합전형에서 다양해지고 있는 면접에 대한 정보도 충실하게 제공해 드리고자 노력하였다.

이 책이 학생부종합전형을 준비하는 모든 수험생과 학부모, 그리고 교육관계자 분들에게 많은 도움이 되시길 바라며, 학생부종합전형을 지원하는 모든 지원자들의 합격을 기원한다.

저자 전용준, 정유희

차 례

PART 1

자기소개서 일반

PART 2

자기소개서 1번 · 2번 · 3번

PART 3

자기소개서 4번

PART 4

면접 일반

PART 5

학생부 기반 인성면접

PART 6

계열별 면접 대비 전략(심층면접 포함)

부록

자기소개서 일반

자기소개서 작성과 관련한 유의사항에는
어떤 것들이 있는가

Q&A 1

대교협 자기소개서 공통양식은 무엇인가요?

학생부종합전형 지원자들이 자기소개서를 평가서류로 제출할 경우, 한국대학교육협의회(이하 '대교협')에서 지정한 공통문항 1번, 2번, 3번을 작성하게 됩니다. 이 공통문항 1~3번을 '대교협 자기소개서 공통양식'이라고 합니다. 공통양식은 총 3개 문항으로 1번 문항 1,000자, 2번 문항 1,500자, 3번 문항 1,000자로 구성되어 있습니다. 문항별 내용은 아래에 있는 공통양식을 참고하기 바랍니다.

그리고 대교협 자기소개서 공통양식(총 3개 문항) 외에 대학마다 자율적으로 요구하는 4번 문항을 '자율문항'으로 별도로 지정하고 있습니다. 지원대학 제출 서류 양식에서 꼭 확인하기 바랍니다. 자기소개서 항목별로 글자 수 제한이 있어 초과되면 안 되지만, 분량을 채우지 못한다고 해서 감점이 되는 것은 아닙니다. 분량보다는 본인 중심의 활동으로 어필할 수 있는 내용들을 작성하기 바랍니다.

공통문항

1. 고등학교 재학기간 중 학업에 기울인 노력과 학습 경험을 통해, 배우고 느낀 점을 중심으로 기술해 주시기 바랍니다.(띄어쓰기 포함 1,000자 이내)

2. 고등학교 재학기간 중 본인이 의미를 두고 노력했던 교내 활동(3개 이내)을 통해 배우고 느낀 점을 중심으로 기술해 주시기 바랍니다. 단, 교외 활동 중 학교장의 허락을 받고 참여한 활동은 포함됩니다.(띄어쓰기 포함 1,500자 이내)

3. 학교생활 중 배려, 나눔, 협력, 갈등 관리 등을 실천한 사례를 들고, 그 과정을 통해 배우고 느낀 점을 기술해 주시기 바랍니다.(띄어쓰기 포함 1,000자 이내)

자율문항

* 지원 동기 등 학생을 종합적으로 판단하기 위해 필요한 경우 대학별로 1개의 자율 문항을 추가하여 활용하시기 바랍니다.(글자 수는 띄어쓰기 포함 1,000자 또는 1,500자 이내로 하고 대학에서 선택)

출처 : 2021학년도 대입 공통지원서 양식 안내(대교협)

Q&A 2

자기소개서 '0점' 처리 기준은 어떻게 되나요?

자기소개서에는 공인어학성적 등 작성이 금지되는 내용이 있습니다. 이 금지

항목들을 작성할 경우 0점 처리가 됩니다. 대입수시전형에서 학생부종합전형은 제출서류(학교생활기록부, 자기소개서, 교사추천서, 증빙서류 등)에 각각 별도로 배점을 부여하지 않고, 종합적으로 평가합니다. 따라서 자기소개서 0점 처리의 의미는 서류평가에서 0점 처리를 한다는 의미이기 때문에 결국 불합격된다는 의미입니다. 이러한 0점 처리 기준은 교사추천서에 동일한 금지항목들이 작성되어 있는 경우에도 해당되기 때문에 주의해야 합니다.

Q&A 3

자기소개서에 작성이 금지되는 것은 어떤 것들이 있나요?

대교협 자기소개서 유의사항에서 자기소개서 작성에 위반되는 공인어학성적은 아래와 같습니다. 그렇지만 단순히 공인어학성적을 열거한 것이 아니면 0점 처리되지는 않습니다. 다만 대교협 자기소개서 유의사항에 언급이 안 된 공인어학성적을 기술해도 평가에는 반영하지 않습니다. 다음의 '대교협 자기소개서/교사추천서 유의사항'을 참고하길 바랍니다.

> 영어(TOEIC, TOEFL, TEPS), 중국어(HSK), 일본어(JPT, JLPT), 프랑스어(DELF, DALF), 독일어(ZD, TESTDAF, DSH, DSD), 러시아어(TORFL), 스페인어(DELE), 상공회의소한자시험, 한자능력검정, 실용한자, 한자급수자격검정, YBM 상무한검, 한자급수인증시험, 한자자격검정

출처 : 2021 대교협 자기소개서 유의사항

대교협 자기소개서 유의사항에 따르면 수학, 과학, 외국어 교과에 대한 교외 수상실적을 작성하는 것이 금지됩니다. 그리고 '대교협 자기소개서/교사추천서 유의사항'에 열거된 항목 외에도, 대회 명칭에 수학·과학(물리, 화학, 생물, 지구과학, 천문)·외국어(영어 등) 교과명이 명시된 학교 외 각종 대회(경시대회, 올림피

아드 등) 수상실적을 작성했을 경우에는 불합격 처리됩니다. '교외 수상실적'이란 학교 외 기관이 개최한 대회 수상실적을 의미하며, 학교장의 참가 허락을 받은 교외 수상실적이라도 작성 시 불합격 처리되니 유의하기 바랍니다.

학생부종합전형의 자기소개서는 공교육 내에서 이루어진 활동을 작성하자는 취지이므로 학교생활기록부에 기재할 수 없는 주요 항목-논문(학회지) 등재나 도서 출간, 발명특허 관련 내용, 해외활동실적, 교외 인증시험 성적 등-은 작성할 수 없습니다. 어학연수 등 사교육 유발요인이 큰 교외활동의 경우에도 작성이 제한됩니다. 이를 준수하지 않았을 경우 평가에 불이익을 받을 수 있으니, 작성해서는 안 됩니다. 지원자 본인의 강점을 부각시키기 위해 작성하는 것으로 지원자 성명, 출신고교, 부모(친인척포함)의 실명을 포함한 사회적, 경제적 지위 (직종명, 직업명, 직장명, 직위명 등)를 암시하는 내용을 기재할 경우 평가에 불이익을 받을 수 있습니다. 표준 공통원서접수 서비스를 활용하는 경우, 자기소개서 작성 시 입력 허용 가능한 문자는 영문자, 숫자, 한글만 가능하며, 특수문자는 아래의 특수문자 및 기호만 입력이 가능합니다.

*허용 문자 및 기호 : ~ ! @ # ^ ( ) - _ + / { } [ ] : " ' , . ?

수학	한국수학올림피아드(KMO), 한국수학인증시험(KMC), 온라인 창의수학 경시대회, 도시대항 국제 수학토너먼트, 국제수학올림피아드(IMO)
과학	한국물리올림피아드(KPHO), 한국화학올림피아드(KCHO), 한국생물올림피아드(KBO), 한국천문올림피아드(KAO), 한국지구과학올림피아드(KESO), 한국뇌과학올림피아드, 전국정보과학올림피아드, 국제물리과학올림피아드, 국제지구과학올림피아드, 국제생물올림피아드, 국제천문올림피아드, 한국중등과학올림피아드
외국어	전국 초중고 외국어(영어, 중국어, 일본어, 프랑스어, 독일어, 러시아어, 스페인어) 경시대회, IET 국제영어대회, IEWC 국제영어글쓰기대회, 글로벌 리더십 영어 경연대회, SIFEC 전국영어말하기대회, 국제영어논술대회

출처 : 2021 대교협 자기소개서 유의사항

대부분 대학의 자기소개서 양식에는 공정성과 객관성을 유지하기 위해서 다음과 같은 서약서 내용을 포함하고 있습니다.

> 1. 자기소개서는 지원자 본인이 작성하여야 하고, 사실에 입각하여 정직하게 지원자 자신의 능력이나 특성, 경험 등을 기술하여야 합니다.
> 2. 자기소개서에 기술된 사항에 대한 사실 확인을 요청할 경우 지원자는 적극 협조하여야 합니다.
> 3. 제출된 자기소개서는 표절, 대리 작성, 허위사실 기재, 기타 부정한 사실 등의 검증을 위해 유사도 검색을 실시하고, 해당 사실이 발견될 경우 불합격 처리되며 합격 이후라도 입학이 취소될 수 있습니다.
> 4. 자기소개서에 다음 사항을 기재할 경우 서류 평가에서 "0점"(또는 불합격) 처리됩니다.
>
> 본인은 자기소개서 작성에 관한 유의 사항을 숙지했으며, 유의 사항 위반에 따른 조치에 대해서는 이의를 제기하지 않겠습니다. (동의 : □)
>
> 위 사항에 대해 확인 서약합니다.
>
> 2021년 월 일

Q&A 4

자기소개서, 교사추천서를 제출하는 모든 전형에 '0점' 처리 규정이 적용되나요?

대입수시전형은 학생부교과전형, 학생부종합전형, 논술전형, 실기전형으로 구분됩니다. 이 중 학생부위주전형(학생부교과, 학생부종합전형)에서 제출서류로 자기소개서와 교사추천서를 요구하는 경우에 한해서 적용되며, 특기자전형과 재외국민·외국인 특별전형은 제한이 없습니다. 최종적으로 수험생이 지원하고자 하는 대학의 최종 모집요강에서 제출서류 항목을 반드시 확인하기 바랍니다.

Q&A 5

자기소개서 유사도 검증시스템은 어떻게 진행이 되나요?

자기소개서뿐만 아니라 교사추천서 역시 표절, 대필 혹은 허위 여부를 검증합니다. 이를 위해서 유사도 검색을 실시하며, 주로 지원자가 제출한 서류와 다른 대학 지원자의 서류, 연도별 지원자의 서류 등의 유사도를 확인합니다. 만약 자기소개서가 표절의심서류로 판단될 경우 전화통보 및 이메일 발송을 통해 소명내용을 제출하도록 요구하고 있습니다. 학생부종합전형 지원자들은 기존 합격수기나 출신고교 선배의 자기소개서를 참고하는 경우 유사표절행위에 해당될 수 있기 때문에, 충분한 시간적 여유를 가지고 본인의 강점을 어필할 수 있는 나만의 자기소개서를 작성해야 합니다. 그렇지만 동일 지원자가 동일 대학 다른 전형 혹은 다른 대학에 똑같은 내용의 자기소개서를 제출했을 경우에는 유사도 검색에 문제가 되지는 않지만, 다만 지원하는 모집단위가 다르고 대학교가 다른 경우이면 자기소개서에 차별화된 스토리를 어필하는 것은 중요합니다. 특히 재수생의 경우는 전년도 본인이 제출한 동일한 자기소개서를 금년에 다시 제출해도 괜찮습니다.

표절 정도	유사도 비율		확인방법
	자기소개서	교사추천서	
위험수준 (Red zone)	30% 이상	50% 이상	유선확인, 현장실사, 본인확인, 교사확인, 심층면접 등
의심수준 (Yellow zone)	5% 이상~30% 미만	20% 이상~50% 미만	
유의수준 (Blue zone)	5% 미만	20% 미만	서류평가 단계에서 검색된 문구 등을 특히 유의하여 검증

출처 : 「유사도 검증시스템 과정을 통한 확인방법(대교협)」

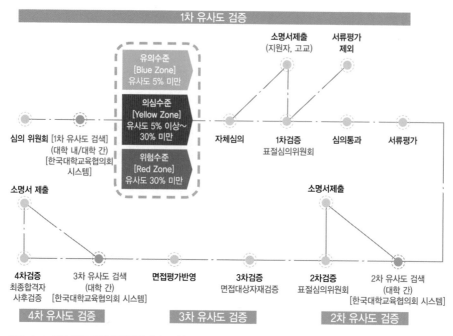

Q&A 6

자기소개서 유사도 표절 검색의 범위는 어디까지인가요? 구체적인 사례들이 궁금합니다.

「2020학년도 중앙대 학생부종합전형 가이드북」에는 유사도 표절 검색의 3가지 사례가 소개되어 있습니다. 첫째로 형제 간 유사한 문구 사용사례, 둘째로 동일 고교의 지원자가 같은 활동을 유사하게 기술하여 검색된 사례, 그리고 마지막으로 인터넷에서 발췌한 문구를 사용한 사례들이 소개되어 있습니다. 자기소개서 유사도 표절 검색에 해당되지 않도록 자기소개서 작성에 유의해야 합니다.

〈사례1〉 형제 간 유사한 문구 사용한 사례(유사도 비율 5% 이상~30% 미만) **의심수준**

모집단위 사회복지학부 aa고등학교 - 강@@	모집단위 의학부 bb고등학교 - 강△△
부모님과 함께 중학교때부터 OO복지원에 봉사활동을 다녔습니다. 주말마다 늦잠을 자고 싶었지만 부모님, 언니와 함께 다녔기에 꾸준히 봉사활동에 참여할 수 있었습니다. 봉사활동을 다니며 사회에 더 도움이 될 수 있는 방법은 없을까 고민하였고, 사회복지학부에 진학하여 제 꿈을 이루고 싶다는 다짐을 하게 되었습니다.	봉사활동을 통해 나눔과 배려를 배우는 것을 중요하게 여기시는 부모님과 함께 고등학교 때부터 OO복지원에 봉사활동을 다녔습니다. 주말마다 늦잠을 자고 싶었지만 부모님, 동생과 함께 다녔기에 꾸준히 봉사활동에 참여할 수 있었습니다. 봉사활동을 하며 특히 건강이 안 좋으셔서 힘들어하시는 분들을 많이 보았습니다. 함께 봉사를 하셨던 의료진들을 보며 저도 의료인이 되어 도움을 드리고 싶다는 생각이 커졌습니다.

〈사례2〉 동일 고교의 지원자가 같은 활동을 유사하게 기술하여 검색된 사례(유사도 비율 5% 이상~30% 미만) **의심수준**

모집단위 생명과학과 cc고등학교 - 현@@	모집단위 생명과학과 cc고등학교 - 우△△
저는 신문기사에서 미세먼지로 인한 건강질환이 증가한다는 사실을 접하고 실험동아리에서 주제로 선정하여 실험을 설계하게 되었습니다. 실험 과정에서 미세먼지 환경을 조성하는 일이 잘 되지 않아, 바라던 결과가 나오지 않았습니다. 하지만 조원들과 머리를 맞대고 미세먼지 환경을 조성할 방법을 찾았고, 결국 저희 조에서 원하던 결과를 도출해 냈습니다. 이 실험을 통해 혼자하기보다 협력을 통해 무슨 일이든 해결할 수 있다는 자신감을 얻게 되었습니다. 이런 경험 덕분에 다음 번 실험에서도 시행착오를 줄일 수 있었고 제가 꿈꾸던 생명과학자가 될 수 있을 것이라 생각했습니다.	저는 교내 실험동아리에서 미세먼지로 인한 건강질환이 증가한다는 가설로 실험을 설계하게 되었습니다. 실험 중간에 공기 정화 식물이 시들어서 바라던 결과를 얻을 수 없었습니다. 이럴 때일수록 조원들과 똘똘 뭉쳐야겠다고 생각하여 책과 신문기사, 인터넷, 논문 등을 밤낮으로 찾아가며 팀원들과 의논을 통해 해결방법을 찾을 수 있었습니다. 이를 통해 혼자하기보다 협력을 통해 무슨 일이든 해결할 수 있다는 자신감을 얻게 되었습니다. 이런 경험 덕분에 다음 번 실험에서도 시행착오를 줄일 수 있었고 제가 바라던 연구원이 될 수 있을 것이라 생각했습니다.

〈사례3〉 인터넷에서 발췌한 문구를 사용한 사례(유사도 비율 30% 이상) **위험수준**

모집단위 영어교육과 dd고등학교 - 박@@	모집단위 국어국문학과 ee고등학교 -최△△
저는 한국지리를 공부할 때 이 방법을 적극적으로 이용하였습니다. 기본 개념을 이해하기 위해 그림을 그려가며 문제를 풀고 개념을 정리하였습니다. 이 공부 방법은 영어과목을 공부할 때도 적용하였습니다. 옆의 친구에게도 같은 방법으로 설명을 해주니 친구의 성적도 같이 향상되었습니다.	저는 윤리와 사상을 공부할 때 이 방법을 적극적으로 이용하였습니다. 기본 개념을 이해하기 위해 도식화하며 문제를 풀고 개념을 정리하였습니다. 이 공부 방법은 국어과목을 공부할 때도 적용하였습니다. 동급생 멘티에게도 같은 방법으로 설명을 해주니 멘티의 성적도 향상되고 가르침에 뿌듯함을 느낄 수 있었습니다.

출처 : 2020 중앙대학교 학생부종합전형 가이드북

Q&A 7

자기소개서 작성은 언제부터 하면 좋을까요?

자기소개서는 고교 2학년이 마무리되는 겨울방학 때 미리 써보면 좋겠습니다. 그때가 되면 자기소개서 1번~3번 문항에 활용 가능한 교과 및 비교과 활동들의 스토리는 거의 빠짐없이 학교생활기록부에서 확인이 가능하다고 봅니다. 물론 3학년 1학기에 교과성적의 변화, 진로변경으로 인한 창의적 체험활동, 그리고 독서활동 등 자기소개서에 작성 가능한 여러 스토리가 가능할 수도 있습니다.

Q&A 8

자기소개서 각 문항은 학교 생활기록부의 몇 번 항목과 연계되나요?

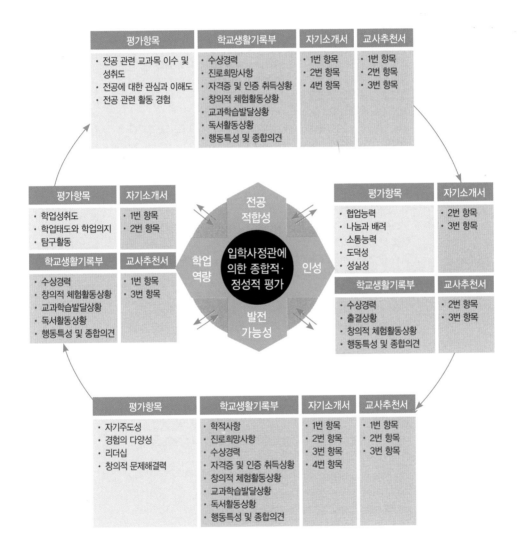

평가항목	학교생활기록부	자기소개서	교사추천서
· 전공 관련 교과목 이수 및 성취도 · 전공에 대한 관심과 이해도 · 전공 관련 활동 경험	· 수상경력 · 진로희망사항 · 자격증 및 인증 취득상황 · 창의적 체험활동상황 · 교과학습발달상황 · 독서활동상황 · 행동특성 및 종합의견	· 1번 항목 · 2번 항목 · 4번 항목	· 1번 항목 · 2번 항목 · 3번 항목

평가항목	자기소개서
· 학업성취도 · 학업태도와 학업의지 · 탐구활동	· 1번 항목 · 2번 항목

학교생활기록부	교사추천서
· 수상경력 · 창의적 체험활동상황 · 교과학습발달상황 · 독서활동상황 · 행동특성 및 종합의견	· 1번 항목 · 3번 항목

전공 적합성

학업 역량

입학사정관에 의한 종합적·정성적 평가

인성

발전 가능성

평가항목	자기소개서
· 협업능력 · 나눔과 배려 · 소통능력 · 도덕성 · 성실성	· 2번 항목 · 3번 항목

학교생활기록부	교사추천서
· 수상경력 · 출결상황 · 창의적 체험활동상황 · 행동특성 및 종합의견	· 2번 항목 · 3번 항목

평가항목	학교생활기록부	자기소개서	교사추천서
· 자기주도성 · 경험의 다양성 · 리더십 · 창의적 문제해결력	· 학적사항 · 진로희망사항 · 수상경력 · 자격증 및 인증 취득상황 · 창의적 체험활동상황 · 교과학습발달상황 · 독서활동상황 · 행동특성 및 종합의견	· 1번 항목 · 2번 항목 · 3번 항목 · 4번 항목	· 1번 항목 · 2번 항목 · 3번 항목

출처 : 학생부종합전형 운영공통기준과 용어표준화 연구(2016.3). 대입전형 표준화방안 연구 – 학생부종합전형 평가요소와 평가 항목을 중심으로 (건국대 등 6개 대학, 2018.3)

자기소개서 학업역량/전공적합성 점검 자기진단표

구분		평가 세부내용	평가		
			우수	보통	미흡
학업역량	학업성취도	• 전체적인 교과성적은 다른 지원자들에 비해 어느 정도인가? • 학기별/학년별 성적은 고르게 유지되고 있는가? • 학기별/학년별 성적은 상승/하락하고 있는가? • 대학 수학에 필요한 기본 과목(예: 국어, 수학, 영어, 사회/과학 등) 성적은 어느 정도인가? 그 외 과목 성적은 전반적으로 무난한가? 유난히 소홀함을 보인 과목은 없는가? • 희망 전공과 관련된 기본 과목은 어느 정도 이수했는가? • 희망 전공과 관련된 과목과 다른 과목의 성적 차이는 어느 정도인가? • 과목별 이수자 수의 규모는 어느 정도인가? • 과목별 등급 외에 원점수(평균/표준편차 포함)는 적절한가?			
	학업태도와 학업의지	• 새로운 지식을 획득하기 위해 자기주도적인 태도로 노력하고 있는가? • 자발적인 성취동기와 목표의식을 가지고 넓고 깊게 학습하려는 의지와 열정이 있는가? • 교과활동을 통해 지식의 폭을 확장하고 새로운 것을 창출하려는 노력을 하고 있는가? • 교과 수업에서 적극적이고 집중력이 있으며 스스로 참여하고 이해하려는 태도와 열정을 보이는가?			
	탐구활동	• 교과에서 이루어지고 있는 탐구활동에 적극적으로 참여하고 있는가? • 각종 교과 탐구활동을 통해 창의적인 결과물을 산출하고 있는가? • 탐구활동에서 표출되는 학문에 대한 열의와 지적 관심을 가지고 있는가? • 성공적인 학업생활을 위해 적극적인 탐구 의지와 호기심을 가지고 있는가?			
전공적합성	전공관련 교과목 이수 및 성취도	• 지원 전공(계열)과 관련된 과목을 어느 정도 이수하였는가? • 지원 전공(계열)과 관련해 스스로 선택하여 수강한 과목은 얼마나 되는가? • 지원 전공(계열)과 관련된 교과 성적이 우수한가?(이수단위, 수강자수, 원점수, 평균, 표준편차 참고)			
	전공에 대한 관심과 이해	• 지원 전공에 대한 흥미와 관심을 가지고 있는가? • 지원 전공에 대해 올바르게 이해하고 있는가? • 자신의 경험과 지원 전공의 연관성을 설명할 수 있는가?			
	전공관련 활동과 경험	• 지원 전공에 관련된 교과관련활동(세부능력 및 특기사항, 수상 등)이 있는가? • 지원 전공에 관련된 창의적 체험활동(자율, 동아리, 봉사, 진로)이 있는가? • 지원 전공에 관련된 독서가 있는가, 적절한 수준인가?			

자기소개서 인성/발전가능성 점검 자기진단표

구 분		평가 세부내용	평 가		
			우수	보통	미흡
인 성	협업 능력	• 자발적인 협력을 통하여 공동의 과제를 완성한 경험이 자주 나타나는가? • 협력이 부족한 상황에서 사람들을 설득하여 협동을 이끌어낸 경험을 가지고 있는가? • 공동과제나 단체활동을 즐겨하고, 구성원들로부터 좋은 동료로 인정받고 있는가?			
	나눔과 배려	• 타인을 위하여 자신의 것을 나누고자 한 구체적 경험이 지속적으로 나타나는가? • 봉사활동 등을 통하여 나눔을 생활화 하고자 하는 경험이 지속적으로 나타나는가? • 나와 다른 생각을 가진 상대방의 입장을 이해하고 존중하는 노력을 기울이고 있는가? • 학교생활에서 타인을 배려한 본보기로 언급되거나 모범이 된 사례가 있는가?			
	소통 능력	• 공동과제 수행이나 모둠활동, 단체활동 등에서 타인의 의견을 경청하고, 상대방의 관심사항과 요구를 공감적으로 이해하고 있는가? • 수업이나 교과 외 활동 등에서 자신의 의견을 효과적으로 표현하고 있는가? • 자신의 생각이나 의견을 논리적, 체계적으로 기술하는 경험이 나타나는가? • 새로운 지식이나 사고방식에 대하여 열린 마음으로 적극적으로 받아들이고 있는가?			
	도덕성	• 자신이 속한 집단이 정한 규칙과 규정을 준수하고, 자신에게 불리한 경우라 하더라도 이를 지키기 위하여 노력하고 있는가? • 자신이 속한 구성원들에게 인정과 신뢰를 얻고 있으며, 바람직한 행동으로 모범이 되는가? • 규칙이나 규정을 어긴 경우, 자신의 잘못을 인정하고 개선하려는 노력을 기울이는가?			
	성실성	• 학업활동에 있어 지속적인 노력을 통하여 꾸준함을 보여주고 있는가? • 자신의 관심분야나 진로와 관련한 활동을 지속적으로 수행한 경험이 있는가? • 어려운 상황이 발생하여도 일관된 모습으로 최선의 노력을 기울이는 경험이 있는가? • 출결상황이나 단체활동 참여 등 학생으로서 당연히 해야 하는 의무를 책임감 있게 수행하고 있는가?			

발전가능성	자기주도성	• 교내 다양한 활동에서 주도적, 적극적으로 활동을 수행하는가? • 새로운 과제를 주도적으로 만들고 성과를 내었는가? • 기존에 경험한 내용을 바탕으로 스스로 외연을 확장하려고 노력하였는가?			
	경험의 다양성	• 자율, 동아리, 봉사, 진로활동 등 체험활동을 통해 다양한 경험을 쌓았는가? • 독서활동을 통해 다양한 영역에서 지식과 문화적 소양을 쌓았는가? • 예체능 영역에서 적극적이고 성실하게 참여하였는가? • 자신의 목표를 위해 도전한 경험을 통해 성취한 적이 있는가?			
	리더십	• 학생회, 동아리 등 학생 주도 활동에서 역할을 수행한 경험이 있는가? • 구성원의 화합과 단결을 이끌어가기 위한 구체적인 행동 경험이 있는가? • 공동체의 목표를 달성하기 위해 계획하고 실행을 주도한 경험이 있는가?			
	창의적 문제해결력	• 교내활동 과정에서 창의적인 발상을 통해 일을 진행한 경험이 있는가? • 교내활동 과정에서 나타나는 문제점을 적극적으로 해결하기 위해 노력하였는가? • 주어진 교육환경을 극복하거나 충분히 활용한 경험이 있는가?			

출처 : 대입전형 표준화방안 연구 –학생부종합전형 평가요소와 평가항목을 중심으로 (건국대 등 6개 대학, 2018.3)

Q&A 9

자기소개서는 학생부종합전형을 실시하는 대학이라면 반드시 제출해야 하는 서류인가요? 그리고 자기소개서를 제출하지 않는다면 어떤 부분이 중요한가요?

대부분 대학은 학종에서 자소서 제출을 요구하고 있습니다. 최근 대입전형 간소화 방안으로 자기소개서 역시 2024학년도(현 중3)부터는 전면 폐지되는 상황에서 고려대학교는 자기소개서 제출이 필수가 아닌 선택서류가 되었습니다. 또한 올해부터 자율문항이 4번을 제외한 대교협 공통양식 문항을 제출하게 하는 대학들도 있습니다. 한편 한양대학교와 마찬가지로 동국대 학교장추천인재전형과 숙명여대I 서류형에서는 자기소개서를 제출하지 않습니다. 한양대는 유일한 제출서류인 학교생활기록부에서 평가하는 항목으로 4번 수상경력과 7번 창의적 체험활동(자율/동아리/봉사/진로활동), 8-2번 세부능력 특기사항, 10번 행동특성 및 종합의견을 보면서 학생부에 기록된 모든 내용을 토대로 학생의 교육여건과 교육과정을 고려하여 고교 3년 동안의 성취를 정성적으로 평가하고 있습니다. 이처럼 단순히 교과성적이나 수상경력의 개수를 수치화하여 정량적으로 반영하는 것이 아닌 학생부에 기록되어 있는 학업 관련 기록들을 통해서 종합적인 성취를 판단하고 있습니다.

숙명여대 학생부종합전형 숙명인재1(서류형) 학생부 평가항목 및 평가내용

평가항목		평가내용
전공적합성 및 발전가능성	• 진로탐색노력 • 전공에 대한 관심과 이해 • 전공(계열)역량 개발	• 진로에 대한 탐색 과정 및 노력 • 지원전공과 관련한 소양과 자질 • 전공(계열) 관련 교과목 이수과정
탐구역량	• 지적호기심 • 자기주도성 • 탐구활동 • 기초학업역량	• 학업에 대한 호기심과 깊고 넓게 탐구하는 태도 및 역량 • 자발적인 의지와 자기주도적인 학습태도 • 교과, 비교과에서 이루어지는 탐구활동에 대한 지적관심 및 적극적 참여 • 기본적인 학업 수학역량 평가
공동체의식과 협업능력	• 공동체의식 및 리더십 • 협업능력 및 소통능력	• 공동체의 목표 달성을 위해 구성원의 협력을 이끌어낼 수 있는 역량 • 열린 사고로 타인의 의견을 존중하며 상황과 맥락을 이해하면서 소통하고 협업하는 역량

출처 : 2021 숙명여자대학교 수시요강

한양대 학생부종합전형 학생부 평가항목 및 평가내용

평가항목		주요 평가 영역	평가내용
종합성취도		수상경력	학생부에 드러난 학업관련 기록을 통하여 종합적인 성취를 평가 • 학생부교과등급을 정량적으로 평가하는 것이 아님 • 학생의 교육여건과 교육과정을 고려하여 종합적인 성취를 정성평가
		창의적체험활동	
		세부능력 및 특기사항	
		행동특성 및 종합의견	
4대핵심역량	비판적사고 창의적사고	수상경력	학업노력에 대한 결과평가
		창의적체험활동	관심분야에 참여한 교내활동평가
		세부능력 및 특기사항	학업노력에 대한 교과목교사의 의견확인
		행동특성 및 종합의견	학업·관심분야에 대한 담임교사의 의견확인

4 대 핵 심 역 량	자기주도 소통·협업	수상경력	다양한 인성·잠재역량에 대한 고교인정사실 확인
		창의적체험활동	교내활동 속에서 확인되는 인성·잠재력 평가
		세부능력 및 특기사항	수업태도·생활모습에 대한 교과목교사의 의견확인
		행동특성 및 종합의견	학교생활에 대한 담임교사 의견확인
종합역량(평가)		수상경력	※ 내부 위촉사정관(교원)의 "학문적 지식과 가르침의 경험"을 바탕으로 종합평가 실시 • 대학수학을 위한 기본소양 및 열정·관심에 대한 준비 정도 평가 • 대학생으로서 갖추어야 할 인성과 기본역량에 대해 평가
		창의적체험활동	
		세부능력 및 특기사항	
		행동특성 및 종합의견	

- 학생부 주요평가영역 : 종합평가 시 중점적으로 확인·평가하는 항목
- 학생부 주요평가영역을 제외한 기타 학생부영역 또한 종합평가 시 참고자료로 활용됨
- '학교생활기록부 기재요령'에 어긋나는 수상 및 활동은 학교생활기록부에 기재되어 있어도 평가반영 불가
  ▶ 교외수상 : 평가 반영 불가 (교육부 훈령 제29호의 제9조 근거, "2020 학교생활기록부 기재요령" 74page)
  ▶ 교외활동 : 학교장이 승인한 교육부 및 직속기관, 시도교육청 및 직속기관, 교육지원청 및 소속기관 주최·주관 체험활동에 한해 평가에 반영
  (교육부 훈령 제243호의 제13조 근거, "2020 학교생활기록부 기재요령" 102 page)

출처 : 2020 한양대학교 수시요강

Q&A 10

자기소개서 작성과 관련하여 대학에서 말하는 유의사항에는 어떤 것이 있는지 궁금합니다.

대학별 설명회나 학생부종합전형 안내/가이드 책자에 자기소개서 작성요령들이 다양하게 소개되어 있습니다. 그 가운데 대부분 대학 입학사정관실에서 공통적으로 요구하는 작성요령은 다음과 같습니다.

1. 자기소개서 작성 전 자기에 대한 이해(Who I am) : 자기소개서를 작성하기 전 첫 번째로 해야 할 일은 '자기에 대한 이해'를 하는 것입니다. 누구에게나 잘하는 것과 그렇지 않은 것이 있습니다. 자신의 장단점을 파악하여 장점은 더욱 매력적으로, 단점은 보완하여 성장할 수 있는 가능성을 보여주기 바랍니다.(한국외대)

2. 고교 재학 중의 활동 스토리 위주 : 학생부종합전형의 평가 대상은 고교 재학 중의 활동으로 제한되어 있습니다. 그럼에도 불구하고 중학교 때나 고교 졸업 후의 활동을 전달하고 싶다면 작성은 본인의 자유이지만, 제한된 공간을 아깝게 낭비할 수 있다는 점 유의하기 바랍니다.(성균관대)

3. 자기소개서는 동기와 과정의 스토리로 구성 : 학교생활기록부가 사실과 결과 위주의 기록이라면, 자기소개서는 이러한 사실과 결과에 대한 동기와 과정에 대한 '지원자의 고교 3년을 들려주는 해설서'입니다.(경희대)

4. 결과 위주의 단순한 사실 나열은 지양 : 단순한 실적의 장황한 나열보다는 경험한 사실과 활동 속에서 지원자에게 미친 영향과 변화가 잘 나타난 하나의 에피소드를 분명하고 호소력 있게 작성합니다.(경희대)

5. 진로성숙도의 구체성 확보 : 자기소개서에 진로희망만 일관될 뿐, 지원 전공에 대한 진지한 고민 없이 추상적인 단계에 머물러 있는 느낌만 보인다면 긍정적인 평가를 받기 어렵습니다.(동국대)

6. 평가요소에 맞는 스토리 소재 우선 선별 : 학교생활기록부에 기록되어 있는 다양한 활동들 중에서 어떤 것을 부각하는 것이 본인의 학업역량, 전공적합성, 발전가능성, 인성을 돋보이게 할 수 있을지를 먼저 고민해 보세요. 평가요소를 먼저 고려해 소재를 결정하는 것 또한 자기소개서 작성의 팁이 될 수 있습니다.(경희대)

7. 성장과정의 변화된 모습을 어필 : 성장가능성은 활동의 명칭이 아니라 활동의 내용(What I did), 활동의 과정(How I did), 활동을 통한 성장(What I learned)으로 구분하여 달라진 모습을 어필해 작성합니다.(서강대)

8. 활동 중요도에 따른 선별 작업 : 자기소개서에 고교 재학 중 해온 모든 활동을 남김없이 작성하는 것은 불가능합니다. 다양한 활동 중에서도 본인의 역량을 충분히 보여줄 수 있는 활동에는 어떤 것들이 있는지 선별하여 각각의 중요도를 부여해 보세요. 자기소개서를 작성하기에 앞서 각 활동의 중요도에 따라 자기소개서에 강조해야 할 내용과 그렇지 않은 내용을 확인해 보세요.(중앙대)

9. 면접을 통한 자기소개서 내용 확인됨을 명심 : 자기소개서는 면접의 기초 자료로 활용되기 때문에 반드시 사실에 근거한 것만을 기술해야 합니다. 좋은 문장을 만들기 위해 여러 사람이 첨삭하여 만들어진 자기소개서로는 학생 본연의 모습을 잘 드러내기 어렵습니다.(서울대)

10. 자기소개서 마지막 퇴고작업 신중 : "신촌에서 꼭 공부하고 싶습니다!" 많은 대학들이 대교협 공통양식을 사용하면서 다른 대학을 지원하는 내용의 자기소개서가 드물지 않게 발견되고 있습니다. 또한 오타와 비문, 맞춤법에 맞지 않는 문장은 평가자에게 좋은 인상을 줄 수 없으니 반드시 제출 전에 실수는 없었는지 점검하기 바랍니다.(성균관대)

출처 : 대학교별 학생부종합전형 안내/가이드 책자

PART 2

자기소개서
1번·2번·3번

· · ·

자기소개서 대교협 공통양식의
작성요령과 평가요소는 무엇인가요

[자기소개서 1번]

Q&A 11

자기소개서 1번 문항을 설명해 주시고, 작성요령을 안내해 주세요.

자기소개서 1번 문항은 '고등학교 재학기간 중 **학업에 기울인 노력과 학습경험**을 통해, **배우고 느낀 점**을 중심으로 기술해 주시기 바랍니다.(띄어쓰기 포함 1,000자 이내)'입니다.

우선 '고등학교 재학기간'이라는 특정 기간을 설정한 이유는 자기소개서 글자수가 1,000자로 한정되어 있어 가급적 고교 재학기간 동안의 스토리로 구성해야 함을 의미합니다. 자기소개서 1번에서 주로 평가하는 요소는 '**학업역량**'입니다. 따라서 '**학업에 기울인 노력과 학습경험**'은 단순한 교과성적의 성취도나 내신성적을 올리는 학습법 관련 사례만을 의미하는 것은 아닙니다. 그보다는 교과지식의 이해수준을 활용하여 교과 특정 단원에 지적호기심을 보이고 다양한 교과연계 활동 참여를 통한 교과지식의 적용 및 활용과정에서의 지적역량의 변화를 어필하는 것이 매우 중요합니다. 끝으로 '**배우고 느낀 점을 중심으로**'는 지원자의 학업역량이 단순한 교과 관련 탐구보고서 작성의 결과 및 교내대회의 우수한 수상실적의 결과가 아닌 자기소개서를 통해 활동의 동기와 과정, 지원자가 배운 점과 성장한 정도 등을 평가합니다. 그러므로 본인의 학업역량, 전공적합성 등에 대하여 학생부와 유기적으로 연계해 역량이 잘 나타나도록 작성하는 것이 중요합니다.

Q&A 12

자기소개서 1번에서 '학업'은 내신성적이 좋은 교과목과 교과 관련 수상실적들을 활용하면 도움이 될까요?

학생부종합전형을 지원하는 학생들 대부분이 자기소개서 1번을 작성할 때 흔히 하는 실수가 있습니다. 교과성적 수치가 높은 교과목을 선택한 다음, 높은 내신성적이 나오는 데 도움을 준 개인적인 학습법과 수상실적 등급 위주로 장황하게 나열하는 경우입니다.

입학사정관 입장에서 생각해 본다면, 학교생활기록부에 이미 언급이 되어 있는 내용들을 다시 보는 셈입니다. 입학사정관이 자기소개서에서 확인하고 싶은 것은 무엇일까요? 그것은 학업경험 사례를 통한 학생의 변화된 모습입니다. 교과성취도가 높은 교과목과 관련 교내대회 수상을 하기까지의 지원자의 교과수업 시간의 참여도(수행평가, 학업태도, 과제수행능력 등)와 자기주도적으로 노력한 적이 있는지, 자발적인 성취동기를 가지고 깊게 학습한 경험이 있는지, 지식의 폭을 확장하고 새롭게 배운 것을 더 넓고 깊게 확장하기 위해 노력한 사례가 있는지 등 다양한 경험이 자신에게 끼친 영향을 배우고 느낀 점을 중심으로 작성하는 것이 중요합니다.

다음에서 대학별로 자기소개서 1번에 대한 다양한 예시들을 살펴보면 도움이 될 듯합니다.

다양한 학습 경험의 과정 및 결과를 제시한 사례

미디어커뮤니케이션학 전공 지원

2학년 법과정치 수업 중 "책임무능력자의 감독자 책임"이라는 개념을 배우며 이중주차를 한 차주, 피고의 부모, 아파트 입주자 대표회의까지 책임을 묻게 된 사건이 조별과제로 주어졌습니다. 복잡한 사건을 텍스트만으로 이해하는 것이 어려워 고민 끝에 관련 뉴스 영상을 찾아봐야겠다는 판단을 했습니다. 뉴스를 요약해 조원들에게 설명하고, 사건을 학급에 알기 쉽게 전달해 주었습니다. 시각자료로 보니 복잡하게만 느껴지던 사건의 흐름을 파악하기 수월해졌습니다. (중략) 자료 작성 과정에서 '미디어 리터러시'라는 개념을 알게 되었고 다른 학습에 적용해 보고자 했습니다. 2학년 때 '매체 속 국어의 재발견'이라는 동아리를 개설하여 미디어 리터러시 활용을 계획했습니다.

'천만 영화' 선전의 이유를 각각 '상영관 독점'. '작품의 완성도'라는 주제로 작성된 기사 2편을 비교하여 분석적 읽기 활동을 하였습니다. 하나의 상황에서 각기 다른 분석이 가능한 것에 대해 알게 되었고 많은 정보를 수용해야 하는 오늘날에 미디어 리터러시가 중요한 역량이 될 것이라는 점을 깨닫는 계기가 되었습니다.

▶ 수업시간의 활동과 연계된 동아리 활동을 통해 글을 읽고 분석하는 역량을 기르기 위한 노력의 과정을 보여주는 사례입니다.

기계로봇에너지공학과 지원

수학에 대한 호기심으로 자율활동 시간에 '어느 수학자의 변명'이라는 책을 읽게 되었습니다. 이 책을 통해 실용성과 창조성이라는 수학의 가치에 대해 깨닫게 되었고 학문적 호기심이 커지게 되었습니다. (중략) 이후 2학년 때의 꾸준한 독서 활동 덕분에 담임선생님과 '선생님과 함께하는 책 여행' 이라는 교내 사제 동행 독서활동에 참여할 수 있었습니다. (중략) 수학 분야에서 '미적분으로 바라본 하루'를 읽고 '비는 왜 우산을 뚫지 못할까?' 주제로 토의를 하였습니다. 이를 해결하기 위해 책의 내용을 이해하기 위해 노력했는데, 특히 비는 질량과 속도를 가져 운동량을 가지는데, 운동량을 시간으로 미분했을 때 힘이 나오고, 그 과정에서 속도가 가속도가 되므로 뉴턴의 제2법칙을 이용할 수 있다는 것을 배우며 물리와의 연관성도 찾게 되었습니다.

▶ 독서 활동을 통해 자신의 관심사를 탐구하기 위한 노력을 보여주고 관련 역량을 쌓기 위해 노력한 과정이 드러나는 사례입니다.

학습방법만이 강조된 아쉬운 사례

경제학과 지원

1학년 방과후 학교 수업 중에 자율학습 '기적의 수학' 시간을 통해 매일 2시간씩 꾸준히 공부하여 자기주도 학습능력을 향상시켰습니다. 매일 학습계획을 세우고 실천해가는 과정 속에서 성취감을 느끼고 계획에 대한 반성을 하고 선생님과의 피드백을 통해 나만의 수학 공부 방법을 찾도록 노력하였습니다. (중략) 그리고 방과후가 끝나고 나서도 수학문제를 푸는 습관이 생겨서 하루에 수학문제를 20문제 이상씩 꾸준히 풀어 열심히 공부한 결과 모의고사 성적이 많이 좋아지고 내신 성적도 1등급이나 올랐습니다. (후략)

▶ 학습방법에 대한 서술이 주가 되어 학교생활의 성실성의 다른 정보를 얻기 어려우며, 모의고사 성적은 확인이 불가능하므로 평가에 미반영된 사례입니다.

출처 : 2020 동국대학교 학생부종합전형 가이드북

Q1 고등학교 재학기간 중 학업에 기울인 노력과 학습 경험을 통해, 배우고 느낀 점을 중심으로 기술해 주시기 바랍니다.(1,000자 이내)

A1 1번 항목을 통해 지원자는 지금까지 어떻게 공부하였는지에 대한 과정을 알려줄 수 있습니다. 또한 평가자는 대학 진학 이후 지원자가 어떻게 공부할 것인가를 그려 보게 됩니다. 지원자가 '대학의 학습방식에 잘 적응할 수 있을까? 깊이 있게 공부할 수 있을까? 학업에 대한 태도, 학문적 관심 등이 지속될 수 있을까?' 같은 질문을 하며 학생을 깊이 이해하려고 노력합니다.

[예시] 교과 학습 경험을 바탕으로 활동의 계기와 깨달음 기술한 경우

Good!

사회문화 시간에 배운 사회 불평등의 여러 형태에 대한 수업은 국가가 국민에게 가지는 책임에 대해 고민하는 계기가 되었습니다. 국민의 삶, 특히 취약계층의 삶은 사회구조의 영향을 크게 받기 때문에 국가가 소외계층의 삶을 살피는 정책을 마련해야 한다고 느꼈습니다. …그래서 저는 시민단체와 더불어 지역주민들 간에 공동체를 형성해 지방정부를 견제하는 참여수단을 만들면 권력 견제와 더불어 국민과 정부 간의 소통이 활발하게 이루어지겠다는 생각을 하게 되었고 저부터 학생 수준에서 참여할 수 있는 다양한 활동들을 찾아서 하는 계기가 되었습니다.

▶ 교과에서 배운 내용을 바탕으로 사회의 문제점을 발견하고, 활동에 자기주도적으로 참여하는 계기가 되었다고 기술했습니다. 이와 같은 활동경험은 학교생활기록부를 통해 확인될 수 있어야 합니다. 또한 학업적 호기심을 적극적 탐구로 연결하여 학문 연구의 기본인 탐구 능력을 갖추고 꾸준한 성장을 보여 줄 것이라는 가능성을 발견할 수 있었습니다.

출처 : 2021 연세대학교 학생부종합전형 안내서

(1) 고등학교 재학기간 중 학업에 기울인 노력과 학습경험을 통해, 배우고 느낀 점을 중심으로 기술해 주기 바랍니다.

1번 문항은 지원자의 학업과 관련하여 세운 목표와 기울였던 노력에 대해 작성하는 항목입니다. 펜타곤 평가요소 5개 중 지원자의 '탐구역량', '전공적합성', '통합역량' 등을 확인할 수 있는 항목입니다. 고교생활 중 자기주도적으로 학습한 경험, 어떤 분야의 공부에 몰두했던 경험 등 학업에 기울인 노력 및 비교과 영역을 통해 발휘된 사례를 보여주는 부분입니다.

[A] 긴장이 다소 풀려 2학년 1학기에는 전체 등급이 하향세를 띄기 시작하였습니다. 저는 다시 처음으로 되돌아가 선생님과 상담을 통해 제 공부 방법의 문제점을 파악하면서 방과 후에는 날마다 인터넷 강의를 활용해 모르는 부분을 완전히 이해할 때까지 반복 청취했고, 학습의 핵심을 정확히 파악하는 훈련을 지속적으로 이어갔습니다. 때문에 3학년에 올라와서는 전체적으로 점수가 향상될 수 있었습니다.

[B] 저는 약간 독특한 공부 방법을 가지고 있는데, 이것이 성적을 올려준 것이라고 생각합니다. 수업을 들을 때 모든 필기를 연필로 하는 것입니다. 연한 심을 사용하면 글씨가 흐려 필기를 또박또박 해야만 알아볼 수 있어서 필기할 때 집중이 배가 되고, 나중에 볼펜과 형광펜 등을 이용해 다시 정리를 하면서 완벽히 제 것으로 만들 수 있었습니다.

▶ (A)번 평가항목에서 위와 같이 과목별 성적 향상을 위한 노력, 자기주도학습에 공들인 시간과 노력, 나만의 학습 방법 등의 사례를 나열할 경우 나만의 특별한 점을 발견하기 어렵습니다. 위의 사례에서 단순한 성적 향상은 학교생활기록부를 통해서 찾아볼 수 있고, 우수한 학생의 특색도 살펴보기 어렵습니다. 무엇보다도 학교교육과 수업의 과정, 교사와의 상호작용을 통해 학생이 성장한 내용을 써주세요. 학생부종합전형에서는 학교교육의 여러 수업과 탐구과정을 통해 배우고 느낀 경험을 중요하게 생각합니다.

[C] 단순히 기본적인 이론만을 가지고서 내용을 받아들이기에는 이해가 잘 되지 않았고 그에 따른 실험이나 활동을 통해 깨닫고 받아들였습니다. 유독 물리 과목에서 '전자기유도 현상' 단원을 공부하던 중 이론적인 설명만 가지고는 잘 이해가 되지 않았습니다. 그래서 전자기유도 현상에 대해 좀 더 깊이 있는 이해를 통해 확실하게 알고자 실험을 계획해 구성했습니다. 학교 과학실험실에 있는 자석과 코일, 검류계를 이용해 자석을 코일에 접근시켰다가 멀리하면서 유도 전류의 흐름을 직접 관찰할 수 있었습니다. 그러던 중 탐구하면서 알게 된 건 전자기유도 현상은 대체로 정성적인 설명에 그치고 있으며 정량적인 값을 구하는 방법과 탐구과정은 거의 찾아볼 수 없다는 것이었습니다. 이를 계기로 교내 과학전람회에 위의 연구 내용을 가지고 참가해 장기간의 프로젝트를 시작하게 되었습니다.

[D] 저는 수업을 통해 배운 내용에 의문을 제기하고 스스로 답을 찾아나가는 것이 즐겁습니다. 한국지리 시간에 저출산화 현상에 대해서 배웠습니다. 그렇지만 교과서에서는 단편적인 설명과 정답을 쉽게 제시한다고 판단했습니다. 그래서 저출산 대책에 대한 정책 자료들을 찾아보다가 우리나라 인구 추계에 관심이 생겼습니다. 인구학자의 저서인 '정해진 미래'를 읽고, 인구 추세의 급격한 하락은 사회문화 전반에 큰 충격을 준다는 것을 알게 되었습니다.

그렇다면, 고등학교는 어떻게 변화하는가? 대학은 자연스레 문닫는 사례가 속출할 것이라는 것은 많이 들었지만 고등학교는 어떻게 달라질 것인지에 대해서는 자료를 찾기 어려웠습니다. 이러한 의문은 '인구문제에 따른 교육현장의 변화'라는 주제로 수행평가 보고서를 작성하는 것으로 이어졌습니다. 통계청 사이트 자료 등을 토대로 출산인구 추세, 학교 수와 학급 수 변화, 교사 경력별 인원과 사범대학 및 교직이수 현황, 교사 임용고시 현황 등 다양한 측면에서 고교에 미치는 영향에 대해서 세밀히 살펴보는 계기가 되었습니다.

※ 개인의 구체적인 경험사례는 실제 사례를 바탕으로 일부 내용을 수정하였습니다.

출처 : 2020중앙대 학생부종합전형 가이드북

탐구형인재전형 / 정치국제학과 / 부수인

주요활동 : 경제자율동아리		
선택이유 :	학업태도와 학업 의지	수상경력 : 진로 심화 독서프로그램참가
• 학교교육과정 경제과목 미개설		
• 경제를 배우고 싶은 친구들과 자율동아리 개설	탐구활동 및 탐구능력	진로희망사항 : 외교관/ 국제기구종사자/ 경제 관련 국제기구 종사자
• 경제를 동영상 강의로 들으면서 한 번에 내용을 이해하기 어려웠음		
• 친구들과 자신이 이해한 내용 각자 발표	전공에 대한 관심과 이해	창의적 체험 활동
• 서로의 내용을 보완해주며 진행		
• 관심사와 관련된 개발도상국의 경제발전 단원 들으면서 신문기사에서 찾은 사례와 대응	전공 관련 활동과 경험	세부능력특기사항
• 개발도상국 경제발전을 위한 해결방안 생각		
• 능동적 학습	자기주도성	독서활동
• 이후 생활과 윤리시간에 부유국의 약소국에 대한 의무적 원조 입장의 철학적 근거 배움	도덕성 및 성실성	행동특성 및 종합의견

문항1. 고등학교 재학기간 중 학업에 기울인 노력과 학습 경험을 통해 배우고 느낀 점을 중심으로 기술해 주시기 바랍니다.

세계빈곤문제와 국가 간 빈부격차에 관심을 두고 이를 개발도상국 지원으로 해결할 수 있다고 생각했지만 진로를 구체화할 때 부유한 국가가 개발도상국을 도와야 하는 이유와 방법을 설명하기 어려웠습니다. 우선 개발도상국 빈곤문제는 그 국가의 경제구조 때문이라 생각해 경제자율동아리에서 경제원리를 공부했습니다.

(중략) 이를 통해 개발도상국 빈곤문제를 해결하기 위해 선진국의 경제적 측면의 도움이 필수적이라 느꼈고 외교분야와 연관지어 국제기구의 조정 및 다른 국가의 멘토링 활동 활성화 방안을 제시했습니다.

이후 생활과 윤리 시간에 '부유한 나라의 약소국에 대한 원조의 의무' 단원에서 의무적으로 약소국을 원조해야 한다는 입장의 철학적 근거를 배웠습니다. 특히 싱어의 공리주의적 주장을 바탕으로 한 약소국 지원 의무의 관점에서 사람들 돕는 것에는 도덕적 차이가 없으며 세계적 이익 증진을 위해 어떤 공동체의 구성원인지에 상관없이 도움을 주어야 한다는 주장이 인상 깊었습니다. 이를 통해 개발도상국을 도와야 하는 윤리적 측면의 근거까지 생각해보았습니다. (후략)

출처 : 2021동국대 학생부종합전형 가이드북

Q&A 13

자기소개서 1번 문항과 관련해서 지원자의 구체적인 학업 관련 특장점과 다양한 학습경험 사례를 소개해 주세요.

대학교에서 공개하는 학생부종합전형 가이드북에는 NG예시들을 자세한 설명을 통해서 자소서1번 작성요령들을 설명하고 있습니다. 고려대학교는 단순히 내신 등급 상승이나 경시대회에서의 좋은 성적의 나열보다는 과정 속에서의 학습경험이 지원자에게 미친 영향과 변화를 보여주도록 조언하고 있습니다. 서울대학교는 선생님이나 부모님의 조언 혹은 다른 사람의 자소서를 참고하다 보면 본인만의 생각이나 독창성이 사라지게 되기 때문에 자신만의 언어로 '나'를 솔직하게 드러내는 글임을 강조하며 추상적이고 상투적인 표현이 아닌 설득력 있는 구체적인 내용중심의 작성을 요구하고 있습니다. 서울시립대학교는 자소서1번의 다양한 학업경험 과정 속에서 단순한 호기심에서 출발해서 자신만의 관점으로 다양한 적용사례를 살펴보다 발생한 논리적 충돌을 어떻게 해결하였는지 증명하고, 해당 학문분야에 많은 관심을 보여주는 게 중요합니다.

특히 성적만을 위한 공부가 아닌 자신의 관심을 충족하기 위한 '학업'과정을 보여줌으로써 입학사정관에게 준비된 대학생이라는 것을 보여줄 수 있는 사례를 고민할 것을 언급하고 있습니다.

NG 사례

저는 수학에 관심이 많습니다. 내신을 향상시키기 위해서 매일 문제집을 풀고 궁금한 내용을 선생님께 질문해가면서 열심히 공부하였습니다. 이런 노력으로 성적이 점차 향상되어 2학년 이후에는 줄곧 수학 과목에서 1등급을 유지하는 한편, 교내 수학경시대회에서도 지속적으로 금상을 받았습니다.

이렇게 써보면 어떨까요?

저는 수학을 참 좋아하는 학생입니다. 수학 문제를 풀 때 이 문제는 어떻게 접근해야 할까, 어떤 공식을 활용하는 것이 좋을까를 고민해보고 다양한 시도를 통해 해결해나가는 과정이 너무나 즐겁습니다. 수업시간에는 배우지 않는 수학 공식 뒤에 숨겨져 있는 논리와 철학을 알아내기 위해 관련 도서를 찾아 읽기도 하고, 의문이 생기면 선생님께 몇 번이고 찾아가 질문하기도 합니다. 이렇게 수학이라는 학문 자체를 즐기고 좋아하다 보니 내신 성적은 자연스럽게 향상되었습니다. 교내 수학경시대회에서는 모범답안과 다른 창의적인 접근으로 문제를 풀어내어 선생님께 크게 칭찬을 받기도 하였습니다.

출처 : 2021고려대학교 학생부종합전형 가이드북

※ 자기소개서 "NG" 예시

저는 고등학교 기간 동안 국어를 가장 좋아했습니다. 좋아했던 과목이니 만큼 열심히 공부했고 국어 과목에서 모두 1등급을 받을 수 있었습니다. 또한 교내 백일장에 참가하여 금상을 수상하였습니다.

이렇게 바꾸면 어떨까요?

고등학교 문학 시간에 배운 김승옥님의 '무진기행'은 저를 문학의 길로 안내해준 작품입니다. 처음에는 제목만 보고 기행문인가 단순히 생각하였는데 무진기행을 배우면서 소설 속 아름다운 문장에 매료되었고 이 작품을 조금 더 자세히 알아보고 싶어졌습니다. 교과서에는 소설의 일부분만 소개되어 있었기 때문에 우선 학교 도서관에서 무진기행 책을 찾아보았고, 첫 문장부터 마지막 문장까지 소설의 분위기에 압도되어 단숨에 책을 읽었습니다. 특히 문학 선생님의 도움으로 무진기행과 관련한 다양한 분석 자료를 읽을 수 있었습니다. 단편 소설이지만 등장인물, 시공간적 배경, 작가의 생애 등을 주제로 다양한 해석이 존재한다는 사실에 놀랐고 이를 통해 작품을 보다 깊이 이해할 수 있었습니다. 무진기행을 여러 번 읽으면서 소설 속 문장, 장면이 매번 새롭게 다가왔고, 그때마다 저의 감상평을 정리하였습니다. 책을 읽고 감상평을 정리하는 습관 덕분에 이후 교내 백일장에서도 좋은 성과를 얻을 수 있었습니다.

출처 : 2020서울대학교 학생부종합전형 가이드북

혹시 이렇게 쓰셨나요?

예시

저는 영어말하기 대회를 준비하며 제 생각을 타인에게 전달해야 할 때 명쾌하게 영어를 구사하는 능력을 길렀습니다. 또한 전체적인 영어능력이 향상됨을 확인하여 영어에 대한 자신감을 얻었고, 이를 바탕으로 교과 시간 및 다양한 교내 영어 경시 대회 등에서 우수한 성과를 이루어냈습니다. 그 밖에도 저는 고등학교 재학 중 교과와 관련한 다양한 활동을 진행하면서 새로운 지식을 빠르게 받아들이고 포용하는 능력을 갖출 수 있었고, 능동적인 학습의 유용함을 다시 한 번 깨닫게 되었습니다.

출처 : UOS(서울시립대) 학생부종합전형 자소서 가이드북

입학사정관의 한줄 평	
추상적 서술, 구체성 부족	• 구체적이지 않아요. 영어 말하기 대회에서 어떤 주제로 어떤 발표를 했는지 서술해 주어야 자기소개서를 따라가며 이 학생이 어떤지 그릴 수 있는데, 학생의 모습이 그려지지 않습니다. 그리고 교과와 관련된 어떤 다양한 활동을 진행하면서 어떤 새로운 지식을 빠르게 받아들였는지에 대한 구체적인 내용도 없습니다. 또한 지식을 '포용'한다는 것이 무슨 의미인지 알고 쓴 것인지도 의문이 들어요. 결국 어떻게 '능동적인 학습'을 했는지 구체적으로 쓰지 못했네요. • 영어 능력이 향상된 과정을 구체적으로 작성해야 합니다. 단순히 결과만 나열해서는 어떠한 학습 과정과 방법을 통해 능력이 향상됐는지 확인하기 어렵습니다. 결과에 대한 과정이 어떠하였는지 구체적으로 작성해보기 바랍니다. • 어떻게 영어 능력을 향상했는지, 그 수준이 어느 정도인지 구체적으로 보여줄 수 없을까요?
과정과 결과, 근거를 추가해보세요.	• 학업능력이 향상되었다는 내용이 서술되었지만 너무 추상적이네요. 학습 과정과 근거, 결과가 같이 나타난다면 지원자의 학업역량을 더욱 잘 확인할 수 있을 것입니다. • 단순한 활동 나열보다는 각각의 활동에 대해서 어떤 과정을 거쳤는지 얘기하면 좋겠어요. • '교과와 관련된 다양한 활동'을 진행했다면 구체적으로 어떤 활동을 진행했는지, 그 분야에 관심을 가지게 된 이유나 궁금증을 해결한 과정을 상세하게 보여주는 것이 필요합니다. • 명쾌한 영어 구사 능력을 어떤 방법으로 발전시켰는지 궁금하네요. 영어 교과시간 및 교내대회에서 우수한 성과를 냈다고 했는데 그에 대한 구체적인 내용을 작성해보면 어떨까요?

Q&A 14

학교생활기록부에 기재되지 않은 내용이나 학교에 개설되지 않은 과목을 혼자서 학습한 내용들을 자기소개서 1번에 작성해도 되나요?

자기소개서 유의사항항목 이외의 내용 가운데 학교생활기록부에 언급되지 않은 활동상황에 대한 자기소개서 기재에 대해서 많이 궁금할 듯합니다. 우선 대학교별 학생부종합전형 가이드북 자기소개서 FAQ에서 여러 의견들을 제시하고 있습니다. 우선 경희대학교는 "자기소개서는 고등학교 재학 기간 중의 활동을 중심으로 작성합니다. 관심분야의 지원 동기를 나타내기 위해 어린 시절의 이야기부터 시작하여 작성하는 경우가 종종 있는데 지원자를 이해하는 데 반드시 필요한 사항이 아니라면 고등학교 재학 기간 중의 활동을 중심으로 작성하는 것이 좋습니다. 또한 성장과정에 대해 많은 부분을 작성하게 되면 오히려 2019학년도 대입부터 자기소개서 작성 시 유의사항에 추가된 '출신고교, 부모(친인척포함)의 실명을 포함한 사회적·경제적 지위(직종명, 직업명, 직장명, 직위명 등)를 암시하는 내용을 기재할 경우 평가에 불이익을 받을 수 있으니, 작성을 금지합니다'라는 조항에도 해당될 수 있으니 유의하여 작성해야 합니다."

또한 고려대학교는 고려대 주최 프로그램에 참여한 활동상황을 자기소개서에 기록하는 유리한지에 대한 답변에 "특정 대학프로그램에 참여 여부가 절대로 합불에 영향을 주거나 평가에 유리하게 적용하는 것이 아니라 다양한 프로그램 참여를 통해 지원자가 진로에 대해 고민하고 발전하는 모습 그 자체가 평가에 반영됩니다"라고 하고 있습니다. 한편 대부분 대학의 입학사정관들은 개인적으로 혼자 공부한 학습법 관련 내용을 자소서에 기술하는 경우 평가에 바람직하지 않다는 것이 대부분의 의견입니다. 가장 큰 이유로는 학교생활기록부에서 근거가 없는 사례가 대부분이거나 혹은 단순한 개인적으로 교과지식 습득차원의 경험이어서 공동으로 협업하는 지식활용 및 탐구활동 차원으로 평가하기 어렵다고 말합니다.

Q&A 15

'학업에 기울인 노력과 학습경험'은 주로 개인적으로 시험기간 동안 작성한 스터디플래너 및 성적을 높이고자 한 학습법을 먼저 생각하게 되는데, 그 외에 어떤 다양한 사례들이 있을까요?

학생들이 쓴 자기소개서 1번 문항을 보면 흔한 학습법 혹은 스터디플래너 작성을 자기주도학습의 경험 사례로 선택한 경우가 많습니다. 하지만 요즘은 교과 성적 향상을 쓰는 경향이 많이 줄어들었습니다. 동아리활동, 독서활동 등 비교과 활동의 다양한 소재로 지원 전공에 대한 관심과 흥미를 보여주는 사례가 많아지고 있습니다. 교과학습 발달상황 및 비교과활동 모두를 소재로 활용하되 이를 통한 학업역량이나 전공역량의 성장을 함께 기재하는 것이 바람직합니다. 예를 들어 토론대회 준비과정에서의 지적 깊이를 더했던 학습경험과 이를 통한 학업성취 및 전공 관련 역량 향상, 독서활동을 통한 전공 학습경험, 교과수행평가 및 보고서 과제를 통한 학습 경험 등을 보여주는 것이 좋은 평가를 받을 수 있습니다.

구체적인 사례로 고교 수준을 넘어서는 특정 교과목의 심층적인 토론이나 실험들을 설계 및 진행하여 그 과정에서 전문가 혹은 참고문헌을 통한 지식확장을 경험한 사례, 정규 교과 수업시간에 해결되지 않은 이론을 장기적인 연구과제 프로젝트를 통해서 더욱 높은 수준의 지적호기심을 보여주는 것이 좋은 평가를 받을 수 있다고 합니다.

다음 서울시립대 학생부종합전형 가이드북의 1번 사례를 보면 교과지식의 확장력, 오류확인을 통한 문제해결 학습경험, 본인의 단점을 보완한 학업태도 변화를 통한 자기주도학습경험 사례들을 보여주고 있습니다.

이렇게 써보는 건 어떨까요? ❶

> **예시**
> 저는 통계자료를 통해 사회현상을 통찰할 수 있음을 깨닫고 이것이 사회 과목이 아닌 다른 과목을 학습하는 데에도 도움이 될 수 있을 것이라는 생각이 들었습니다. 이에 문학작품 '흥보가'에서 매품 가격이 6냥이었음을 읽고 다른 재화들의 시장 가격에 대한 궁금증이 생겨 조선 후기의 물가와 1인당 GDP를 구해 조선 후기의 궁핍한 생활상의 원인을 탐구해 발표했습니다. 또한, 한국사 과목에서는 개화기 우리나라의 경제가 일본에게 점진적으로 장악되었다는 사실을 일본으로의 곡식 수출량과 조선 내 일본 화폐 사용률을 연도별로 조사해 그래프로 만들어 이해할 수 있었습니다. 이 결과 다양한 표와 그래프를 사용하는 '확률과 통계' 과목에 쉽게 접근할 수 있게 되어 저조했던 수학 과목 성적을 올리는 계기가 되었습니다.

	입학사정관의 한줄 평
융합 & 연계	• 한 가지 주제에 대해 여러 교과에서 학습한 과정이 나타나네요. 흥미 있는 주제에 대해 문학, 한국사, 수학을 연계하는 학문 간 융합을 시도했네요. • 본인의 관심사를 한 곳에서만 드러내지 않고 다양한 과목과 연계하려 한 흔적이 보입니다. 본인이 정말 관심을 가지고 있으면 어느 과목에서든 본인의 관심사를 충분히 드러낼 수 있습니다. • 단순히 통계자료만을 분석하는 것이 아닌 사회, 국어 등의 과목을 통해 학문 간 연계 학습을 했다는 점에서, 본인의 관심사를 다양한 분야로 확장하여 충분히 찾아보고 다각도로 학습할 수 있다는 점이 돋보입니다. • 문학작품을 통해서 사회상을 탐구하려는 자세가 인상적입니다. 실제 자료를 찾는 접근방법에서 사회와 통계를 융합하는 적극성을 볼 수 있습니다.
교과에서 확장	• 한 가지의 가격 정보로부터 시대별 상황을 통계학적으로 유추하는 모습이 인상적입니다. • 학교에서 배운 내용을 바탕으로 자기주도적으로 탐구하고 지식을 확장해 본 경험이 잘 드러나게 작성했습니다.

이렇게 써보는 건 어떨까요? ❷

예시

물리 시간에 중력자는 중력파에 속하지 않는다는 것을 배웠습니다. 빛은 입자성, 파동성을 모두 갖기에 궁금증이 생겼고, 중력파의 직접적 검출 사건을 접하며 이에 대한 관심을 키워 갔습니다. 〈중력파 아인슈타인의 마지막 선물〉 책을 읽으며 '작용 반작용을 매개하는 파동은 없을까?'라는 의문이 생겼습니다. 의문점을 꼭 해결하고 싶었습니다. 친구들과 동아리를 만들어 작용 반작용을 매개하는 파동을 스티그마라고 가정했습니다. 가설을 설정해보니 궁금증은 커졌고 과학자들이 왜 증명에 집착하는지 알 수 있었습니다. 하지만 '스티그마가 반사 될 때 크기는 보존된다.'라는 가정이 에너지 보존 법칙에서 오류가 생긴다는 것을 발견했습니다. 친구들은 탐구가 실패했다며 실망했지만 저는 오류 발견 또한 값진 경험이라고 말하며 오류의 원인에 대해 알아보자고 격려했습니다. 토론을 통해 파동이 반사되면서 에너지의 손실이 생겨 파동에너지 공식에서 진폭, 진동수가 감소한다고 결론을 내렸지만 몇몇 친구들은 이해하지 못했습니다. 친구들에게 실험을 통한 이해의 즐거움을 주고 싶어 물결파 실험을 계획했습니다. 물방울의 높이를 변인으로 하여 파동의 속력을 측정했고 에너지와 속도의 관계를 함수로 표현했습니다. 이를 통해 힘의 크기에 따라 스티그마의 크기에 왜곡이 생긴다는 가정을 이해했고 체험을 통한 공부를 하며 즐거워하는 친구들을 보며 뿌듯함을 느꼈습니다.

입학사정관의 한줄 평	
호기심 확장	• 물리 현상에 대한 기본적인 호기심으로부터 가설을 설정하고 확인하는 모습과 고교에서 검증할 수 있는 방법을 모색한 것이 인상적입니다. • 교과 수업에서 가졌던 호기심을 독서 및 동아리 활동으로 확장했고, 그 탐구과정에서 지원자의 생각이 잘 나타나고 있네요. • 본인의 의문 형성 과정을 보여주며, 순차적으로 그 의문을 해결하기 위한 과정과 노력, 느낀 점, 실패의 원인 분석 등을 잘 기술했습니다.
오류에 대처하는 법	• 학습 경험에 대한 과정과 결과를 서술할 때에는 반드시 성공의 경험을 쓰지 않아도 됩니다. 탐구가 실패했을 때 오류의 원인을 찾아나가는 과정, 새롭게 알게 된 점에 대해서 서술하는 것도 학습에 대한 열정과 적극성을 드러내는 좋은 사례가 될 수 있습니다. • 오류가 나도 그 오류로 무엇을 깨달을 수 있었는지 확인하려고 한 점이 인상적입니다.
생동감 있는 과정과 경험	• 일반적인 이론을 이해하기 위해 가설을 설정하고 실험을 해본 과정을 생동감 있게 서술했네요. 과학적 사고력의 성장은 실제 경험을 통해서 비약적으로 발전할 수 있습니다. • 교과 시간에 배운 내용을 그 내용 자체만 알고 끝내는 것이 아니라 동아리 활동으로 의문을 이끌어낸 점과, 궁금증을 해결하기 위해 직접 가설을 설정하고 실험을 통해 해결해보려고 한 점이 좋습니다.

출처 : UOS(서울시립대) 학생부종합전형 자소서 가이드북

이렇게 써보는 건 어떨까요? ❸

예시

저는 수학문제를 푸는 태도에 대해 돌아보고자 풀었던 문제집을 분석했습니다. 주어진 구간에서 함수의 불연속점을 놓치거나, 문제에서 제시한 답의 수치범위를 넘어서는 답을 구하는 등 문항에서 제시한 조건을 고려하지 못한 탓에 틀린 경우가 많았습니다. 뚜렷한 계산과정 없이 직관적으로 푼 문제를 완전히 이해했다고 생각한 채 넘어간 문항도 있었습니다. 반복되는 허술한 문제풀이를 보완하기 위해 문제를 완벽히 풀어냈는지에 대한 점검이 필요하다고 생각했습니다. 풀이과정을 해설지처럼 풀어나가며 문항에서 제시한 조건 분석부터 개념 적용까지 풀이를 단계적으로 써나갔습니다. 정확한 과정 없이 푼 문제는 세모표시를 하고, 한 문제집을 반복적으로 풀며 오답에 대한 분석을 이어나갔습니다. 점차 성적이 오르는 결과가 나타났고, 스스로 문제점에 대한 원인을 분석하여 해결한 경험은 제가 어떤 어려움을 겪더라도 원인을 분석하고 고치고자 노력하는 자세를 잃지 않아야겠다는 다짐으로 이어졌습니다.

입학사정관의 한줄 평	
단점을 보완하는 자기반성의 과정	• 수학 문제를 푸는 과정에서 자신의 실수를 알고 고쳐나가려는 모습이 긍정적입니다. • 자기반성을 통해 학습을 진전시켜나간 점이 돋보입니다. 문제풀이 점검, 오답 분석 등 본인의 학습 태도를 수정하고자 하는 노력은 추후 대학에 진학해서 자기주도적인 학습을 할 수 있는 역량이 충분하다는 것을 보여줍니다. • 스스로 부족했던 점을 파악하고 해결책을 찾아 적용하는 노력을 통해 성장하는 모습을 잘 기술했습니다.
학업을 대하는 자기주도적 태도	• 스스로 문제를 인식하고 원인을 파악하여 분석·해결해나간 경험은 앞으로 대학에서 학문을 함에 있어서 큰 자산이 될 것입니다. • 자주 틀리는 문제 분석, 원리를 알기 위해 접근하는 모습! 학업에 대비하는 좋은 태도를 보여주었네요. • 풀었던 문제를 다시 풀어보는 과정을 통해 스스로 문제점에 대한 원인을 분석하고 해결하는 학습 자세를 배웠다는 점에서 지원자의 '자기주도적 학습 능력'을 확인할 수 있습니다.
어떤 결과가 있었나요?	• 자신이 겪은 경험과 다짐까지 잘 기술했습니다. 그러나 이러한 과정을 통해 어떤 결과가 어떻게 나타났는지에 대한 내용이 있으면 훨씬 좋은 자기소개서가 되었을 것입니다.

Q&A 16

자기소개서 1번 문항의 글자수 분량이 1,000자인데 지원하는 모집단위 학과 관련 교과목을 선택해서 500자 분량의 2가지 스토리로 작성하면 되나요?

자신이 지원학과와 관련된 인재임을 부각시키고자, 지원학과와 관련 있는 교과목의 학업역량 축적 경험을 주로 많이 활용합니다. 하지만 자기소개서 1번 문항에 반드시 경제학과 지원자가 사회교과 가운데 '경제'과목을, 생명공학 지원자가 과학교과 가운데 '생명과학'을 반드시 선택해서 학습경험의 사례로 활용할 필요는 없습니다. 오히려 배우고 느낀 점이 없는 과목인데 지원학과 관련 교과목이라는 이유로 작성하는 경우, 입학사정관 입장에서 지원자의 구체적인 활동중심의 학업역량을 파악하기 어려울 수도 있습니다.

일반적으로 자기소개서 1번 문항은 500자 스토리 2가지를 활용해서 작성하는 경우가 많습니다. 하지만 학업역량과 관련한 특정 경험 사례가 매우 깊이가 있는 경우 1개의 스토리나 주제를 활용, 1,000자 분량 안에서 설명하기도 합니다.

Q&A 17

학교생활기록부에 본인의 참여나 역할과 관련해서 자세히 기술되어 있지 않은 경우, 자기소개서에 어떻게 소명하면 좋을까요?

교과활동 수행평가와 동아리활동의 경우, 모둠활동으로 진행하게 됩니다. 그렇기 때문에 학교생활기록부에는 본인의 구체적인 활동상황에 대한 기록이 빈약하거나, 당시 모둠과 함께 활동한 내용들로 기록되어 있어서 본인의 구체적인 활동상황을 파악하기 힘듭니다. 그래서 자기소개서를 쓸 때 학교생활기록부에 구체적으로 기록되어 있지 않은 본인의 활동상황의 전후 관계를 명확하게 작성할 필요가 있습니다.

다음에 제시된 동국대 가이드북을 보면, 실제 학교생활기록부 특정 문구에 대한 질문을 통해서 본인의 과정중심의 구체적인 활동스토리를 추출 후 중요도 순서로 구분한 다음에 자기소개서 항목별 스토리로 선별해 낼 수가 있습니다.

학교생활기록부 분석 예시

학년	창의적 체험활동상황		
	영역	시간	특기사항
1	동아리 활동		(DGU연극부) 본교 연극부원으로 대본을 작성하는 역할을 맡고 있음. 10월에 진행하는 축제에 '우리 할머니의 눈물'이라는 제목으로 위안부 할머니들이 겪고 있는 역사적 슬픔에 대해 대본을 작성하여 큰 호응을 얻음. 대본 작성 과정에서 관련 서적을 읽고, 할머니들을 직접 만나 인터뷰를 하는 등 열의를 보임. 축제 준비를 통해 근대사에 대한 관심을 가질 수 있었다고 하며, 내년 축제에서도 역사를 소재로 대본을 작성하고 싶다고 함.

1) 대본을 작성	2) 관련 서적을 읽고	3) 할머니들을 직접 만나 인터뷰
☑ 내가 왜 이런 주제를 선정하게 되었나? ☑ 대본 작성하면서 어려웠던 점은 무엇이었나? ☑ 대본 작성 과정에서 내가 어떠한 노력을 기울였나?	☑ 내가 어떠한 책을 읽었었나? ☑ 그 책을 읽었던 계기는 무엇이었나? ☑ 그 책의 내용을 대본에 어떻게 반영하였나?	☑ 인터뷰 과정에서 어려웠던 점은 무엇이었나? ☑ 3명이 같이 하면서 나의 역할은 구체적으로 무엇이었나? ☑ 할머니들께 어떠한 내용을 인터뷰하였나?

출처 : 2019 동국대학교 학생부종합전형 가이드북

Q&A 18

학교생활기록부의 여러 활동기록을 분석해서 자기소개서의 스토리로 추출하고자 합니다. 이 경우 주로 활용되는 STAR방식의 분석 방법을 소개해 주세요.

자기소개서 항목별 평가요소에 적합하다고 생각되는 학교생활기록부의 특정 활동상황을 STAR방식으로 재구조화해야 합니다. 학교생활기록부에 활동 과정이 생략되어 결과만 언급되어 있는 경우에도 활동 당시 본인의 구체적인 참가 계기나 동기(Situation), 본인의 역할(Task), 역할을 수행하면서 구체적인 실천사례(Action), 의미 있는 수상결과 및 실패를 통한 교훈 등의 배우고 느낀 점(Result) 등의 순서로 분석하는 것이 매우 중요합니다. 학교생활기록부만으로 STAR방식으로 재구조화할 경우, 그 당시 제출했던 보고서, 수행평가, 발표자료, 참고문헌 등을 다시 참고하여 분석하기를 추천합니다. 이러한 과정들로 작성을 하면 본인 중심의 매력 있는 스토리가 나올 수 있습니다.

질문별 프레임워크 만들기

구분	키워드	유의점	비중
S 상황	동기, 사건의 발달, 계기	• 간단하게 설명 • 육하원칙을 모두 표현할 필요 없음.	20%
T 맡은 일	리더십, 영향력, 현실상황	• 단체가 아닌 내가 중심 • 역할 부풀리기보다는 실제 맡은 일을 중심으로 표현	10%

A 구체적인 행동	차별화, 기획, 전략, 핵심인성, 리더십스타일	• 구체적인 행동묘사 • 단순한 사건도 의미 있게 표현가능 • 성격적 장단점이 드러나도록 묘사	40%
R 결과(느낀 점)	피드백, 사후행동, 학생부	• 결과는 학생부 또는 증빙서류에 일관 성 있게 기록되는 것을 중심 • 결과 후 이어지는 행동도 언급	30%

출처 : TBS상담받고 대학가자 - 결정적 코치

Q&A 19

대학교에서 자기소개서 1번 문항은 어떻게 평가되나요?

학생부종합전형을 실시하는 대학마다 다양한 서류평가 기준이 존재합니다. 2018년 3월 발표된 건국대, 경희대, 서울여대, 연세대, 중앙대, 한국외대 6개 대학의 「대입전형 표준화방안 연구−학생부종합전형 평가요소와 평가항목을 중심으로」를 가지고 설명하겠습니다.

자기소개서 1번 문항의 평가기준으로는 학업역량 외에도 전공적합성과 발전 가능성이 있고, 그 평가요소의 세부 평가항목들도 포함이 됩니다. 그 중 가장 큰 비중을 차지하는 학업역량의 경우 세부적인 평가항목을 1) 학업성취도 2) 학업태도와 학업의지 3) 탐구활동으로 분류하고 있습니다.

이런 평가요소와 평가항목에 따라 입학사정관은 서류를 평가합니다. 학교생활기록부로 예를 들어 보면, 4번 수상경력, 7번 창의적 체험활동상황, 8번 교과학습발달상황, 9번 독서활동상황, 10번 행동특성 및 종합의견 항목들을 참고해서 항목 안의 심화활동 및 항목 간의 연계를 통하여 학업역량을 평가하게 됩니다. 학생부종합전형을 진행하는 대학마다 '학업역량'이라는 평가요소를 '학업수행능력' 혹은 '학업능력'이라는 용어로 다양하게 사용하고 있습니다. 여러 대학의 다양한 평가항목 내용은 다음의 표를 참고하면 됩니다.

각 대학별 평가요소 및 평가항목 분류(학업역량부문)

대학	평가요소	평가항목
A	학업역량	• 학업역량, 탐구력, 사고력
B	전공수학역량	• 고교 교육과정 내 학업성취 지원자 학습환경 • 전공 관련 관심, 노력, 활동의 우수성
C	이성적 실행력	• 자기주도학습능력, 고교교육과정 학업충실도 • 계획 수립 및 실행능력
D	자기주도적 학습능력	• 학업성취도, 자기주도적 학습능력, 교과역량 성과
E	학업발전성	• 환경을 고려한 학업성취도와 성장가능성
F	학업역량	• 자기주도적 학습능력
G	자기주도적 학습능력	• 교과 및 비교과활동의 주도성과 적극성
H	전공적합성 및 발전가능성	• 학업역량 및 주도성
I	학업역량	• 대학수학준비도, 학습태도의 우수성
J	학업능력 학업태도	• 학업성취수준, 지적호기심, 자기주도성, 적극성, 열정
K	학업역량	• 기초학업능력, 자원활용능력, 다문화이해력
L	기초학업능력	• 학업성취도, 관련 학습경험, 수상실적, 교사의견
M	학업수행능력	• 학업성취도, 학업충실성
N	학업능력	• 학습의 계획, 실행, 평가과정을 주도하고 관리하며 일정 수준 이상 의 성과를 낼 수 있는 능력
O	학업능력	• 학문적 열정 및 전공에 대한 학업의지 • 자기주도적 학습태도
P	학업능력	• 교과 학업수행 역량(내신, 교과목 성적 추이 등) • 계열별 기초학업 수행 역량
Q	지성	• 학업성취도, 성적추이, 교과이수 내역, 자기주도성, 자기관리능력, 지적호기심, 지적탐구력
R	학업수행역량	• 전공수학능력, 진로에 대한 열정, • 자기주도적 학습능력, 학문적 의사소통 능력
S	적성	• 학년별 학업성취도 및 성적 추이
T	학업역량	• 지원자의 학업적 성취, 교과 내신성적, 성적 추이, 지원 모집단위 관련 교과 성적 등
U	지적탐구역량	• 학업 및 전공(계열)관련 흥미와 열정, 학업의 깊이 및 탐구능력(수 업활동, 수상실적, 독서, 탐구활동 등)

V	Scholarliness	• 전체 교과의 학업성취도 및 성과(대학에서의 수학능력 향상을 위한 전체 교과의 학업 성취도와 성과 및 변화 추이를 보여주는가) • 전공 관련 교과의 학업성취도 및 성과(지원 전공에서 수학능력 향상을 위한 관련 교과의 학업 성취도와 성과 및 변화 추이를 보여주는가, 전공수학 및 학교생활에 필수적인 학과 평가기준에 적합한가)
W	전문성	• 지원 분야에 대한 열정 및 지적노력
X	학업능력	• 국어, 영어, 수학, 과학 교과를 중심으로 평가
Y	학업수학능력	• 학업역량(학업성취도 및 성적 추이 등) 학업에 기울인 노력과 학습 경험
Z	적성	• 학업역량

출처 : 학생부종합전형 운영공통기준과 용어표준화 연구

Q&A 20

자기소개서 1번 문항을 STAR방식으로 학교생활기록부 항목들을 재구조화하는 과정을 사례를 통해 보여주세요.

[1단계] 학교생활기록부 평가요소별 재구조화 작업

첫 번째로 학교생활기록부의 주요 내용을 학생부종합전형 4가지 평가요소인 '학업역량', '전공적합성', '발전가능성', '인성'으로 구분합니다. 그런 다음 입학사정관이 자기소개서 1번 문항에서 주로 평가하는 요소인 '학업역량' 및 '전공적합성' 관련 스토리를 추출하는 과정을 진행하게 됩니다.

구분	학업역량	전공적합성	발전가능성	인성
4. 수상	• 2학년 1학기 교과 우수상(윤리와 사상, 법과 정치) • 2학년 2학기 교과 우수상(윤리와 사상, 법과 정치)	• 창의 인성축제(프레젠테이션 부문) • 백향디베이트대회 • 인문사회과학사진 콘테스트	-	• 멘토링프로그램 우수상(또래멘토링 우수멘토)
6. 진로	-	• 2학년 사회적 기업의 CEO • 3학년 교육서비스 관련 사회적 기업가		-

7. 창체	—	• 2년 연속 VERITAS (교내정책연구 동아 리창설) • 한국사회적기업진 흥원 홈페이지 방문 • 사회적기업가 전화 인터뷰	• 2학년 학생회(학생 회 부서개편/건의벽 보 설치/학생회 페 이스북 활성화) • 3학년 1학기 학생회 장(학생회 활동양식 제작/학생주도 체 육대회 기획)	• 2학년 아동권리 옹호활동 (아동 총회/ 130시간) • 3학년 아동권리 옹호활동(아동총회/ 48시간)
8. 교과세특	• 2학년 법과정치(국민의 기본권 보장의 필요성 및 의의 고찰) • 3학년 사회문화(연구조사방법론을 학생회활동에 적용해서 논문탐구역량 보임)	—	—
9. 독서	—	2학년 • 미국, 프랑스, 영국의 교육제도(정일용) • 왜 교육정책은 역사를 불행하게 하는가 (전성은)	•	—
9. 독서	3학년 • 교육은 사회를 바꿀 수 있는가 (마이클 애플) • 사회적 기업가를 위한 디자인 접근법 (박재환, 전혜진) • 비즈니스모델로 본 영국 사회적 기업 (장종익 외 지음)	

출처 : 『학생부종합전형 마스터 플랜』(고려대 학교장추천 합격생 사례)

[2단계] STAR방식으로 자기소개서 개요 정리

1단계에서 추출한 자기소개서 스토리를 Situation(참가할 당시 계기나 동기)−Task(본인의 역할 및 목표)−Action(역할을 수행하면서 구체적인 실천사례들)−Result(배우고 느낀 점 중심의 의미 있는 결과) 방식으로 개요를 정리해 봅니다. 여기서 중요한 점은 자기소개서 1번에 해당하는 평가요소 및 항목을 포함하고 있는지, 그리고 학생부 항목 간의 연계를 통한 교과 및 비교과활동이 확산되는 과정에서 본인의 경험 사례가 의미 있는 변화와 성장을 하고 있는지를 간결하고 분명하게 어필 가능한 핵심만 정리해 봅니다.

STAR방식 분석		학생부 연계활용분석	지원대학 평가요소 분석
구분	내용		
Situation (상황, 배경)	아동권리 옹호 활동의 경험을 살려 고교 입학 후 학생권리보장을 위해 고민	수상경력 + 진로희망 + 동아리활동 + 교과세특 + 독서활동	학업역량 + 전공적합성 + 발전가능성
Task (목표, 역할)	학생회 활동을 통한 건의 벽보설치 및 가로등 점등 건의 & 교내정책제안 동아리 창설		
Action (구체적인 행동)	1) 학급자치활동에 대한 개선방안 마련 2) 사회 교과 심화 학습을 바탕으로 설문조사, 인터뷰, 통계 결과 분석 등의 심층적인 연구 조사방법 습득 3) 전문적인 질문지 작성 및 인터뷰를 통한 연구의 질 향상을 경험		
Result (결과)	'교육계열 사회적 기업가' 진로설정의 계기		

[3단계] STAR구조화를 바탕으로 자기소개서 초안 완성

1. 고등학교 재학기간 중 학업에 기울인 노력과 학습 경험을 통해, 배우고 느낀 점을 중심으로 기술해 주시기 바랍니다(띄어쓰기 포함 1,000자 이내).

(Situation) '앵무새는 사회를 바꿀 수 있을까?' 학교폭력문제에 지속적인 관심을 가졌던 고교 입학 당시, 그때 읽었던 '왕따 리포트'가 남긴 이 질문은 초등학생 때부터 해오던 아동권리 옹호 활동을 단순한 관심사에서 인생의 목표로 만들어 주었습니다. 1999년에 출판된 이 책은 현재와 똑같은 사례들과 원인분석, 해결방안 등을 다루고 있었고, 지난 십여 년간 아무것도 바뀌지 않은 이유는 그 누구도 행동으로 옮기지 않았기 때문이라고 생각했습니다. 앵무새처럼 같은 주장을 반복하는 것만으로는 아무것도 바꿀 수 없다는 사실을 깨닫고, 그때부터 어떻게 하면 학교를 변화시켜 학생들의 권리를 보장해줄 수 있을지 고민하기 시작했습니다.

(Task) 이러한 생각은 학생회를 통해 소수의 의견을 존중하기 위한 건의 벽보 설치와 안전한 밤길 귀가를 위한 가로등 점등 건의로, 그리고 교내정책제안

동아리인 '베리타스(VERITAS)'의 창설로 이어졌습니다. (Action 1) 연구 활동을 통해 '보충수업'의 문제점을 지적하여 학생들의 학습권을 보장하고자 하였고, 참여권 보장의 활로를 마련하고자 '학급자치활동'에 대한 개선방안을 마련하였습니다. (Action 2) 그리고 이 과정에서 깊이 있는 연구를 진행하고자 사회문화 교과의 심화학습을 실시하여, 설문조사와 인터뷰 방법을 체계적으로 익혔습니다. 사회과 선생님들과 통계학과 선배에게 조언을 구했고, 연구방법에 대한 학술자료를 찾아보았습니다. 또한 블로그를 참고해 엑셀프로그램 사용법까지 익혀 통계 결과를 다방면에서 분석하고자 하였습니다. (Action 3) 이러한 노력을 통해, 설문조사에서는 목적에 맞춰 체계적으로 질문지를 작성하는 동시에, 항목 간의 배타성과 가치중립성을 유지할 수 있었고, 또한 인터뷰에서는 5why기법을 활용하거나, 질문에 구체적인 기준을 설정하여 답변자의 심리를 이전보다 정확히 파악할 수 있었습니다.

(Result) 학생 권익 신장에 대한 관심은 학생들 스스로 권리보장에 앞장서는 사회를 만들기 위한 '교육계열 사회적 기업가'라는 꿈으로 확대되었고, 대학 진학 후에도 이를 실현할 다양한 방법들을 모색하겠다는 각오를 다졌습니다.

Q&A 21

자기소개서 1번 문항에서 가장 중요시 되는 평가요소인 '학업역량'의 범위는 대학마다 어떠한 차이가 있나요?

특히 작년 11월 28일 교육부에서 발표한 '대입제도 공정성 강화 방안'에 따르면 학부모와 수험생들이 학생부종합전형 평가기준을 사전에 알고 준비할 수 있도록 세부평가기준 공개를 모집요강에 의무화하도록 하였습니다. 서강대학교는 학업역량(50%)의 세부평가항목으로 학업성취도, 탐구능력, 융합능력, 비판적 사고력으로 성균관대학교는 학업역량(50%)의 세부평가영역을 학업수월성(250

점)과 학업충실성(250점)으로 평가하고 있습니다. 한편 경희대학교는 학업역량
(30%)에서 학업성취도, 학업태도와 학업의지, 탐구활동을 세부평가항목으로 제
시하였습니다. 결국 실제 지원하는 대학교의 학생부종합전형 평가기준 가운데
가장 중요한 '학업역량'에 대한 세부기준을 파악한 다음 학생부에서 해당 역량
에 대한 본인만의 특장점 있는 학업역량 근거와 에피소드를 자소서에 차별화해
서 기술하는 것이 매우 중요하다고 할 수 있습니다.

구분		내용			
지 (학업 역량) (50%)	평가 방향	• 학업을 충실히 수행할 수 있는 지적 능력과 수학 능력 • 학업 성취도뿐만 아니라 학년의 변화에 따른 성적의 변화를 종합적으로 고려 • 탐구능력, 융합능력과 비판적 사고력을 함께 고려			
	세부 평가 항목	학업성취도	탐구능력	융합능력	비판적 사고력
		교과목의 석차등급 원점수(평균/표준편차)를 활용해 선정한 학업능력 지표와 교과목 이수현황 등	어떤 대상에 대해 지적 호기심을 가지고 깊고 폭넓게 탐구할 수 있는 능력	문이과 경계에서 벗어나 다양한 시각과 폭넓은 수용성을 가지고 융합·종합적으로 문제를 해결할 수 있는 능력	기존 틀에서 벗어나 비판적으로 사고하고 지식의 폭을 확장한 경험과 과제를 수행한 경험
	학생부 평가 영역	교과학습발달상황, 세부능력 및 특기사항, 자격증/인증, 수상경력, 창의적체험활동상황, 행동특성 및 종합의견을 중심으로 학생부 각 영역을 종합적으로 평가			

출처 : 2021서강대학교 수시요강

출처 : 2021성균관대학교 수시요강

평가영역	평가요소	
학업수월성 학업충실성	교과성적 선택교과 이수현황 학년별 성적 추이 교과 관련 수상 학업 관련 탐구활동 학원 관련 프로그램	학생부 교과학습 발달상황 (세부능력 및 특기사항) 수상경력 창의적 체험활동 상황 행동특성 및 종합의견 자기소개서 1, 3, 4번 문항

평가요소·비율	평가항목	
학업역량 학업을 충실히 수행할 수 있는 기초 수학 능력 (30%)	학업성취도	교과목의 석차등급 또는 원점수(평균/표준편차)를 활용해 산정한 학업능력지표와 교과목 이수 현황, 노력 등을 기반으로 평가한 교과의 성취수준이나 학업적 발전의 정도
	학업태도와 학업의지	학업을 수행하고 학습을 해 나가는 자발적인 의지와 태도, 학습자가 스스로 학습 목표를 설정하고 적절한 학습 전략을 선택하여 계획을 수립·실행하는 과정
	탐구활동	어떤 대상에 대해 호기심을 가지고 깊고 폭넓게 탐구할 수 있는 능력

출처 : 2021경희대학교 수시요강

[자기소개서 2번]

Q&A 22

자기소개서 2번 문항을 설명해 주시고 작성요령을 안내해 주세요.

자기소개서 2번 문항은 '고등학교 재학기간 중 **본인이 의미를 두고 노력했던 교내 활동**(3개 이내)을 통해 **배우고 느낀 점**을 중심으로 기술해 주시기 바랍니다. 단, 교외 활동중 학교장의 허락을 받고 참여한 활동은 포함됩니다(띄어쓰기 포함 1,500자 이내)'입니다.

'고등학교 재학기간'이라는 특정 기간을 설정한 이유는 자기소개서 1번과 마찬가지로 초등학교 혹은 중학교 재학기간의 의미 있는 스토리보다는 가급적 고교 재학기간 동안의 여러 활동들을 중심으로 구성해야 한다는 것입니다. 2번 문항의 글자수는 자기소개서 1번보다 500자 많은 1,500자입니다. 따라서 학업역량 외에 혹은 학업역량과 연계된 여러 다양한 경험 사례들을 더욱 더 어필하기 좋은 문항이라고 볼 수 있습니다. '본인이 의미를 두고 노력했던 교내활동'에서 본인이 의미를 둔다는 것은 결국 교내 활동 가운데 본인의 적극적인 참여를 통한 활동 스토리로 결과보다는 과정에서의 본인 중심 참여활동을 통한 성장과 변화의 폭이 큰 교내활동의 스토리로 구성되어야 한다는 의미입니다.

끝으로 '배우고 느낀 점을 중심으로'는 다양한 교내활동 참여를 통한 충실성과 전공 관련 다양한 탐색활동 및 참여활동들을 통한 성공이나 성취한 스토리뿐만은 아닙니다. 실패한 경험 사례를 통해서 배우고 느낀 점이 있다면 그것 자체로도 의미 있는 활동스토리로 볼 수 있습니다.

Q&A 23

자기소개서 2번 문항과 관련해서 실제 부적절한 사례를 지원자의 의미 있는 활동으로 바꾼 사례를 구체적으로 소개해 주세요.

고려대 자기소개서 2번 NG사례의 경우 지원자들이 가장 많이 활용하는 사례는 동아리를 통한 의미 있는 경험입니다. 의미의 강조점은 활동하게 된 계기나 동기 그리고 활동 가운데 본인 중심의 전공 혹은 탐구역량의 경험 사례인데 구체적인 과정에 대한 스토리가 기술되어 있지 않아 자기주도적이라는 결과에 공감할 수 없는 경우가 많습니다.

이를 수정한 자기소개서에는 무엇보다 화학동아리 개설과 관련해서 어려운 교육환경을 극복하기까지 본인의 노력과 활동 상황을 나타내고 있습니다. 그리고 동아리 활성화에 대한 구체적인 과정의 스토리를 통해서 진정한 자기주도성 및 동아리를 통한 전공적합 탐구활동 그리고 진로 관련 성숙도를 동시에 엿볼 수 있습니다.

TIP

NG사례
과학실험동아리를 만들어 활동하며 과학경시대회 준비를 열심히 했습니다. 이런 활동은 주어진 환경에 안주하지 않고 관심 분야에 대한 제 능력을 향상시키기 위해 자기주도적으로 노력한 증거라 할 수 있습니다.

이렇게 쓰면 어떨까요?
제 고등학교 생활은 스스로의 한계에 도전해 '어렵고 힘들게' 지내온 시간이라고 자신 있게 말할 수 있습니다. 줄곧 화학에 관심이 많았던 저는 고등학교에서도 화학 관련 동아리에 가입하고 싶었습니다. 하지만 저희 학교에는 화학동아리가 개설돼 있지 않고, 정규 동아리를 새로 만들기 쉽지 않은 상황이었습니다. 저는 저와 관심 분야가 비슷한 친구 몇 명과 자율동아리로 화학실험 동아리를 만들어 활동하고 싶다고 선생님께 말씀드렸고, 선생님께 구체적 활동 계획을 제출하겠다는 약속을 드린 후 동아리 개설을 허가받았습니다. 저는 직접 실험주제를 선정하고 실험에 필요한 도구 대여부터 실험 보고서 작성까지 동아리활동과 관련된 모든 활동을 주도했습니다. 수업 시간에 교과서에서 배운 실험뿐 아니라, 좀 더 심화된 실험*까지 계획하고 시행하면서 화학이라는 학문의 매력에 푹 빠졌고, 제 꿈을 좀 더 확고히 다질 수 있는 기회를 갖게 됐습니다.

▶ * 이때 좀 더 '심화된 실험'은 어떤 활동이었을까? 하는 궁금증이 생길 수 있습니다. 세부적으로 어떤 실험을 했고 그 과정에서 지원자가 느끼고 배운 점을 함께 적으면 좀 더 풍성한 글이 될 수 있겠죠.

출처 : 2020 고려대 학생부종합전형 안내서

혹시 이렇게 쓰셨나요? ❶

예시
국어 문법을 좋아해서 동아리 활동에서도 관련 공부를 할 수 있는 활동을 했습니다. 국어 문법 탐구 동아리는 수업 시간에 배웠던 내용을 복습하거나 모르는 내용을 선생님 혹은 친구들과 함께 알아가는 활동을 했습니다. 문법을 분석하는 활동은 어려웠지만 친구들을 돕기도 하고, 도움을 받기도 하면서 국어 교과 성적을 올릴 수 있는 의미 있는 활동이었습니다.

입학사정관의 한줄 평	
억지로 학과와 연결시키는 것은 역효과	• 학습과 관련된 동아리 활동을 쓸 때에는 구체적인 활동 내용을 작성하는 것이 좋습니다. 예를 들어 '문법을 분석하는 활동'을 했다면 단순하게 그 활동을 했다는 것으로 서술을 그치는 것이 아니라 실제 문장 분석, 단어 분석 등의 사례들을 제시하고, 어떤 방법으로 어떤 것을 새롭게 배우게 되었는지를 설명한다고 생각하고 서술해주세요. • 국어 문법을 좋아한다고 했는데 어떤 부분이 본인을 매료시켰는지 구체적으로 작성해주면 좋겠습니다. 단순히 교과 성적을 올리기 위한 활동이 아니라 진심으로 본인이 호기심을 갖고 탐구했던 경험을 구체적으로 작성해주세요.
왜 구체적으로 적지 못했을까?	• 국어 문법을 좋아할 수 있고, 그래서 관련 공부를 할 수도 있습니다. 그런데 문법 전체를 공부하지는 않았을 테고, 얼마든지 구체적으로 자기가 어떤 내용을 공부했는지 쓸 수 있는데 안 쓴 것처럼 보입니다. 친구들이 어떤 내용을 몰랐는지 그래서 자기가 뭘 가르쳐줬는지도 충분히 구체적으로 쓸 수 있었고, 그 결과 국어 성적도 오르면서 자기가 뭘 느꼈는지, 대학에 가서는 어떤 내용을 더 탐구하고 싶었기에 이 학과를 지원했는지 쓸 수 있었을 것입니다. • 동아리 활동 내용이 추상적이어서 활동의 범위 및 수준을 알 수 없어요.
이렇게 해보는 것은 어떨까요?	• 활동에 대한 단순한 나열만 되어 있습니다. 활동 내용에 대해서는 학생부를 통해서 충분히 확인이 가능합니다. 입학사정관이 자기소개서를 통해 알고 싶은 것은 활동에 대한 지원자의 구체적인 과정과 생각입니다. 많은 활동을 나열하기보다는 하나의 활동에 대한 구체적인 과정을 작성하는 게 좋습니다. • 문법을 분석하는 것이 어렵지만 즐거운 동아리 활동이었나 보네요. 함께 고민하고 배운 것이 무엇인지 실제 경험 사례를 통해 보충 설명을 해주면 이해가 더 잘될 것 같아요. • 단순히 분석하는 활동을 했다고 적기보다는 어떻게 분석을 했고, 그래서 어떤 결론이 났는지 드러나면 좋겠습니다.

혹시 이렇게 쓰셨나요? ❷

> 예시
>
> 1학년 국어 시간에 'SNS가 청소년에게 미치는 영향'이라는 주제로 보고서를 작성했습니다. 도출된 결론을 통해 SNS 사용이 청소년의 언어생활에 큰 영향을 미친다는 것을 알게 되었습니다. 그렇게 형성된 청소년들의 언어 양식은 다른 세대와 구별되는 독특함을 가진 하나의 방언임을 깨달았습니다. 이를 통해 언어 연구는 우리 주변에서부터 시작된다는 생각을 가지게 되었습니다.

입학사정관의 한줄 평	
건너뛰지 말고 하나하나 과정을 보여주자.	· 보고서 작성의 경험을 쓸 때에도 단순하게 '가설 – 결과 도출'로만 서술하기보다는 탐구주제를 설정하게 된 이유, 탐구과정에서의 주요 학습 내용, 구체적인 결과를 서술한다면 자기소개서가 한결 생동감을 가지게 됩니다. 누구나 다 예상 가능한 결론이라 할지라도 탐구 활동 과정의 서술이 어떤지, 이 활동을 통해 지원자가 어떻게 성장하였는지를 보여주는 글이라고 생각한다면 '가설 – 결과 도출' 사이에 어떠한 내용들이 더 들어가야 할지 이해가 갈 것이라고 생각합니다. · 보고서 작성에 대한 내용의 구체성이 떨어집니다. 왜 이러한 주제를 설정하게 되었는지, 이 주제를 탐구하기 위해 어떠한 방법과 과정을 거쳤는지에 대한 구체적인 과정과 이러한 탐구 과정을 통해 얻게 된 생각과 그 결론이 무엇이었는지에 대해 자세하게 작성한다면 입학사정관이 지원자의 역량을 확인하는 데 도움이 됩니다. · 구체적인 사례가 없습니다. 보고서를 왜 하필 그 주제로 택해서 쓰게 되었는지, 탐구 과정은 어땠는지, 결론이 무엇이었는지 하나도 구체적으로 서술되어 있지 않습니다. 문장 사이의 논리적 연결고리도 없습니다. SNS 사용이 청소년의 언어생활에 큰 영향을 미치는 것이 왜 다른 세대와 구별되는 독특함을 가진다는 것인가요? 이렇게 모든 문장이 다 따로 떨어져 있습니다.
어떤 과정을 거쳤는지 알려주자.	· 보고서 주제 선정은 어떤 이유로 하게 되었으며, 어떤 과정을 통해 결론이 도출되었는지와 같은 내용이 미흡합니다. 전반적으로 문장과 문장 간의 연결이 매끄럽지 못하고 추상적입니다. 구체적인 사례를 통해 본인이 전달하고 싶은 내용이 무엇인지 고민해보는 노력이 필요합니다. · 보고서를 작성해보셨군요. 보고서는 주제 설정과 결과 제시도 중요하지만 연구 과정 또한 중요합니다. 중간과정을 알수있게 서술해주면 좋겠네요.

혹시 이렇게 쓰셨나요? ❸

예시

문학에 관심이 많은 학생들을 모아 시대상을 반영한 문학의 흐름을 조사하고자 '고독'이라는 주제로 과제연구를 진행했습니다. 이는 평소 문학 수업을 들으며 인물의 고독을 소재로 하는 작품이 많다고 느껴져 연대별로 어떠한 사회적 맥락이 작가들에게 영향을 미쳤는지 자세히 알아보고자 함이었습니다. 세 명의 작가를 정해 그들의 작품을 해설 논문과 함께 정리하였고, 작품 속 등장인물들의 모습과 생각을 통해 당시 작가가 인식했던 사회의 모습을 포착할 수 있었습니다. 이것을 정리하여 시대별로 지배적이었던 사회분위기를 시간 순으로 설명할 수 있었습니다. 이를 연관지어 각각의 시대 인물들의 생활모습을 생각해보았습니다.

입학사정관의 한줄 평	
교과 세특 붙여넣기?	• 지원자 학생부의 세부능력 및 특기사항에 작성되어 있는 내용과 대부분 유사하게 서술되어 있어요. 학생부 이상의 구체적인 학습내용이 전혀 나타나지 않아요.
'과제연구'를 진행했다는 것만 확인	• 과제 연구 활동을 서술할 때에는 활동의 동기와 과정뿐만 아니라 그 결과를 통해 자신이 성장한 지점이라든지, 연구 활동에서 잘 드러나는 자신의 장점에 대해 분명하게 밝혀주는 것이 필요합니다. • 세 명의 작가가 누구였는지, 그 작품은 무엇이며 어떤 관점으로 정리했는지, 사회분위기는 어떠했는지 등 과제연구를 진행한 과정을 구체적으로 작성하는 것이 좋겠습니다. • 구체성이 결여되어 있습니다. 모든 내용을 다 구체적으로 쓸 수는 없겠지만, 그래도 본인이 연구했던 내용의 '문제의식'과 '연구 방법'과 '결론'이 무엇이었는지는 구체적으로 써주어야 합니다. 정말 열심히 연구했다면 그를 통해 드러내고자 하는 것이 무엇이었는지 적는 데 어렵지 않았을 것입니다. 일련의 내용들을 면접에서 면접관이 질문하고, 또 답변에 따른 추가적인 질문들을 하고 싶어지는 자기소개서가 좋은 자기소개서입니다. 그런데 이 자기소개서는 피상적이라 어떤 질문부터 시작해야 하나 난감해집니다.
예시를 통한 구체성 확보	• 시대별 지배적 사회분위기 및 인물들의 생활모습에 대해서 구체적으로 작성했으면 어땠을까요? • 과제연구의 진행과정을 나열식이 아닌 예시를 들어 구체적으로 설명해주었으면 더 좋았을 것 같아요. 작가명과 당시 시대상, 사회분위기, 작품 속 인물들의 생활모습 등을 구체적인 예를 통해 설명해주면 좋겠어요. • '고독'이 소재가 되는 작품이 많죠. 인상 깊게 읽은 작품이 있으면 보다 구체적으로 언급해주는 것이 필요해요.

출처 : UOS(서울시립대) 학생부종합전형 자소서 가이드북

Q&A 24

자기소개서 2번 문항은 '3개 이내'로 기술해야 하는데 반드시 3가지로 작성해야 하나요?

자기소개서 2번 문항의 분량이 1번과 3번 문항보다 500자 많은 1,500자이다 보니 학생들이 많은 주제의 스토리를 작성하게 됩니다. 스토리의 양적인 개수에 대한 제한도 3개입니다. 그러다 보니 대략 500자 분량으로 3개의 스토리를 작성하는 것이 평가에 유리하다고 생각할 수도 있습니다. 그러나 분량을 채우거나 혹은 3가지 스토리를 작성하는 것이 중요한 것이 아닙니다. 개별적인 스토리마다 지원자의 역량, 특히 본인 중심의 의미부여 활동이 충실하게 작성되어 있는

지가 더욱 중요할 듯합니다.

결국 필요에 따라 분량이 1,500자 넘지 않는 범위에서 1~3가지 활동으로 작성하면 됩니다. 동국대 사례를 통해서 활동 참여의 개수가 아닌 활동의 의미부여가 더욱 중요하다는 사실을 참고하면 도움이 될 것입니다.

의미 있는 두 가지 활동을 본인의 성장을 중심으로 서술한 사례

광고홍보학과 지원

1학년 때 진로 탐색 활동을 하면서 관심이 있던 미디어 분야를 경험해보기 위해 2년 동안 교내 방송부 활동을 했습니다. (중략) 그 중에서도 학교 축제 홍보영상을 제작하면서 영상을 제작하기 위해서는 정말 많은 역할과 기술이 필요하다는 것을 느꼈습니다. (중략) 2학년 때 미디어와 관련된 더 자세한 활동을 하고자 친구들과 '미디어 콘텐츠 메이커'라는 자율동아리를 만들었습니다. (중략) 연말에 열렸던 자율동아리 활동보고서 대회에서 동아리 활동을 토대로 한 PPT를 만들어 발표하였고 금상 수상이라는 값진 성과를 이룰 수 있었습니다. 이 활동을 통해 적성에 적합한 진로에 대해 확신을 가지게 되었고, 모든 일에 최선을 다하는 자세로 임하게 되었습니다.

▶ 전공과 관련된 유사활동의 연속성, 확인할 수 있는 결과(활동 보고서 대회 금상), 본인의 성장을 잘 드러낸 사례입니다.

활동 참여 사실만을 나열식으로 기술한 사례

미디어커뮤니케이션학 전공 지원

2학년 자율동아리 'King's Speech'는 자료조사, 정보편집, 대본 작성의 과정을 거쳐 자신감있게 발표하는 능력을 키운 활동이었습니다. (중략) 1학년 때에는 학급신문제작에 참여하며 1년간 주도적인 역할을 수행했습니다. 이 활동은 학업 중에는 쉽게 관심 가지기 어려운 사회 관련 이슈를 심층적으로 알아볼 수 있는 기회가 되었습니다. (중략) 1학년 때부터 현재까지 참여하고 있는 활동에는 챔버오케스트라 클래식 연구동아리가 있습니다.(후략)

▶ 3가지 활동 내용을 채우기 위하여 마지막 내용은 이전 내용 및 지원 전공과 큰 연관성이 없는 활동으로 내용이 채워져 있습니다. 1,500자의 글자 제한을 용도에 맞게 잘 배분해서 사용하기 어렵다면 굳이 3가지 활동을 고집할 필요는 없습니다.

출처 : 2020학년도 동국대학교 학생부종합전형 가이드북

Q&A 25

자기소개서 2번 문항에서 언급한 '학교장 허락을 받은 활동'은 자기소개서에 기재가 가능하다고 했는데, 학교장 허락 여부를 어떻게 증명하게 되나요?

입학사정관들은 학교생활기록부에 기록된 교외활동은 학교장이 허락한 활동으로 판단하게 됩니다. 다만 학교생활기록부에 기재되지 않은 교외활동의 경우 자기소개서 작성과 관련해서는 대학 입학처에 정확하게 문의를 해봐야 합니다. 경희대의 경우 학교생활기록부에는 기재되어 있지 않지만, 학교에서 입증이 가능할 때 자기소개서에 기재가 가능합니다. 다만 추후 학교장 허락 여부는 고교 교사에게 반드시 확인을 하고 있습니다. 한편 동국대학교에서는 학생부 및 자소서 외의 추가 증빙서류를 받지 않으므로 해당 활동이 학생부에 기재되어 있을 경우에만 작성 가능하며, 기재되어 있지 않다면 작성할 수 없으며 작성하더라도 해당 내용은 평가가 불가능합니다. 또한 학생부에 기재되어 있는 내용이더라도 사교육 영향이 큰 교외활동이라면 평가에 반영되지 않습니다.

Q&A 26

자기소개서 2번 문항에서 언급한 '학교장 허락을 받은 활동'들은 어떤 사례들이 있는지 궁금합니다.

자기소개서 2번 문항에서 언급한 학교장 승인활동은 주로 교육 관련 기관들로 교육부 및 직속기관, 시도교육청 및 직속기관, 교육지원청에서 주최하거나 주관된 행사들이 여기에 해당됩니다. 『학교생활기록부 핵심 100문100답』 책의 '[부록5] 학교생활기록부에 기재 가능한 교육청 직속기관'에서 전국 지역별 자세한 기관들을 참고하기 바랍니다. 이러한 활동들이 학교생활기록부에 기재가 되어 있을 경우에 한해서 학교장의 허락을 받고 참여한 교외활동으로 간주하여 서류평가를 진행합니다.

지원자들은 이러한 기록을 바탕으로 자기소개서에 구체적으로 작성하면 됩니다. 다만 교외활동이기 때문에 가급적 활동 참여 전과 후의 경험 사례를 교내활동과 연계해서 성장과 변화의 의미 있는 활동으로 자기소개서에 작성해 주십시오. 이렇게 할 때 긍정적인 평가를 받을 수 있다는 것이 대부분 입학사정관들의 공통된 의견입니다. 다음의 동국대학교 사례를 참고하면 도움이 될 것입니다.

교내외 활동의 연계성을 확인할 수 있는 사례

스스로 관심 있는 주제를 조사하며 주체적인 학습 태도를 얻을 수 있었지만, 현재 경제 상황에 대한 이해가 여전히 부족하다고 느꼈습니다. 그래서 저는 경제학적 시각을 기르기 위해 경기도 교육청에서 주관하는 경제 리더십 캠프에 참여하였습니다. 이 프로그램에서 경제신문 스크랩 및 토론 활동을 통해 사회적 기업의 자금 운영 방식 등을 조사하였고, 학교에서 선생님께 부탁드려 이러한 경험을 바탕으로 토론동아리 활동을 제안할 수 있었습니다. …

▶ 학교장 승인 교외활동을 주제로 제시한다면, 이에 참여하기 위해 수행한 교내 활동과의 연결 혹은 준비하기 위한 교내에서의 과정 등을 구체적으로 제시할 수 있습니다.

교내외 활동의 연계성을 확인하기 어려운 사례

저는 ***기업에서 주관하는 광고 포스터 전시회에 참가하였습니다. 전시회에 포스터를 제출하려면 주제를 먼저 선정해야 했습니다. 그러나 좋은 아이디어가 떠오르지 않아 계속 광고 구상에 대해 생각해보고, 그때그때 생각난 것을 메모하기 시작했습니다. …
2학년 때 제가 살고 있는 사회의 시사문제에 깊은 관심을 가져야겠다는 생각에 ㅇㅇㅇ언론사에서 주관하는 고교생 토론 프로그램에 참여했습니다. 국내에서 일어나는 문제들을 분석하여 자료를 수집하고 주장의 근거를 준비했습니다. …

▶ 사례에서 제시된 교외활동은 학교장 승인활동이 아니므로(교육 관련 기관 주관이 아님) 평가에 미반영되는 사항입니다.

출처 : 2019학년도 동국대학교 학생부종합전형 가이드북

Q&A 27

창의적 체험활동의 동아리활동은 자기소개서 2번 항목에만 작성해야 하나요?

학생들이 자기소개서를 작성할 때 2번 항목에 주로 동아리활동을 통한 의미

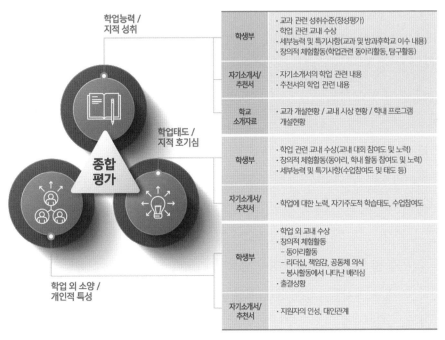

출처 : 2020학년도 서울대학교 학생부종합전형 안내

있는 경험 사례를 많이 활용하게 됩니다. 특히 이러한 상황에서 동아리활동(상설동아리, 자율동아리, 청소년단체활동, 학교스포츠클럽활동)의 다양한 활동 상황들을 글자수 분량이 가장 많은 자기소개서 2번에만 기록이 가능한 것으로 알고 있기도 합니다. 그러나 학술이나 특정교과 관련 동아리활동을 통한 학업역량의 경험 사례는 자기소개서 1번에, 동아리개설이나 자율동아리 활성화의 노력을 통한 자기주도적인 전공적합 경험 사례는 자기소개서 2번에, 동아리 임원활

동을 통한 부원들의 역할 조정 및 의견충돌을 조정하며 공동의 목표를 달성한 협력 등의 경험 사례는 자기소개서 3번에 기록이 가능합니다. 결국, 동아리활동이 자기소개서 몇 번 문항에 기록되어야 하는지의 결정은 활동을 통하여 배우고 느낀 점에 따라 자기소개서 모든 문항에서 활용이 가능하다고 말할 수 있습니다.

다음의 「2020 서울대 학생부종합전형 안내」를 통해서 지원자의 학교생활기록부에 기록된 동아리활동이 자기소개서 문항별로 다양하게 서술될 수 있음을 확인해 볼 수 있습니다.

Q&A 28

자기소개서 2번 문항의 경우, 소제목을 표시해서 작성하는 것이 유리한가요?

자기소개서 2번 항목의 경우, 학생들 입장에서 본인의 의미 있는 활동에 대한 다양성을 어필하기 위해서 1,500자 분량 안에서 3가지 활동을 주로 어필하는 경우가 많습니다. 그런 경우에 활동마다 어떠한 내용들인지 함축적으로 어필할 수 있는 핵심키워드가 담긴 소제목을 맨 처음 기술하는 경우가 많습니다. 평가하는 입학사정관 입장에서는 학생의 다양한 의미 있는 교내활동의 충실성과 이를 통한 배우고 느낀 점을 한눈에 미리 파악하거나 본문의 스토리를 읽기 전에 기대효과를 줄 수 있는 긍정적인 효과가 있을 수 있습니다. 그러나 소제목 또한 역시 글자수를 차지하며 소제목의 유무보다는 자기소개서 2번 항목에서 주로 평가하는 활동의 우선순위를 찾는 것이 더욱 중요합니다.

그런데 자기소개서 2번의 경우 분량이 많다 보니 자기소개서의 다른 항목에 이미 작성한 내용을 중복하는 경우가 많습니다. 따라서 학교생활기록부에서 자기소개서 스토리를 추출할 경우, 자기소개서 항목 간에 활용하게 될 스토리의 우선순위를 정할 때 중복 여부도 유의해야 합니다.

다음의 사례는 서울대 지역균형선발전형 자유전공학부 합격생의 자기소개서 2번 항목으로, 3가지 스토리에 소제목을 언급한 경우입니다.

빛으로 해낸 성장 '핫이슈 토론대회'

2학년 9월, 과학실에 붙어있는 '빛이 현대사회에 활용되는 사례와 개선방안'을 주제로 한 과학탐구대회의 안내장을 봤습니다. 자연계 학생들을 중심으로 이뤄지는 대회에 인문학적인 과학을 보여주고 싶어 친구 2명을 설득해 참가했습니다. 다른 팀들이 전부 공학적으로만 접근하는 것에 반해 저희는 인간의 미의식과 감성을 좌우하는 소통의 매개에서 조형예술과 테크놀로지 미술인 '라이트아트'까지 이어지는 빛과 그것의 기계적 상호작용에 주목했습니다. 또한 전기조명 없는 3차원적인 무대장치와, '비움'으로 공간을 풍요롭게 하는 구조적, 미학적 디자인으로의 발전방향을 제시했습니다. 빛을 다각도로 바라보고 그 개념의 확장을 탐구하면서 '빛의 세계'가 세상 전체를 상징한다는 생각이 들었습니다. 그리고 마치 '빛'처럼 전체를 바라보며 깊게 공부하는 것이 진짜 학문하는 것이라는 걸 깨달은 계기가 되었습니다.

영어논문을 통해 통계학을 처음 접하며 느낀 설렘

'인문사회 학술연구회반'을 통해 3명의 친구들과 한 팀이 되어 영어교육법에 관한 장기프로젝트 논문을 썼는데 저는 주로 질문지법과 면접법을 이용하여 수집한 자료를 분석하는 역할을 맡았습니다. 처음 써보는 논문인데다가 자료해석 방법을 고민하던 중, 통계 관련 전문가 선생님을 통해 제가 코딩한 설문에 따른 분석결과를 얻을 수 있었습니다. 그런데 가설과 대비된 결과에다가 맨–휘트니 검정과 같은 생소한 용어가 많아 거의 이해가 되지 않았습니다. 궁금하면서도 제대로 알아야 결론을 낼 수 있겠다는 생각에 도서관에서 '통계학개론', '사회과학도를 위한 기초통계' 등 통계학서적들을 펼쳐보니 그게 바로 비모수통계학이었다는 것을 알았습니다. 어려운 내용으로 가득 차있어 이해할 순 없었지만, 잘못 설정된 표본집단 때문에 결론이 가설과 어긋난 것이라는 결과는 얻을 수 있었습니다. 이를 계기로 저는 통계학을 제대로 배워 조사목적에 부합한 자료 수집을 해야겠다고 다짐했습니다. 다소 무의미한 설문지였지만 제겐 아주 유의미한 경험이었습니다.

학업생활의 에너지! 탁구부(GuahmTaTe)

중학교 때부터 탁구를 좋아했던 저는 고등학교에 탁구부가 없다는 게 너무 아쉬워 2학년 때 친구들과 후배들을 모아 '스포츠클럽 탁구부'를 만들었습니다. 강당이 좁아 무대를 이용하며 탁구대를 피고 접는 일이 반복됐지만, 주 3회 점심시간 30분을 최대한 활용했습니다. 많은 학생들이 몰리자 체육선생님과 교장선생님께서도 관심을 가지시며 탁구기계로봇과 탁구대 4대를 지원해주셨습니다.

또 안 쓰는 교실을 탁구장으로 이용할 수 있도록 해주셔서 저희는 요일별로 조를 나눠 탁구부만의 시간표와 이용규칙 및 관리시스템을 도입하여 전교생이 공평하게 탁구를 즐길 수 있도록 했습니다. 모두가 함께하여 활성화된 탁구부를 보며 이것이 학교의 전통이 되어 계속 이어졌으면 좋겠다는 생각을 했습니다. 신설학교에 학업으로 지친 후배들을 위한 청소년문화를 만들어준 탁구는 제게 벅찬 감동을 남겨주며 생활에 큰 활력소가 되어준 의미 있는 활동이었습니다.

출처 : 『학생부종합전형 마스터 플랜(미디어숲)』 (서울대학교 자유전공학부 합격생 사례)

Q&A 29

대학교에서 자기소개서 2번 문항은 어떻게 평가되나요?

자기소개서 2번 항목의 경우, 2016년 3월 발표된 6개 대학의 「학생부종합전형 운영공통기준」에 따르면 자기소개서 항목 가운데 유일하게 '학업역량', '전공적합성', '인성', '발전가능성' 4가지 평가요소를 전부 포함하고 있는 항목으로 볼 수 있습니다. 4가지 평가요소 가운데 '전공적합성'의 경우 학교생활기록부 4번 수상경력, 5번 자격증 및 인증 취득상황, 6번 진로희망사항, 7번 창의적 체험활동상황, 8번 교과학습발달상황, 9번 독서활동상황, 10번 행동특성 및 종합의견을 전부 참고하게 됩니다.

한편 '전공적합성' 평가요소 관련 대학별 평가항목으로는 진로탐색역량, 전공개발활동, 전공교과 관련 노력 및 충실도 등 매우 다양합니다. 여러 대학의 다양한 평가항목 내용은 다음의 표를 참고하면 됩니다.

각 대학별 평가요소 및 평가항목 분류(전공적합성 부문)

대학	평가요소	평가항목
A	전공적합성	전공적성, 진로개발활동
B	창의적 전문성	전공적합성(학과이해 및 전공기초)
C	진로역량개발	전공 관련 교과, 진로개발노력, 진로동기 및 실현가능성
D	전공적합성 및 지원의지	지원자의 학문적 성격, 학문적 진로에 대한 비전, 학업이수 계획
E	전공적합성	전공에 대한 관심과 열정, 적성
F	학업역량	학업성취도 및 성적추이, 지원전공 관련 학업성취도, 전공 적합성
G	학업역량	전공적합성
H	지원동기 및 진로계획	지원동기 및 진로계획
I	전공적합성	전공에 대한 관심과 이해도, 학업적성
J	전공적합성	전공적성
K	잠재적 역량	전공적합성 : 모집단위 적합도, 진로탐색 역량
L	전공적합성	전공분야 관심, 목표 성취 태도
M	전공적합성	진로개발역량, 전공적성
N	활동역량	지원한 전공과 관련한 활동을 지속적, 자기주도적으로 해 내는 능력
O	적성	전공에 대한 관심, 탐구력, 도전정신, 창의성, 문제해결능 력, 자기개발능력, 목표의식
P	적성	전공교과 관련 과목 이수여부, 진로를 탐색하기 위한 노력, 교내에서 참여한 활동내용과 역할, 참여도, 참여과정, 지원 학과와 관련된 활동 및 관련 내용
Q	Passion	전공선호도(지원전공을 얼마나 좋아하는가) 전공가치부여(전공을 수학하는 것이 지원자에게 얼마나 가 치 있고 중요한가) 목표지향과 도전정신(전공과 관련된 적절한 목표 설정을 하였는가, 목표성취를 위한 도전정신이 있는가) 투자성과(목표 달성을 위해 얼마나 많은 시간과 노력을 투 자하였는가)
	Matching	전공부합도(전공수학 및 학교생활에 필수적인 학과 평가 기준에 적합한가)
R	전공적합성	진로 및 전공을 탐색하기 위한 노력, 열정, 이해도, 지원동 기, 학업계획, 진로계획의 연계성 및 고민의 깊이

S	적성	학업역량 및 자신의 소질과 적성에 따른 다양한 경험 및 활동 평가

출처 : 학생부종합전형 운영공통기준과 용어표준화 연구

Q&A 30

자기소개서 2번 문항을 STAR방식으로 학교생활기록부 항목들을 재구조화하는 과정을 사례를 통해 보여주세요.

[1단계] 학교생활기록부 평가요소별 재구조화 작업

구분	학업역량	전공적합성	발전가능성	인성
4. 수상경력	• 교과우수상(27개) • 영어경시대회(장려상) • 과학경시대회(지구과학) • 수학경시대회(인문 계열)	• 과학탐구토론대회 • 과학탐구논술대회 • 수리과학탐구논술대회 • 인문사회논술대회 • 인문사회토론대회 • 자연과학 핫이슈토론대회 • 인문논술대회 • 수리과학 심화탐구경연대회 • 교내인문학탐구대회	• 인문사회독서경진대회 • 교내독서토론대회 • 과학독후감쓰기대회 • 교내백일장 산문부 • 수리과학 독서대회 영어에세이 Contest Debate Contest • 자기주도학습상	–
6. 진로		• 1학년 : 교사 • 2, 3학년 : 대학 교수		–
7. 창의적 체험활동 (자동봉진)	• 영어 신문반(경제, 교육 분야 교내 영자 신문 기사화) • 서양문화탐구반(영어책자 발간) • 인문자연융합포럼반(논문 작성 구암학술제에서 발표) • 인문사회학술연구회(영어논문집 발간) • 수리과학독서반 • K–MOOC '경제학들어가기' 강좌 수료 • 경제학교수 면담 • 진로인성프로그램 대학연계공감멘토링 프로그램참여 및 수료			• 학급임원 • 방과후 탁구반(스포츠클럽)

8. 교과 세부능력 특기상황	• 구암융합인재캠프 (나노과학, 해석기하, 영미문장, 사회주제, 융합과학 주제탐구)	• 자연과학 핫이슈 토론대회(인문학적인 해석 시도) • '연구법 및 논문작성' 전문가특강(통계학을 만나다)	–
9. 독서	• 그림 속 경제학_문소영 • 학문의 즐거움_히로나카 헤이스케 • 미술관에 간 화학자_전창림 • 이기적 유전자_리처드 도킨스 • 내 안에서 나를 만드는 것들_러셀 로버츠 • 경제학, 인문의 경계를 넘나들다_오형규 • 박경미의 수학N_박경미 • 수학 끼고 가는 이탈리아_남호영 외 • 통계 속 숫자의 거짓말_게르트보스바흐 외	–	–

출처 : 『학생부종합전형 마스터 플랜』 (서울대학교 자유전공학부 합격생 사례)

[2단계] STAR방식으로 자기소개서 개요 정리

STAR방식 분석		학생부연계 활용분석	지원대학 평가요소분석
구분	**내용**		
Situation (상황, 배경)	'인문사회 학술연구회반'을 통해 3명의 친구들과 한 팀이 되어 영어교육법에 관한 장기프로젝트논문 도전	수상경력 + 동아리활동 (자율동아리) + 독서활동	학업역량 (교과학습능력, 지식의 누적, 지식의 확장) + 학습 태도 (교과지식의 활용, 지적호기심, 자기주도성, 비판적 사고력)
Task (목표, 역할)	질문지법과 면접법을 이용하여 수집한 자료를 분석하는 역할		
Action (구체적인 행동)	1) 코딩한 설문에 따른 분석결과를 통계 관련 전문가 선생님의 도움받음. 2) 가설과 대비된 결과 고민 중 맨-휘트니 검정과 같은 생소한 용어가 많아 도서관에서 '통계학개론', '사회과학도를 위한 기초통계' 등 통계학서적들을 펼쳐보고 공부함.		
Result (결과)	통계학을 제대로 배워 조사목적에 부합한 자료 수집을 해야겠다고 다짐.		

STAR구조화를 바탕으로 자기소개서 초안 완성

2. 고등학교 재학기간 중 본인이 의미를 두고 노력했던 교내 활동(3개 이내)을 배우고 느낀 점을 중심으로 기술해 주시기 바랍니다. 단, 교외 활동 중 학교장의 허락을 받고 참여한 활동은 포함됩니다(띄어쓰기 포함 1,500자 이내).

[영어논문을 통해 통계학을 처음 접하며 느낀 설렘]

(Situation) '인문사회 학술연구회반'을 통해 3명의 친구들과 한 팀이 되어 영어교육법에 관한 장기프로젝트논문을 썼는데 (Task) 저는 주로 질문지법과 면접법을 이용하여 수집한 자료를 분석하는 역할을 맡았습니다. (Action) 처음 써보는 논문인데다가 자료해석 방법을 고민하던 중 통계 관련 전문가 선생님을 통해 제가 코딩한 설문에 따른 분석결과를 얻을 수 있었습니다. 그런데 가설과 대비된 결과에다가 맨-휘트니 검정과 같은 생소한 용어가 많아 거의 이해가 되지 않았습니다. 궁금하면서도 제대로 알아야 결론을 낼 수 있겠다는 생각에 도서관에서 '통계학개론', '사회과학도를 위한 기초통계' 등 통계학서적들을 펼쳐보니 (Result) 그게 바로 비모수통계학이었다는 것을 알았습니다. 어려운 내용으로 가득 차있어 이해할 순 없었지만 잘못 설정된 표본집단 때문에 결론이 가설과 어긋난 것이라는 결과는 얻을 수 있었습니다. 이를 계기로 저는 통계학을 제대로 배워 조사목적에 부합한 자료 수집을 해야겠다고 다짐했습니다. 다소 무의미한 설문지였지만 제겐 아주 유의미한 경험이었습니다.

Q&A 31

자기소개서 2번 문항에서 가장 중요시되는 평가요소인 전공적합성의 범위는 대학마다, 혹은 전형마다 다른가요?

최근 입학사정관들은 학생부종합전형의 '전공적합성'에 대해 다음과 같이 이해하고 있습니다. 예를 들어, 화학과 지원자이기 때문에 화학동아리를 '반드시 해야 한다'라는 좁은 의미에서의 '전공적합성'보다는, 대학 입학 이후 관련 전공과 인접한 고교 계열교과목을 얼마나 충실하게 이수했는지, 즉 '계열적합성'이라는 의미로도 많이 활용하고 있습니다. 다음에 언급되는 서강대학교와 성균관대학교 학종가이드북에서 설명되어 있는 것처럼 지원하는 모집단위와 이름이 유사한 활동에 참여한 스토리에 대한 좁은 의미의 '전공적합성'으로 평가하지는 않으며, 향후 대학에서 제공되는 학업을 수행할 수 있는 기본적인 역량을 변화시키고 성장가능성의 잠재력을 볼 수 있는 부분들을 높게 평가함을 유념해야 합니다.

 TIP

[질문] 학생부종합전형 이것이 궁금해요
커뮤니케이션학부에 지원하고 싶은데 방송반이나 영화동아리 같은 전공 관련 활동이 거의 없습니다. 아무래도 학생부종합전형은 전공적합성이 중요할 것 같은데 제 활동이 부족해 보이지는 않을까요?

[답변]
걱정할 필요 없습니다. 서강대는 단순히 전공과 부합하는 '듯한' 활동의 명칭이 아닌 대학에서의 전공 분야 학습과 연구에 필요한 기본 역량을 계발시킨 경험의 과정으로부터 지원자의 성장가능성을 읽어냅니다. 그러므로 단순히 참여한 동아리나 활동의 이름보다는 그 안에서 지원자의 구체적인 역할, 성장과정 등을 보여주는 것이 좋습니다. 입학사정관이 보고 싶은 것은 '의미 없는 활동명'이 아니라 '실질적인 성장과 가능성의 근거'입니다. 이는 서강대가 '전공적합성'이라는 다소 좁은 의미로 해석될 수 있는 항목을 평가요소로 활용하고 있지 않은 이유이기도 합니다. 또한 학생부종합전형에서는 동아리나 기타 활동 외에도 대학 공부에서 필요로 하는 기본학업역량을 향상시킨 사례, 주어진 교육환경의 활용/극복에 대한 과정상의 노력들이 더 중요하게 평가받을 수 있다는 점을 기억하길 바랍니다.

출처 : 서강대학교 2019학년도 입학가이드북

상담을 하다 보면, 학교생활기록부의 진로희망사항이 변화가 있거나 지원 모집단위와 불일치할 경우 전공적합성 평가에 불리하지 않느냐는 질문이 많습니다. 진로가 아직 정해져 있지 않거나, 장래희망이 바뀔 수 있는 것은 청소년기 성장과정에서 자연스러운 현상임을 입학사정관들은 충분히 고려하며 평가하고 있습니다. 지원 모집단위와 교내 활동이 단순히 일치하는지 식의 단편적인 평가를 하지 않습니다. 예를 들어 독어독문과에 지원한 2명의 일반고 학생이 있습니다.

독어독문과		
일반고 지원자 A 교내 영어토론대회/ 말하기대회 성취 우수 영어회화, 제2외국어(일본어) 교과성적 우수 교육과정 외에 개별적 중국어 능동적 학습 토론 및 글쓰기 동아리 활동활발	VS	**일반고 지원자 B** 일반고 독일어집중과정 이수 교내 독일어대회 수상 독일어 동아리 진로탐색 활동 활발 독일어 방과후학교 활동 활발

많은 사람들은 전공적합성 평가에 있어 지원자 B가 지원자 A에 비해 더 우수한 평가를 받을 것이라고 생각합니다. 독어독문학과에서 요구하는 전공적합성은 기본적인 듣기, 말하기, 읽기, 쓰기 능력과 어문학적 소양을 갖췄는지를 중심으로 판단합니다. 지원자 A, B 모두 어문학적 소양을 확인할 수 있는 활동이 있어 전공적합성 평가에서 우수한 평가를 받을 수 있습니다. 소프트웨어학과 지원자의 경우도 마찬가지입니다.

소프트웨어학과		
일반고 지원자 C 수학 물리교과 성적 우수 정보교과 모둠활동 발표력 우수 물리 등 과학 교내대회 수상 교내 인문학토론대회, 영어토론대회 수상	VS	**일반고 지원자 D** 3년간 컴퓨터동아리 활동 일반고연합 방과후학교 프로그래밍반 활동 플랫폼/아두이노 등 주제 보고서 작성 IT 관련 MOOC 강의 수강등 진로탐색 활발

소프트웨어학과는 기초과학 및 공학습득능력, 응용력 및 문제해결능력을 중심으로 전공적합성을 판단합니다. 소프트웨어학과이다 보니 많은 지원자들이 프로그래밍에서 두각을 드러낸 활동이 있어야 된다고 생각을 하지만, 그렇지 않더라도 고등학교 수준에서 이루어질 수 있는 예비 공학도로서의 기초적인 소양을 갖췄는지가 보다 더 중요합니다.

일관된 테마로 모집단위와 관련된 활동을 해야 평가에 유리한가? 아니면 다방면의 활동에서 두 각을 드러내는 게 더 유리한가?라는 질문도 많습니다. 경영학과에 합격하기 위해서 경영동아리 활동, 교내 창업대회 참가, 경영 관련 독서활동 을 해야만 합격할 수 있다고 흔히 생각합니다. 학생부종합전형 서류평가는 특정 활동 유무가 아니라 대학 전공을 소화하는 데 기본적인 역량, 태도를 갖추었는지가 중요합니다. 핵심은 활동 자체가 아니라, 같은 활동이라 하더라도 경험한 것이 자신에게 어떤 영향을 미쳤는지 어떤 생각을 가지고 있었는지 등 자신만의 색깔을 드러내는 것입니다.

출처 : 2020 단국대 학생부종합전형 가이드북

[자기소개서 3번]

Q&A 32

자기소개서 3번 문항을 설명해 주시고, 작성요령을 안내해 주세요.

자기소개서 3번 문항은 '학교생활 중 **배려, 나눔, 협력, 갈등관리 등을 실천한 사례를 들고, 배우고 느낀 점**을 기술해 주시기 바랍니다.(띄어쓰기 포함 1,000자 이내).' 입니다.

'학교생활 중'이라는 문구에서 자기소개서 1번과 2번에서의 '고등학교 재학기간 중'이라는 점과 비교해 볼 때 경험 사례가 특정 기간이 아닌 활동 범위로 이동한 듯합니다. 자기소개서 3번의 '학교생활 중'은 좁은 의미로는 학급에서의 학급회의 및 학급운영 관련 경험 사례부터 학교 전체를 운영하는 학생회 임원활동을 통한 경험 사례, 더 나아가 지역 연계활동을 통해서 학교와 지역사회를 하나의 공동체로 보는 관점에서 학생이 활동한 경험 사례를 모두 포함한다고 볼 수 있습니다. 특히 자기소개서 3번 문항에서 특정 인성평가 항목을 3번 문항 안에 구체적으로 제시하고 있는데 '배려, 나눔, 협력, 갈등관리 등'이라고 언급하고 있습니다. 그러나 4가지 인성평가 항목 외에 리더십 발휘 혹은 공동체의식, 역경극복 등 폭넓은 의미의 인성활동이 충분히 포함되어 있음을 유의할 필요가 있습니다.

한편, '실천한 사례'를 오해하는 경우가 있는데 다양한 인성활동을 통한 성공적인 결과물 혹은 인성 관련 수상실적만이 실천한 사례에 해당하는 것은 아닙니다. 실제로는 결과적으로 실패했지만 본인의 인성적인 활동상황이 유의미한 경험 사례 특히 지원자 본인의 대인관계 능력 및 의사소통 능력이 개선되는 상황에서의 인성에 대한 새로운 인식변화 역시 해당될 수 있습니다.

자기소개서 3번 문항의 '배우고 느낀 점'은 자칫 본인의 인성활동에 대한 자랑거리를 나열하는 실수를 저지르기 쉽습니다. 가급적 함께 활동하는 과정에서 본인의 인성활동이 타인에게 어떠한 의미 있는 영향을 주었으며, 그 과정에서 느낀 점을 진솔하게 작성하는 것이 중요합니다. 다음의 중앙대 자기소개서 3번 작성 사례를 참고하기 바랍니다.

NG 사례

> 저는 3년간 반장으로 선출되어 학급 회의를 주재 하고 친구들의 의견을 하나로 모아 단합된 모습을 보이는 데 큰 역할을 하였습니다.

이렇게 써보면 어떨까요?

> 저는 '잘 말하는 사람'이라기보다는 '잘 들어주는 사람'입니다. 항상 제 의견을 말하기 전에 친구들의 이야기를 먼저 들어주고, 저마다의 상황과 입장을 이해하려고 노력합니다. 이런 저의 모습을 보면서 친구들은 '인내심이 많은 친구', '이해심이 넓은 친구'라고 합니다. 이런 면을 좋아해주는 친구들이 많아 저는 3년 내내 반장으로 활동할 수 있는 기회를 갖게 되었습니다. 학급의 대표로 활동하면서 한 사람도 불만 없이 민주적인 합의절차를 이끌어내는 과정이 쉽지만은 않았습니다.
> 저는 공과 사를 명확히 구분하되, 언제나 다수의 의견에 맞서려는 몇 몇 친구들과 개인적으로 좀 더 가깝게 지내면서 그 친구들의 입장을 더 이해하기 위해 노력하였습니다. 처음에는 마음의 문을 닫고 부정적인 의견만 내던 친구들이 반 분위기에 자연스럽게 녹아들면서 오히려 긍정적인 마음을 갖게 되는 경우를 보면서 '모두를 아우를 수 있는 리더'로 성장하는 방법을 배워가고 있습니다.

출처 : 2021 고려대학교 학생부종합전형 가이드북

※ 자기소개서 "NG" 예시

저는 2학년 때 교내 신문부에서 회장으로 활동하였습니다. 동아리를 이끌어가며 어려움도 많았지만 리더십과 배려심을 배울 수 있었고, 부원들과 열심히 활동한 결과 학년 말에 우수 동아리로 선정될 수 있었습니다….

이렇게 바꾸면 어떨까요?

저는 2학년 때 교내 신문부에서 회장으로 활동하였습니다. 학교의 모든 행사에 참여하여 취재할 수 있다는 점에 매력을 느껴 신문부에 지원하게 되었고, 친구들의 지지로 회장이 될 수 있었습니다. 하지만 동아리를 이끌어가는 일이 쉽지만은 않았습니다. 특히 기사를 처음 쓰는 후배들의 경우 원고 작성이 서툴러 기사를 통째로 수정하는 일이 빈번하였고 이로 인해 부원들 사이의 갈등이 점점 심해졌습니다.
이를 해결하기 위해 부원들을 만나 동아리 활동에 대한 의견을 들었고, 무엇보다 동아리 내 선후배의 소통을 활성화해야겠다고 생각했습니다. 우선 선배와 후배를 한조로 하여 기사 주제 선정과 취재를 진행하도록 하였고, 최종적으로 직속 선배가 후배의 기사를 교정하는 시스템을 도입하였습니다. 선후배 간에 기사 작성뿐 아니라 학교생활에 대한 고민과 어려움에 대해 함께 이야기 나누다 보니 서로를 보다 잘 이해할 수 있었고, 무엇보다 동아리 분위기가 점점 좋아졌습니다. 신문부회장으로 보낸 1년은 제게 사람 간의 소통과 배려의 중요성에 대해 알려준 소중한 경험입니다.

출처 : 2020서울대학교 학생부종합전형 가이드북

혹시 이렇게 쓰셨나요? ❶

예시

2학년 1학기에 청소당번을 정하는 문제로 몇몇 친구들이 갈등을 겪어 무리가 나뉘면서 학급의 분위기가 냉랭해졌습니다. 이런 갈등이 막 시작되었을 때는 '학급 회장이 나서면 그때 도와줘야지'라는 생각을 했습니다. 하지만 회장이 손을 놓고 있는 사이 갈등이 깊어졌고 반 친구들과 두루두루 친하게 지낸 저는 리더는 아니지만 의견충돌이 심했던 친구들을 중재했습니다. 그 후 학급회의에서 담당자가 불만이 생기지 않도록 청소 횟수를 조정하는 의견을 제시하여 학급 모두가 만족했습니다.

입학사정관의 한줄 평	
의견충돌의 원인은 무엇이고, 어떻게 중재하였는지?	• 반 친구들 간의 갈등을 중재하였다고 했는데, 의견충돌의 원인은 무엇이었고 중재는 어떠한 방법으로 하였는지 당시 상황을 자세히 작성해주면 더 좋을 것 같아요. • 학급 내 갈등관리, 불화 조정에 대한 일화를 쓸 때, 의견 충돌을 어떤 방식으로 지원자가 나서서 중재하였는지 서술해주는 것이 좋습니다. • 학급 내의 상황과 본인의 역할을 단순히 서술했네요. 갈등 상황에서 어떻게 타협에 이르렀는지, 본인은 어떤 역할을 했는지에 대해 구체적으로 작성해보는 건 어떨까요? • 갈등 상황에서 본인의 역할이 무엇이었는지 구체적인 내용을 확인하기 어렵습니다. 정확하게 어떤 의견을 제시하였는지, 어떻게 친구들을 중재하였는지 자세하게 작성한다면 좋은 자기소개서가 될 것입니다.
나는 문제없다?	• 어떻게 중재했는지, 왜 중재했는지에 대한 고민이 없습니다. 그러다 보니 지원자는 좋은 게 좋은 거라는 사고방식의 소유자라는 인상을 주고 있습니다. • 학급회장과 함께 해결하려는 노력과 모습이 필요하지 않을까요? 학급회장이 문제였고 문제를 해결한 사람은 나라는 인상을 주는 것은 학생에게 큰 도움이 되지 않습니다. 같이, 함께 문제를 해결할 수 있는 방법을 찾는 것이 우선입니다.

혹시 이렇게 쓰셨나요? ❷

예시

2년간 기숙사 한 층의 대표위원과 기숙사 자치위원으로 활동했습니다. 주요 업무 중 하나인 기숙사생의 의견 수렴을 위해 '자치위원과 대화' 프로그램을 제안하고 운영하여 친구들의 의견을 심층적으로 들을 수 있었습니다. 그리고 여러 학생의 의견수렴을 위해 정기적으로 설문지를 배포하고, 설문내용과 결과를 게시대에 공개했습니다. 이를 통해 기숙사 생활에 대한 건의 및 불만 사항들을 효과적으로 수집할 수 있었습니다.

입학사정관의 한줄 평	
업무 vs 나의 의지	• 지원자의 제안으로 의견을 수합하는 활동을 하였다고 했습니다. 하지만 이것이 본래 자치위원에게 주어진 역할이었는지 지원자의 의지에 따라 개선하려고 노력한 일이었는지 잘 모르겠습니다. 또한 의견수렴의 과정과 문제 해결의 결과에서 지원자 개인의 역할과 고민의 흔적이 없습니다. 개인의 역할에 더욱 자세한 설명을 덧붙이는 것이 좋겠습니다. • 학생 자신이 원해서 한 일이었는지 아니면 그냥 업무니까 진행한 것인지 모호합니다. 업무라 생각하다 보니 자신의 생각을 어떻게 드러낼지에 대한 고민이 없는 것이 아닌가 싶습니다. 차라리 업무 중에 벌어졌던 특정한 에피소드가 있다면 그것을 쓰고, 그 에피소드에 대한 자신의 생각을 드러내는 것이 더 좋습니다.

리더십 활동의 구체적 맥락	• 지원자의 다양한 임원 활동, 대표 활동을 통해 리더십과 협동능력을 확인할 수 있습니다. 위와 같은 예시는 임원 활동의 대표적인 활동이지만 구체적인 지원자의 능력을 확인하기는 어렵습니다. 의견수렴을 위한 대화 프로그램, 설문조사 활동을 서술하는 것에서 나아가 구체적인 일화를 제시하고 이러한 활동을 통해 무엇을 배웠고 변화하였는지 표현해주는 것이 필요합니다. • 기숙사 생활에 대한 건의 및 불만사항을 단순히 수집만 한 건가요? 설문을 배포하고 설문결과를 게시대에 공개했다고 했는데 설문작성 방식과 의견수렴 방법은 어떻게 진행했나요? 혹시 건의사항과 불만사항을 해결한 경험이 있다면 구체적으로 설명해주면 좋겠네요.

혹시 이렇게 쓰셨나요? ❸

예시

장애인센터에서 봉사활동을 하며 봉사 초반에는 장애인분과 가까워지기 쉽지 않아 어려움을 겪었습니다. 센터 선생님께서 장애인분들은 어려운 환경 속에서 혼자 지내셨기 때문에 낯선 사람이 다가오면 피하신다고 말씀해주셨습니다. 하지만 저는 포기하지 않고 도와드리려 했습니다. 제 노력에 장애인분들께서 조금씩 마음을 여셨고 나중에는 먼저 인사해주시는 분도 계셨습니다. 그때는 정말 보람찼습니다. 한 학기가 지났을 때쯤, 장애인센터 선생님께서 제가 오지 않는 날에 장애인분들이 저를 가끔 찾으신다는 말씀을 해주셨습니다. 이 말씀을 듣고, 배려와 상대방을 위한 진실함이 큰 도움이 될 수 있다는 것을 배웠고, 마음 깊은 곳에서 뿌듯함을 느꼈습니다.

입학사정관의 한줄 평	
대학에서 원하는 학생은 착한 학생?	• 장애인센터에서의 경험을 통해 상대방에 대한 배려와 진실한 마음을 깨달았다는 좋은 내용입니다. 하지만 지원하는 학부·과에서 필요로 하는 사회 역량을 구체적으로 보여줄 수 있는 소재로 작성했으면 더 좋겠다는 아쉬움이 남네요. • 봉사 활동의 경험을 쓸 때 '친절, 배려, 선행'과 같은 피상적인 감상의 내용을 쓰기보다는, 봉사 활동의 실제 내용을 구체적으로 제시하고 지원자의 시민윤리의식, 협동학습능력, 의사소통능력이 잘 드러날 수 있도록 하는 것이 좋습니다. • '배려'라는 단어에 너무 집착하지 않았으면 좋겠습니다. 자기소개서를 쓰는 목적은 자신이 이 대학에서 충분히 잘 공부할 수 있는 인재임을 보여주는 데 있다는 것을 잊지 마세요. 위 사례는 자신이 '착한' 학생임을 드러낼 수는 있겠지만 과연 대학에서 원하는 매력적인 인재인지를 보여주는 데는 실패했습니다.

어떻게 마음을 열었을까?	· 배려와 상대방을 위한 진실함을 어떻게 알게 되었는지 활동을 나열한 것만으로 알기 어렵습니다. 하나의 경험을 통해 그것이 어떻게 배려와 진실함을 느끼게 했는지 구체적으로 작성하는 것이 좋습니다. · 장애인 분에게 어떤 행동과 노력을 통해 진실한 마음이 전달되었을까요? 정말 궁금해요. · 도움을 주기위해 장애인에게 어떻게 다가갔는지에 대한 내용이 있으면 좋겠습니다. 또한 봉사 활동 과정에서 어떤 배려를 했는지 알 수가 없네요. · 나눔을 위해 노력했다는 추상적 서술만 있을 뿐 이를 위한 구체적인 노력과정은 나타나지 않아요.

출처 : UOS(서울시립대) 학생부종합전형 자소서 가이드북

Q&A 33

자기소개서 3번 문항에서 '학교생활 중'은 교실에서 일어난 생활이나 활동중심으로 작성해야 하나요?

실제로 자기소개서 3번 문항의 '학교생활 중'은 대부분 지원자들의 경우 3년 동안 여러 다른 친구들과 가장 많은 교류를 하는 학급에서의 다양한 인성 관련 경험 사례를 작성하게 됩니다. 그러나 '학교생활'은 교실이라는 공간 이외에도 교과 및 비교과 모둠활동 및 교내 다양한 행사와 임원회의를 통해서 여러 다양한 사연들의 인성체험 경험 사례가 가능합니다. 예를 들어, 교과 관련 수행평가, 방과후 심화활동, 교내 각종 단체행사(체육대회, 수학여행, 현장학습, 문학기행, 명사 특강, 축제 등), 동아리 및 진로 관련 교내행사 준비, 학교 및 개인봉사활동 등을 통해서 여러 다양한 인성 경험 사례가 존재할 수 있습니다.

Q&A 34

자기소개서 3번 문항에서 배려, 나눔, 협력, 갈등관리 4가지 항목을 전부 자기소개서 3번에 기록해야 하나요?

자기소개서 3번 문항에 4가지 인성평가 항목을 언급한 이유는 지원자들에

게 여러 다양한 인성항목 요소들이 있음을 알려주었을 뿐, 이 4가지 항목의 경험 사례를 전부 작성해야 할 필요는 없습니다. 그리고 4가지 인성항목들 가운데 어떤 항목이 더 비중이 크다고 볼 수도 없습니다. 무엇보다도 본인 스스로 가장 소중하게 체험한 인성활동의 경험 사례를 선정해서 어필하는 것이 가장 중요합니다.

4가지 인성항목 가운데 '갈등관리' 사례를 소재로 채택하여 쓸 때 유의할 점은, 간혹 모둠활동이나 학급 혹은 학생회 회의를 통해서 상황에 대한 어려운 '갈등'에만 초점을 맞추어 기록하다 보니, 어려운 상황을 극복한 문제해결 능력이나 의사소통 능력 개선 등의 '관리'에 대한 스토리가 없이 작성되는 경우가 있습니다. 입학사정관들이 자기소개서 3번을 통해서 평가하고 싶은 내용은 인성활동 과정을 통한 지원자의 변화된 모습이라는 사실을 명심해야 하겠습니다.

Q&A 35

자기소개서 3번 문항에서 '실천한 사례'는 인성 활동을 통한 임원활동 경력이나 봉사 관련 수상실적을 의미하는 건가요? 그리고 임원활동 실적이 많을수록 유리한가요?

봉사기관에 참여한 단순한 사실이나 양적인 시간 수가 지원자의 인성활동을 증명할 수 있는 사례로 보기는 어렵습니다. 또한 수상실적의 유무가 아니라 인성활동을 통해서 학생의 인성역량이 어떻게 변화하고 있는지를 구체적으로 기술하는 것이 매우 중요합니다.

특히 자기소개서 3번은 인성역량을 감상 위주의 흐름으로 추상적으로 서술하는 경우가 많기 때문에 더욱 그렇습니다. 가급적 본인의 스토리 관련 인성에 대한 인식의 변화, 그리고 인성활동 이후 자신이 변화를 겪으면서 추가적으로 노력했던 활동상황 역시 부연설명을 하면서 구체성을 확보하길 바랍니다.

학교생활 중 갈등관리를 실천한 사례

친구와 팀을 이뤄 **탐구대회에 참가한 적이 있습니다. 하지만 연습에 대해 큰 중요성을 느끼지 못했던 친구는 연습을 위한 시간을 낼 수 없다고 했고, 결국 서로의 의견만 내세워 다투게 되었습니다. … 그날 이후 친구를 설득하고 연습을 시작하게 되었습니다. 비록 수상은 할 수 없었지만 꾸준히 소통을 하며 연습했던 덕분에 대회에서 우리가 목표했던 바를 이룰 수 있었습니다. … 내 의견만 주장할 것이 아니라 대화를 통해 서로가 원하는 방향을 찾는 것이 무엇보다도 중요한 것임을 깨닫게 되었습니다.

▶ 학교생활기록부에서 확인할 수 있었던 친구와의 대회 참가를 주제로 자기소개서를 작성하였습니다. 수상 여부가 중요한 것이 아니라 친구와의 갈등이 생긴 과정부터 갈등을 극복하기 위해 노력한 과정, 또 그 과정을 통해 느낀 점은 무엇이었는지를 사례를 통해 제시해 주었습니다.

학교생활 중 갈등관리를 실천한 사례

제가 겪은 가장 큰 갈등은 1학년 때 국어 조별 수행평가 과정에서 일어났습니다. 친구들의 추천으로 제가 조장을 맡아서 진행하게 되었습니다. (중략) 조원 주영이는 다른 친구들이 조사한 자료를 모아서 글을 쓰는 역할을 맡은 친구가 있었는데, 이 친구는 마감이 임박한 날짜까지도 글을 완성하지 못했습니다. (중략) 대화가 끝난 당일 친구는 정리된 자료와 글의 초고를 작성해 보내주었고, 덕분에 수월하게 글을 완성할 수 있었습니다. 이 경험은 이후의 리더역할에서도 갈등을 해결할 수 있는 배움의 계기가 되었습니다.

▶ 리더로서 배려를 바탕으로 갈등관리를 해결한 사례입니다. 친구의 입장에서 대화를 시도하여 좋은 결과와 본인의 인격적인 성장을 드러냈습니다.

교내외 활동의 연계성을 확인하기 어려운 사례

지역아동센터에서 공부를 가르쳐주면서 교육봉사를 하였습니다. 맨 처음 시설에 갔을 때는 생각보다 지저분하여 바로 아이들과 함께 청소부터 시작하였습니다. 8살 두 명을 가르쳤는데 사탕과 과자를 활용하여 수업을 하였고 호응도 좋았습니다. 저와 수업했던 아이들이 저에게 계속 애정을 표시하였습니다. … 계산적인 모습이 없는 아이들의 순수함이 좋았습니다. 세상이 이랬으면 좋겠다고 생각합니다.

▶ 배려, 나눔, 협력, 갈등 관리 중에 어떠한 것을 기술했는지 불분명합니다. 본인이 재능기부를 한 사례이기 때문에 배려와 나눔에 관한 내용이라 볼 수 있으나 구체적으로 느낀 점과 활동 과정에서 어떠한 성장을 이루었는지에 대한 고민이 드러나지 않습니다. 아이들이 왜 좋았는지, 아이들이 지원자를 왜 좋아하게 되었는지에 대한 과정이 생략되어 배경을 이해하기 어렵습니다. 교육봉사를 통해 느낀 점과 본인이 성장시킬 수 있었던 역량 등을 기술했더라면 지원자의 인성 및 사회성을 이해하는 데 도움이 되었을 것입니다.

봉사활동을 통한 배려 나눔을 보여준 사례

고등학교 생활 동안 어르신들에게 도시락을 배달하며 말벗이 되어 드리는 활동을 했습니다. 활동 초기에는 의욕이 앞서 어르신의 물건을 잘못 건든다거나, 어르신의 의사와 상관없이 너무 적극적으로 다가가는 등 (중략) 고민의 결과 어르신의 성향에 따라 저의 행동에 변화를 줄 필요가 있음을 알 수 있었습니다. (중략) 어르신의 관심사를 체크하여 대화를 먼저 이끌어 가는 등 융통성 있게 배려하는 법을 알아갔습니다. (중략) 이 활동을 통해 봉사에서 책임감의 중요성과 필요성에 대해 느낄 수 있었습니다.

▶ 배려와 나눔에 대한 주제로 작성한 사례입니다. 봉사활동에서 느꼈던 부족했던 부분과 성장과정, 봉사에 대한 시점의 변화 등이 나타났습니다.

출처 : 2019, 2020 동국대학교 학생부종합전형 가이드북

Q&A 36

자기소개서 3번 문항에 교내가 아닌 교외 개인봉사활동의 경우 어떻게 작성하면 되나요? 그리고 학교생활기록부에 기록이 안 된 교외에서 수상한 봉사실적은 자기소개서에 작성이 가능한가요?

자기소개서 3번 문항에 주로 봉사활동을 통한 인성 경험 사례를 작성하게 됩니다. 교내가 아닌 교외 지역사회 연계 봉사활동의 경우 학교생활기록부에 봉사실적으로 기록이 되어 있다면 자기소개서에 작성이 가능합니다. 그러나 학교장이 허락하지 않고 개인적으로 참여한 봉사활동의 경우는 평가에 포함되지 않습니다. 학생부종합전형 평가 취지상 학교생활기록부에 기재된 내용을 근거로 자

기소개서에 구체화된 내용을 평가하기 때문입니다. 다만, 학생부에 기록이 되어 있는 교외에서 진행된 개인봉사활동의 경우에는 봉사시간 및 봉사실적에만 초점을 맞춘 자소서를 작성하기보다는 개인봉사활동 과정에서 개인적 차원의 봉사가 해당 봉사기관 대상자들의 사회적 약자에 대한 이해, 그리고 봉사의 진정성 변화를 보여주는 경험 사례를 어필하거나 혹은 해당 외부봉사기관에 교내학생들의 참여를 유도하거나 사회적 참여의식을 고취시키는 캠페인 혹은 홍보활동까지 추가된다면 좋은 평가를 받을 수 있습니다.

Q&A 37

학교생활기록부 10번 '행동특성 및 종합의견'에 부정적인 평가의 내용이 있는데, 어떻게 하면 좋을까요?

간혹 학교생활기록부 항목 가운데 마지막 10번 항목에 담임선생님의 학생에 대한 부정적인 평가로 인해서 고민하는 경우가 있습니다. 10번 항목은 담임선생님의 '교사추천서'와 같은 역할을 하는 매우 중요한 항목이기 때문에, 간혹 부정적으로 판단될 수 있는 표현들에 대해서는 자기소개서에 관련된 활동을 작성하는 과정에서 소명할 필요가 있습니다. 특히 인성 관련 기록이라면 자기소개서 3번 항목에서 그 당시 본인의 인성활동에 대한 담임선생님의 평가에 대해서 겸허하게 받아들이고, 해당 자기소개서 스토리 안에 본인의 인성 관련 활동이 어느 정도 개선되고 나아지고 있는지를 구체적으로 어필하는 것이 매우 중요합니다. 또는 교사추천서 제출이 가능한 대학의 경우 교사추천서에 학생부 '행동특성 및 종합의견'의 인성적 측면의 지원자의 평가에 대한 부분이 그 이후 개선되거나 노력의 상황을 적극적으로 어필하는 방법도 있을 듯합니다.

Q&A 38

대학교에서 자기소개서 3번 문항은 어떻게 평가되나요?

2016년 3월 발표된 6개 대학의 「학생부종합전형 운영공통기준」에 따르면, 자기소개서 3번 문항의 경우 '인성' 및 '발전가능성'이라는 2가지 평가요소를 포함하고 있으며, 학교생활기록부에서는 3번 출결상황, 4번 수상경력, 7번 창의적 체험활동상황, 10번 행동특성 및 종합의견을 전부 참고하게 됩니다. 특히 '인성' 평가요소의 경우 대학마다 대교협 공통양식 자기소개서 3번 문항에 언급된 4가지 평가항목 외에 리더십과 공동체의식을 가장 중요하게 평가하고 있습니다. 다음의 표를 참고하기 바랍니다.

각 대학별 평가요소 및 평가항목 분류(인성부문)

대학	평가요소	평가항목
A	공동체의식	• 봉사정신, 팀워크
B	성실과 열정	• 건전한 인성, 성실성
C	KU핵심역량(인성)	• 성실성, 적극성, 목표의식, 팀워크
D	K리더십	• 리더십, 팀워크, 협동적 성실성, 대인관계와 소통
E	공동체의식	• 봉사와 헌신, 섬김과 나눔, 배려와 희생정신, 도덕성
F	공동체 기여역량	• 협력 또는 리더십, 나눔과 배려의 실천
G	공동체의식	• 인성 및 사회성, 성실성, 책임감, 배려심
H	인화관계성	• 공감 및 배려의 품성과 사회성
I	인성역량	• 인성/가치관, 발전가능성, 윤리봉사, 성실성, 바른 인성과 윤리의식 • 다양한 비교과활동(봉사, 동아리, 독서)
J	인성적 자질	• 개인적 인성, 사회적 인성
K	인성	• 학교생활 충실도 및 핵심인성요소
L	인성	• 공동체의식, 성실성
M	사회적 역량	• 인성 및 사회성 : 공동체의식
N	학업의 소양(개인적 특성)	• 리더십, 공동체의식, 책임감, 사회구성원으로서의 기여 가능성
O	사회역량	• 공적윤리의식, 의사소통능력, 협동학습성과

P	인성	• 공동체의식, 리더십
Q	인성	• 성실, 근면성, 책임감(개인적), 공감, 배려, 나눔(대인관계적), 의사 결정능력, 행동실천력(실천역량)
R	공동체의식, 성실성	• 타인과 공동체를 위해 자신을 희생하고 봉사할 수 있으며, 구성원들과 적극적으로 소통하고 협조하는 능력, 최선을 다해 과제를 수행하고 책임을 회피하지 않고 끝까지 목표에 도전하는 성향
S	사회적 역량	• 공동체 구성원으로서의 공동체의식, 리더십, 의사소통능력, 관심 영역, 참여동기, 참여도, 지속성 등 활동을 통해 변화된 태도나 행동
T	학교생활우수성	• 성실성, 리더십, 공동체의식 등
U	인성	• 성실성, 봉사정신, 리더십, 타인배려, 의사소통, 협동정신, 윤리의식, 공동체의식
V	인성역량	• 봉사활동의 진정성, 리더십, 공동체의식, 지역사회에 대한 태도
W	인성	• 학교생활 내에서 규칙준수, 타인의 모범이 되는 행동 특성, 공동체의식, 타인을 배려, 나눔을 실천, 모임을 이끌거나 갈등을 해결하는 모습
X	공동체의식, 성실성	• 교내 각종 활동에서의 역량, 협력 및 갈등극복 사례 등을 평가(인성평가 포함), 교내에서 개최되는 각종 활동에 충실하고 지속적으로 참여했는지 평가
Y	Responsibility	• 역할 충실(학생신분에 요구되는 활동들을 얼마나 잘 수행하였는가) • 협동심(공동의 목표를 위해 함께 힘을 합해 활동하였는가) • 리더십(조직의 각기 다른 목표를 달성하기 위해 구성원들을 이끄는 역량이 있는가_임원이나 학생회 리더 활동에 국한되지 않음) • 자기관리(자신의 행동을 변화시키기 위한 행동적 학습원리, 즉 자신의 행동을 관리하고 자신의 행동을 책임질 수 있는가)
Z	인성	• 타인배려, 나눔, 갈등관리
AA	인성	• 책임감, 공정성, 배려 및 소통능력, 공동체의식
BB	인성 및 잠재력	• 타인과의 소통, 협력, 공동체의식, 자기주도역량, 역경극복역량 등 평가 • 성장환경, 교육여건, 학습과정 등 고려 • 다양한 활동을 통해 성장하는 학생의 모습 평가

출처 : 학생부종합전형 운영공통기준과 용어표준화 연구

Q&A 39

자기소개서 3번 문항을 STAR방식으로 통한 학교생활기록부 항목들을 재구조화하는 과정을 사례를 통해서 보여주세요.

[1단계] 학교생활기록부 평가요소별 재구조화 작업

구분	학업역량	전공적합성	발전가능성	인성
4. 수상경력	• 성적우수상 – 수학Ⅰ외 18개	• 교내경시대회 – 수학 3개년 수상, 화학/물리 2개년 수상 • 창의적 체험활동(동아리) 사례발표 대회 장려상		• 2학년 표창장 – 모범부문
6. 진로	• 1, 2, 3학년 화학공학 연구원			
7. 창의적 체험활동 (자동봉진)	(동아리) • 1학년 M4 • (수학 Study)	(자율) • 2학년 학급 자율동아리 부장 매주 수요일 물리, 수학 문제 소개와 튜터링 활동 • 3학년 과학 분야 토의 학습 스터디 만들고 한 달에 2회 활동 • (동아리) • 2학년 무리수(물리+이과+수학) 부장 • 3학년 GD(주제 학습)		(봉사) • 1, 2학년 교육지원 • (지역아동센터) • 푸른 교사 활동 57시간
8. 교과 세부능력 특기상황		화학Ⅰ • 친구들이 모르는 문제를 알기 쉽게 설명하여 친구들에게 인정받는 학생		• 수학연습Ⅰ – 본인이 이해하고 깨달은 바를 친구들과 나누고자 하는 열정을 보임.
9. 독서		1학년 • 긍정이 걸작을 만든다(윤석금) 2학년 • 이타적 과학자(프란츠M. 부케티츠) 3학년 • 어떻게 원하는 것을 얻는가(스튜어트 다이아몬드)		
10. 행동특성		2학년 • (나눔) 수학, 물리, 지구과학, 화학 등에 대한 친구들의 질문에 고민하고 자세히 설명해줌. 효율적으로 많은 친구에게 도움을 주고자 자율동아리 만들어 활동		

출처 : 『학생부종합전형 마스터 플랜』(서울대학교 재료공학부 합격생 사례)

[2단계] STAR방식으로 자기소개서 개요 정리

STAR방식 분석		학생부연계 활용분석	지원대학 평가요소분석
구분	내용		
Situation (상황, 배경)	수학과 물리교과에 대한 친구들의 어려움이 과거 내 모습과 같다는 것을 인지함.	수상경력 (표창장) + 교과세특 (수학연습I) + 창의적 체험활동 (무리수) 행동특성 및 종합의견 (나눔)	학업능력 + 자기주도성/ 적극성/열정 + 개인적 특성/ 학업 외 소양
Task (목표, 역할)	학급에 자율동아리를 개설하여 돕기로 함.		

Action
(구체적인 행동)
	1) 양질의 문제를 나눔
	2) 친구의 고민을 듣고 특정 주제 문제 풀이
	  시행(연습문제 선정과 설명)
	3) 수업시간 부족한 설명을 주제별 맞춤 설명
	  활동		

Result (결과)	• 부원(20명 남짓) 외 친구들도 참여 • 꼼꼼하게 확인하고 공부에 열중하게 됨. • 다른 이의 입장에서 고민하고 공감하게 됨.		

[3단계] STAR구조화를 바탕으로 자기소개서 초안 완성

3. 학교생활 중 배려, 나눔, 협력, 갈등 관리 등을 실천한 사례를 들고, 그 과정을 통해 배우고 느낀 점을 기술하기 바랍니다(띄어쓰기 포함 1,000자 이내).

 (Situation) 질문을 많이 받다 보니 수학과 물리에서 많은 친구들이 어려워하는 부분이 제가 스스로 공부하며 고민했던 부분과 상당히 일치한다는 것을 알게 되었습니다. (Task) 대부분의 친구들이 비슷한 고민을 하고 있다는 것이 안타까워 도울 방법을 찾다가 자율동아리 '무리수'를 만들어 활동하게 되었습니다. (Action 1) 어떤 내용이 유익할지 고민하며 양질의 문제들을 나누고자 노력한 덕분에 (Result 1) 매 활동마다 20명 남짓한 부원들 모두가 참여해주었습니다. (Action 2) 한 친구가 물리1의 전력 계산문제를 매번 틀린다는 고민을 털어 놓고 꽤 많은 친구들이 전력 계산을 어려워한다는 것을 알게 되었습니다. 그 이유를 고민한 끝에 전력을 계산하는 2가지 공식이 각각 어떤 상황에서 사용되는지 잘 모르는 것이 문제라는 것을 깨달았습니다. '전력 문제풀이'라는 테마를 가

지고 부원이 아닌 친구들 중에서도 희망자들을 포함하여 30명 남짓한 친구들을 대상으로, 직접 선정한 연습문제들을 통해 각 공식을 사용하는 방법을 명확하게 설명해주었습니다. (Result 2) 그 결과 고민을 털어놓았었던 친구가 이제는 전력과 관련된 문제는 확실히 맞춘다며 고마움을 전해왔습니다. (Action 3) 그 이후에도 다양한 주제로 선생님의 설명만으로는 이해가 부족한 친구들을 위한 맞춤형 설명으로 활동을 진행하였고 (Result 3) 부원이 아님에도 참여하고자 하는 친구들이 늘어날 정도로 호응이 좋았습니다. '왜 열심히 공부한 내용을 시간과 노력을 들여 굳이 모두와 나누려 하는지 모르겠다'는 반응도 많았지만 혼자 공부를 하면서 느끼는 희열보다도 그들이 저처럼 깨달음을 얻으며 기뻐하는 모습을 보며 느끼는 행복이 제가 지치지 않고 공부에 열중할 수 있게 하는 '원동력'이었습니다. 혼자 공부할 때에는 그냥 넘어갔던 사소한 내용들도 꼼꼼히 확인하게 되어 결과적으로 학업에도 좋은 영향을 끼쳤습니다. 친구들의 입장에서 한 번 더 고민하는 습관을 가지게 된 것이 정말 많은 친구들에게 도움이 되는 것을 몸소 확인하며, 남을 위하는 일은 대단한 것이 아니라 진심으로 남의 어려움에 공감하는 마음으로부터 시작된다는 것을 깨달았습니다.

PART 3

자기소개서 4번

·
·
·

자기소개서 대학별 자율문항의 작성요령과
평가요소는 무엇인가

Q&A 40

'자율문항'은 무엇입니까? 학생부종합전형을 실시하는 모든 대학에서 자율문항 작성을 요구하나요?

자기소개서 대교협 공통양식은 1번부터 3번까지 구성되어 있으며, 학생부종합전형을 실시하는 대학에서 공통으로 채택하는 공통 문항을 의미합니다. 자율문항은 대교협 공통양식에 따르면 다음과 같이 설명되어 있습니다. '지원 동기 등 학생을 종합적으로 판단하기 위해 필요한 경우 대학별로 1개의 자율 문항을 추가하여 활용하기 바랍니다(글자수는 1,000자 또는 1,500자 이내로 하고 대학에서 선택).' 결국, 대학별로 자체적으로 자기소개서 공통문항만으로 지원자를 평가하고 심사하기에 부족하다고 판단이 되는 경우, 추가적인 항목을 4번에서 질문하게 됩니다. 한편 제출서류 간소화와 향후 2024학년도부터 자기소개서 전면 폐지를 앞두고서 대학들이 자율문항을 폐지하고 있는 추세입니다. 일단 올해 2021학년 기준으로 주요대학들 가운데 가톨릭대, 덕성여대, 명지대, 서울과학기술대, 세종대, 숙명여대, 이화여대, 한국외대와 교육대학들 가운데 대구교대, 부산교대, 광주교대, 청주교대 등이 자율문항이 없는 대학들입니다.

Q&A 41

자율문항은 대학별로 주로 어떤 문항들로 구성되어 있나요?

자기소개서 4번 자율문항은 대학별로 다양하게 구성되어 있습니다. 가장 많은 질문으로는 지원동기, 지원하기 위해 노력한 과정, 입학 후의 학업계획 및 진로계획 등이 있습니다. 2018년 3월 「대입전형 표준화방안 연구 – 학생부종합전형 평가요소와 평가항목을 중심으로」를 발표한 건국대, 경희대, 연세대, 중앙대는 자기소개서 4번 문항을 다음과 같은 내용으로 변경하면서 기존 '지원자의 가정환경'에 대한 문구를 완전 삭제하면서 자기소개서에 본인의 역량이 아닌 불필요한 가정환경의 영향력을 철저히 차단하고자 하였습니다. 이는 대교협의 자기소개서 유의사항인 '지원자 본인의 강점을 부각시키기 위해 작성하는 것으로 지원자 성명, 출신고교, 부모(친인척포함)의 실명을 포함한 사회적·경제적 지위(직종명, 직업명, 직장명, 직위명 등)를 암시하는 내용을 기재할 경우 평가에 불이익을 받을 수 있으니, 작성을 금지합니다.'라는 내용을 대학이 준수했다고 보면 되겠습니다.

"해당 모집단위에 지원하게 된 동기와 지원하기 위해 노력한 과정을 구체적으로 기술하시기 바랍니다.(띄어쓰기 포함 1,500자 이내)."

한편, 초등교사를 선발하는 교육대학의 경우 "초등교사에게 필요한 자질이 무엇이라고 생각하는지 쓰고, 그 자질을 갖추기 위해 어떤 노력을 해왔는지를 구체적으로 기술하시오."가 주로 질문하는 내용들입니다. 이공계특성화 대학의 경우 지원동기 외에 자기소개서 공통문항에 언급하지 못했던 예비연구원으로서 추가적인 활동상황에 대한 질문들로 구성되어 있습니다. 더욱 자세한 내용은 2021학년도 자기소개서 대학별 자율문항〈부록1〉을 확인하기 바랍니다.

Q&A **42**

자기소개서 4번 자율문항 작성 시 유의할 사항들을 알려주세요.

자기소개서 4번 자율문항의 경우 공통문항인 1번~3번에 비해서 지원자 본인의 장점과 특성을 좀 더 구체적으로 어필할 수 있도록 문항들이 구성되어 있다고 볼 수 있습니다. 이러한 상황에서 주로 지원동기 및 진로 관련 준비과정의 스토리를 작성하기 위해서 지원자 본인의 우수한 역량을 어필하다 보면 자칫 실수를 하게 됩니다. 예를 들면, 지원대학의 역사 및 학과 커리큘럼을 많이 알고 있거나, 친숙함을 나타내기 위해 대학에서 출간한 학생부종합전형 전공가이드 책자 혹은 단과대(혹은 학과) 홈페이지의 내용을 그대로 인용하는 경우가 있습니다. 그런데 지원자 중에는 자기소개서 4번 문항에서 다음과 같은 내용들을 작성해 분량을 낭비하는 학생도 있습니다. 지원대학과 출신고교와의 관련성, 부모님 출신 대학 등 본인과 전혀 관련이 없는 내용을 쓰는 경우 자기소개서 유의사항'에 따르면 지원자 성명, 출신고교, 부모(친인척 포함)의 실명을 포함한 사회적 경제적 지위(직종명, 직업명, 직장명, 직위명 등)를 암시하는 내용을 기재할 경우 평가에 불이익을 받을 수 있다고 명시되어 있어 유의하기 바랍니다.

학교생활기록부에서 자기소개서에 작성할 스토리를 추출할 경우 사전에 자기소개서 항목별로 작성할 내용들의 우선순위를 분명히 해야 합니다. 그리고 지원대학(학과)에 대한 여러 다양한 학과정보 및 학사제도를 철저히 이해하기 바랍니다. 그런 다음에 본인이 지원대학(학과)에 걸맞은 인재임을 알 수 있는 특장점을 어필해야 합니다.

Q&A 43

자율문항 가운데 '지원동기'는 주로 어떻게 작성하는 것이 좋을까요?

지원동기는 무엇보다도 학교생활기록부 6번 진로희망사항과 7번 창의적 체험활동(특히 진로활동)과 8-2번 교과 세부능력 특기사항을 중심으로 고교 3년 동안 일관성 있는 진로희망(2019년 고1은 생략) 혹은 변경된 과정 속에서 본인의 진로탐색 활동을 철저히 살펴봐야 합니다. 그런 후에 다음과 같은 내용을 적극적으로 어필해야 합니다. 가령 지원한 학과와의 연계성은 어떤지, 해당 전공을 대학 입학 이후 수학하는 데 있어서 본인의 준비된 역량은 무엇인지, 더 나아가 지원한 전공이 본인의 향후 진로 혹은 지역사회 공동체에 어떠한 영향을 주는지 등입니다. 구체적인 지원동기를 형성해 가는 과정 속에서 본인의 역량 변화 및 진로 의지를 어필하기 바랍니다. 다음의 동국대 사례를 참고하기 바랍니다.

법학과 지원 사례(진로희망 : 경찰 > 경찰 > 법조인)

자율동아리(거꾸로보기) 활동 중 여성 혐오 범죄의 원인과 재발 방지 방안에 대하여 조사하게 되었습니다. 그러던 중 강력범죄의 피해자 유가족에 대한 지원이 매우 부족하다는 사실을 알게 되었습니다 여성 혐오 범죄 역시 가해자 중심의 사건 보도가 연일 이어지면서 피해자 유가족은 여전히 소외되어 있는 것을 보고 가해자에게만 초점을 두고 사건을 바라본 제 자신을 반성하며 회복적 사법에 관심을 갖게 되었습니다. 범죄자를 검거하는 경찰의 역할도 중요하지만 사법피해자를 구제하는 변호사의 역할 역시 매우 필요하다고 생각했습니다.

▶ 자율동아리 활동을 통해 배우고 느낀 점을 바탕으로 진로희망이 변화하게 된 이유를 제시한 사례입니다.

융합에너지신소재공학과 지원 사례
(진로희망 : 화학교사 > 신소재 연구원 > 신소재 연구원)

화학 수업시간에 탄소 동소체에 대해 배우던 중 '그래핀'이라는 물질을 처음 접하게 되었습니다. 그래핀의 늘어나거나 휘어지는 특성은 매우 흥미로웠고 개발 과정과 활용 양상에 대해 알아보면서 그래핀이 초경량 고강도의 재료이므로 실생활에 밀접한 자동차의 외장재뿐만 아니라 항공 우주 부품 등으로도 활용된다는 사실을 알게 되었습니다. 자연스레 다른 신소재의 종류와 역할에 대해서도 관심을 갖게 되었고 신소재 연구원으로서의 꿈을 키우게 되었습니다. …

▶ 교과시간을 통해 해당전공과 관련한 관심을 보여주는 사례입니다.

출처 : 2019학년도 동국대학교 학생부종합전형 가이드북

유사한 분야로 진로희망사항이 변경된 사례

| 학년 | 특기 또는 흥미 | 진로희망 | | 희망사유 |
		학생	학부모	
1	신문 스크랩하기	방송 프로듀서	방송 프로듀서	프로그램을 기획하고 제작하는 활동에 매력을 느껴 방송프로듀서를 꿈꾸게 됨.
2	정치, 사회영역 신문 스크랩하기	정치부기자	정치부기자	정치 영역에 흥미가 많으며, 다양한 소식들을 발빠르게 전달하는 활동에서 매력을 느껴 기자를 꿈꾸게 됨.

| 3 | 책읽기, 신문기사 스크랩하기 | 정치부기자 | 정치부기자 | 평소 정치 영역에 흥미가 많아 관련된 독서활동을 꾸준히 하였음. 사회의 부정적인 면을 고발하고 약자의 입장을 대변하는 역할을 하는 기자라는 직업에 관심이 많아서 진로를 탐색하던 중 본인의 적성과도 맞는다고 생각하여 진로로 정함. |

▶ 1학년 때의 막연했던 방송업계로의 꿈이 학교생활을 통해 보다 깊이 있고 구체적인 진로희망으로 변경된 사례

진로희망이 급격히 변경된 사례

| 학년 | 특기 또는 흥미 | 진로희망 | | 희망사유 |
		학생	학부모	
1	문학작품 독서, 배드민턴 운동	초등교사	초등교사	평소 교육 관련 일에 관심이 많고 아이들과 어울려 놀고 가르치는 것을 좋아하던 중에 고등학교 진학 후 꾸준한 교육 동아리 활동을 하면서 적성을 확인하고 초등교사의 꿈을 키우게 됨.
2	배드민턴	초등교사	초등교사	꾸준한 진로활동과 교육봉사를 통해 교사가 아이에게 미치는 영향에 대해 실감하였으며, 동아리활동에서 다양한 교수지원학습법을 진행하고 교육 관련 디베이트에 참여하면서 훌륭한 교사의 여건이 무엇인지, 어떠한 교육이 학생들에게 도움이 될 수 있는지 고민한 끝에 아이들과 소통하는 초등교사가 되고 싶다고 희망함.
3	배드민턴 치기	교사, 교육연구사	교사, 교육연구사	교육에 대한 관심을 1인1주제연구, 대학생 멘토링, 꾸준한 관련 독후 활동을 통해 심화시킴. 특히 '한국 교육 생태계'에서 좋은 교육은 낡은 습성을 낯선 눈으로 바라보게 만들고 미래를 진취적으로 재구축할 수 있는 추진력을 제공해준다는 말과 교육은 스스로 사회를 개혁하고 혁신할 수 있는 힘을 지니고 있다는 말에 감명을 받고 한국의 교육이 보다 더 나은 방향으로 발전할 수 있는 데 기여하는 교사와 교육연구원이 되기를 희망함.

▶ 계속해서 초등교사를 희망하다가 3학년 때 교사로 변경된 사례

출처 : 2020학년도 동국대학교 학생부종합전형 가이드북

Q&A 44

자율문항 가운데 '학업계획 혹은 진로계획'은 주로 어떻게 작성하는 것이 좋을까요?

일단 지원동기는 고교 재학시절 다양한 진로탐색 경험 사례를 통해서 지원학과에 대한 관심도와 간접적인 경험 사례를 어필합니다. 반면에 입학 후의 학업계획 혹은 진로계획은 앞의 지원동기를 바탕으로 학업에 대한 관심도 및 의지를 실현가능한 학업로드맵을 통하여 구체적으로 나타내고, 나아가 소속대학(학과)을 빛내고 지역사회 공동체에 기여할 수 있는 인재로 거듭날 수 있는 현실적인 방향성을 보여주는 일입니다.

특히 지원대학(학과) 홈페이지에서 다양한 정보들을 먼저 이해하는 것이 중요합니다. 학과커리큘럼, 전공 관련 학사제도, 해외유학프로그램, 학과 관련 연구부속시설, 지원대학(학과) 교수의 연구동향, 현재 재학 중인 선배들의 취업현황, 지원대학의 다양한 어학프로그램, 장학제도 및 재학생 특별활동, 지원대학의 대학원 석박사 프로그램 등을 먼저 철저하게 파악해야 합니다. 한편, 고교재학시절 고교−대학연계 프로그램을 통해서 지원대학을 직접 방문했거나 해당대학 입학 선배들의 진로멘토링 프로그램에 참가한 경험이 있다면, 적극 활용하면 좋을 듯합니다. 다음은 서강대 학사제도인 다전공제도, 연계전공, 학생설계전공제도 소개입니다.

연계전공제도_15개	학생설계전공제도_97개
두 가지 이상의 학부 또는 전공을 연계하여 하나의 전공으로 제공하는 제도로서 1999년부터 국내 대학 최초로 서강대학교에서 시작하였으며 입학 시 선택할 수 없었던 특별한 전공을 배울 수 있어 학생들의 전공 선택의 기회를 크게 넓혀주는 제도입니다.	학생이 스스로 원하는 과목을 취합하여 자신만의 전공을 만드는 새로운 개념의 전공제도입니다. 통합적 사고역량을 가진 인재가 요구되는 미래사회에 부합하는 학생을 양성하기 위해 1998년부터 운영해왔습니다.

	2개 전공 이상, 54학점 이상의 교과 과정을 편성한 후 교무처에 전공으로 신청하면, 엄정한 심사를 거친 후 '전공'으로 승인합니다. 전공이라는 틀에서 벗어나 자신의 꿈과 미래를 스스로 설계할 수 있는 특별한 서강만의 제도입니다.
연계전공 개설현황(2017년 1월 기준) • 인공지능 • 빅데이터 사이언스 • 인문콘텐츠 융합소프트웨어 • 공공인재 • 정치학·경제학·철학 • 교육문화 • 바이오융합기술 • 일본문화 • 스타트업 • 스포츠미디어 • 여성학 • 한국발전과 국제개발협력 • 동아시아학 • 한국사회문화 • 융합소프트웨어	**학생설계전공사례** • 영화인문학 – 국어국문+커뮤니케이션+철학+심리+전인교육 • 동북아시아문화학 – 사학+중국문화+일본문화+정치외교 • 글로벌스포츠 매니지먼트 – 독일문화+스포츠미디어+경영학+전인교육원 • 비주얼 스토리텔링 – 사회학+신문방송학+A&T(아트&테크놀로지)+ 전인교육원 • 인터렉션 디자인공학 – 심리+경영+스타트업+융합SW+A&T • 빅데이터마케팅 – 수학+경영학+융합SW+커뮤니케이션학+융합 전인교육원 • 가상현실 콘텐츠학 – 국어국문+미국문화+심리학+물리+커뮤니케이 션학+컴퓨터공학+융합SW인문학+A&T

출처 : 2021서강대 학생부종합전형 가이드북

▶ **국내 자기설계융합전공 운영 현황**
- 자기설계융합전공은 '자기설계전공', '자기설계융합전공', '학생설계전공' 등의 명칭으로 각 대학에서 운영하고 있으며, 자기설계전공은 자유전공학부 없이는 존재하기 어려운 제도로, 온전히 학생 스스로 전공을 설계하는 제도입니다.
- 고려대 융합전공(생태조경, 의과학, 기후변화, 암호학, 패션 및 머천다이징, 뇌인지과학, 소프트웨어벤처, 공공거버넌스와 리더십, 융합보안, 메디컬융합공학, 정보보호 등)
- 상명대 연계전공(문화콘텐츠, 빅데이터과학, 콘텐츠제작, 공간정보빅데이터, 미디어아트 등) 융합전공(빅데이터, 스마트생산융합, 지능정보융합전공)
- 서강대 연계전공(교육문화, 공공인재, 스포츠미디어, 바이오융합기술, 인문콘텐츠 융합소프트웨어, 스타트업, 한국발전과 국제개발협력, 빅데이터 사이언스, 인공지능 등)
- 서울대 연계전공(수학–정보과학, 한국학, 금융공학 등)
- 성균관대 연계전공(글로벌바이오메디컬공학과, 에너지과학과 등)
- 숭실대 융합전공(스마트자동차, 에너지공학, 정보보호, 빅데이터, ICT유통물류, 통일외교 및 개발협력)
- 연세대 연계전공(디지털예술학, 인지과학, 벤처학, 비교문학, 문화비평학, 과학기술과 사회 등)
- 이화여대 연계전공(인지과학, NGO, 바이오인포매틱스, 정보보호학, 국제개발협력학, 기업가정신 등)
- 중앙대 연계전공(외식산업경영, 유통관리, 공기업관리, 공공규범), 융합전공(금융공학, 문화콘텐츠, 창업학, 게임인터렉티브미디어,사이버보안, 테크놀로지아트, 소프트웨어벤처 등)
- 한양대 융합전공(인문소프트웨어, 글로벌비지니스문화, 중국경제통산, 창업융합전공, 자동차SW 융합전공 등)

▶ 연계전공

두 가지 이상의 전공을 연계 하여 교과 과정을 구성, 하나의 전공으로 제공하는 연계전공제도는 1999년 국내 대학 최초로 개설된 프로그램입니다. 서강인의 전공 선택 기회를 크게 넓히고, 풍부한 대학 생활 경험을 제공하는 연계전공 제도는 더 많은 기회를 제공하여 다름으로 특별해지는 서강인의 특권으로 자리 잡았습니다.

교육문화 / 공공인재 / 여성학 / 정치경제철학 / 스포츠미디어 / 바이오융합기술 / 융합소프트웨어
인문콘텐츠 융합소프트웨어 / 스타트업전공 / 한국발전과 국제개발협력 / 동아시아학 / 일본문화전
빅데이터사이언스 / 인공지능 / 한국사회문화

▶ 학생 설계 전공 제도

학생이 스스로 교육과정을 구성하여 학교의 인정을 받은 후 전공을 이수하게 되는 새로운 개념의 전공과정
학생설계전공 이수를 희망하는 4학기 이상의 학부생은 관심 분야의 학생설계전공 교과과정(2개 전공 이상, 100학점 미만)을 편성하여 학생설계전공 홈페이지에서 신청하고, 신청한 교육과정이 전공과정으로 인정받았을 경우 이를 추가 전공(2,3전공)으로 이수할 수 있음
학과 및 교학위원회의 최종승인을 받은 설계전공 학점 중 필수과목은 반드시 이수하여야 하며, 총 36학점 이상을 이 수하여야 전공인정을 받을 수 있음
본인이 이수하고 있는 다른 전공과 학생설계전공의 전공과목이 중복될 경우 6학점 이내에서 각각의 전공학점으로 복 수 인정됨 (2014학년도 입학생부터 적용)

출처 : 2021서강대 학생부종합전형 가이드북, 서강대학교 입학처/학교안내/전공안내/서강전공제도안내
http://www.sogang.ac.kr/bachelor/haksa/course05.html

Q&A 45

대학교에서는 인재상에 맞추어서 자기소개서를 작성하라고 합니다. 대학별 인재상을 소개해 주시고 유의할 사항들을 알려주세요.

학생부종합전형은 대학별로 대학 및 학과 인재상에 맞는 지원자들을 모집하기 위해서 설계된 전형입니다. 따라서 대학별 학업역량 및 기본소양을 갖춘 특징적인 인재상이 설정되어 있습니다. 또한 이러한 인재상에 걸맞은 역량을 갖추고 있는지를 제출서류인 학교생활기록부 및 자기소개서, 그리고 2단계 면접을 통해서도 확인을 하게 됩니다. 자기소개서의 경우는 주로 4번 문항에서 지원동기 및 입학 후 학업·진로계획을 통해서 지원대학(학과)의 인재상에 맞는 인재인지를 평가하게 됩니다. 수험생들은 지원대학별 인재상을 미리 확인할 필요가 있습니다. 대부분 대학별 인재상이 있지만, 서울시립대와 아주대는 학과별 인재상이 별도로 있습니다. 꼭 확인하기 바랍니다.

자기소개서 4번 대학교별 작성예시들을 소개해 주세요.

대학별 자율문항인 자기소개서 4번 문항의 경우 2016년 3월 발표된 6개 대학의 「학생부종합전형 운영공통기준」에 따르면 '전공적합성'과 '발전가능성'이라는 2가지 평가요소를 포함하고 있습니다. 학교생활기록부에서는 1번 인적사항과 3번 출결상황을 제외한 모든 항목에서 평가요소를 확인할 수 있습니다. 특히 '발전가능성'이라는 평가항목은 자기소개서 모든 항목에서 발견될 수 있지만, 자기소개서 4번 항목에 한정해서 볼 때 진로 관련 발전가능성, 진로 관련 자기주도성, 전형적합성 등으로 볼 수 있습니다. 다음의 표를 참고하기 바랍니다.

각 대학별 평가요소 및 평가항목 분류(발전가능성부문)

대학	평가요소	평가항목
A	잠재역량	• 도전정신, 자기주도성
B	창의적 전문성, 진취성	• 창의논리적 사고와 통찰력, 의사소통능력
C	자기주도성, 경험다양성	• 동기 및 활동의 주도성과 실행력 • 창의적 체험활동의 다양성과 충실성
D	자기주도성	• 지원 분야에 대한 남다른 이해와 열정 • 고등학교 교육과정 충실 참여 • 역량이 탁월하고 성장할 잠재능력 • 다양한 비교과 활동(봉사, 동아리, 독서)
E	창의적 탐구능력	• 창의적 탐구성향, 창의적 탐구사고, 진취적 사고능력
F	발전가능성	• 자기주도성, 진로설계능력
G	잠재적 역량	• 발전가능성 : 자기 성장 노력
H	잠재 역량	• 문제해결능력, 전공수학열의
I	목표의식	• 진로/전공과 관련하여 도전적인 목표를 설정하여 추진하는 능력
J	개인적 역량	• 창의력, 논리력, 사고의 독창성, 적극성, 도전정신, 자신감, 성실성, 자기주도적 위기대응 능력, 진로계획의 성숙도 등 기타 개인적 자질
K	발전가능성	• 진로 관련 발전잠재력, 자기주도성 등
L	적성	• 탐구력, 도전정신, 창의성, 문제해결능력, 자기개발능력, 목표의식
M	창의적 문제해결역량	• 창의적 문제해결능력, 도전의식, 문화적 소양, 역경극복 능력
N	잠재력	• 새로운 환경에 도전하는 모습 • 스스로 발전하기 위한 주도성

O	자기주도성/창의성	• 교내 각종 활동에 자기주도적으로 도전하여 활동과정에서 창의력, 추진력, 성과 등을 보였는지 평가
P	Intelligence	• 논리적 사고(제출서류를 논리적으로 작성하였는가. 제출서류에서 정보분석 및 평가, 문제해결력, 의사결정 내용을 논리적으로 보여주는가) • 창의적 능력(새롭고 흥미로운 아이디어를 창안할 수 있는가) • 실제적 능력(알고 있는 것을 실제 상황 및 문제에 적용하여 문제를 해결할 수 있는가) • 대인관계능력(자신과 타인의 동기와 감정을 잘 파악하고 다양한 사회적 상황에서 적절한 행동을 할 수 있는가) • 사회적 기여(사회적 기여를 위한 다양한 봉사활동에 참여하였고 성과를 보여주는가)
Q	창의성, 적극성, 글로벌소양	• 창의적 사고력, 지적잠재력, 자기주도성, 리더십 • 다양한 분야에 대한 이해 및 개방성
R	잠재력	• 지원자의 자질, 태도, 인성 등 과학기술계 글로벌 리더로서의 성장 가능성 평가
S	성장가능성 교내활동충실도	• 지적호기심, 지식을 활용한 경험 및 도전정신 • 창의성, 학교 교육활동 내에서의 자기주도적 교내활동참여도, 교내활동의 다양성, 지속성, 우수성
T	종합역량	• 전형취지의 적합성, 잠재력
U	전형적합성	• 전형취지의 적합성
V	발전가능성	• 학업과 대학생활에 영향을 미칠 수 있는 사항을 고려한 종합적인 평가요소

출처 : 학생부종합전형 운영공통기준과 용어표준화 연구

Q&A 47

자기소개서 4번 대학교별 작성예시들을 소개해 주세요.

NG 사례

> 저의 꿈은 경제학자가 되는 것입니다. 나라의 발전을 생각함에 있어 경제성장의 중요성은 아무리 강조해도 지나치지 않을 것이라 생각합니다. 저는 항상 대한민국의 미래를 생각하고, 대한민국의 발전에 도움이 되는 사람이 되고 싶다는 생각을 해 왔습니다. 경제학자가 되어 나라의 발전을 이끌어 나가고 싶습니다.

이렇게 써보면 어떨까요?

동일한 현상을 두고 미래의 상황을 예상하는 경우에도 학파마다 다른 해석과 예측이 가능하다는 점을 알게 되면서 경제학에 관심을 가지게 되었습니다. 저희 학교에는 경제과목이 개설되어 있지 않습니다. 이런 환경에서 저는 혼자 고등학생들이 배우는 경제 교과서를 구해 읽어보기도 하고, 대학생들이 많이 본다는 원서로 공부해보기도 하면서 경제학자라는 꿈을 조금씩 구체화시켜 왔습니다. 지금 저는 '국제 경제학에 가장 큰 관심을 가지고 있습니다. 한국가의 경제상황이 환율의 변동을 가져오고 환율의 변동이 주변 국가들의 경제상황에 영향을 미치게 되는 일련의 과정과 효과들이 너무 놀랍고 흥미롭습니다. 장차 저의 진로희망은 국제 경제학, 특히 국제 금융 분야의 전문가가 되는 것입니다.

출처 : 2021고려대학교 학생부종합전형 가이드북

[예시] 해당 전공을 선택한 동기와 진학 이후의 포부

Good!
동아리 'OO봉사단'은 기계공학자라는, 어찌보면 막연한 진로를 구체화시켜 주었습니다. 'OO 봉사단'은 시각장애인 거주시설에서 봉사활동을 했습니다. 진정성 있는 봉사를 위해서는 그들에 대한 올바른 이해가 필요했고, 그 방법으로 흰 지팡이 체험을 한 적이 있습니다. ... 귀가 불편한 사람에게는 보청기가, 다리가 불편한 사람에게는 휠체어나 의족 등 유용한 기계가 많은데, 왜 시각장애인을 위한 기계는 없는 것일까라는 생각이 들었습니다. ... 저는 시각장애인이 원만한 생활을 할 수 있는 기계를 만들고 싶다는 생각을 했고, 이 생각은 남을 도와줄 수 있는 공학자가 되자는 다짐으로 발전했습니다.

▶ 전공 선택의 동기가 된 경험을 진솔하게 언급하면서 관심 영역에 대한 지원자의 탐구심이 나타납니다. 학교 동아리에서 체험한 활동을 바탕으로 지원자 내면의 성장 과정을 함께 확인할 수 있었습니다. 또한 해당 학문을 연구하고 싶은 지원자의 포부가 구체적으로 나타나고, 개인적 경험을 사회적 공헌으로 확장시키는 부분에서 지원자의 연구 태도와 인성을 파악할 수 있었습니다.

출처 : 2020연세대학교 학생부종합전형 가이드북

> **예시**
>
> 평소 국제시사에 관심이 많았던 제게 1학년 사회 시간에 지구촌 분쟁과 갈등 단원에서 이스라엘 팔레스타인 분쟁은 매우 흥미로운 주제였습니다. 이스라엘 팔레스타인 분쟁은 단순히 영토분쟁이 아닌 종교적 문제도 수반한다는 사실과 아직 지구촌에 다양한 분쟁이 있음을 알게 되었습니다. 수업시간에 배운 국제 시사에 관심이 많아져 자율동아리 '월드이슈'에 가입하여 다양한 토론 활동에 참여하고 국제정세에 대한 현황을 알아보았습니다. 그중, 카탈루냐 독립에 대한 찬반 토론을 한 것이 가장 기억에 남습니다. 저는 찬성 입장으로서 부유한 지역의 독립은 분리주의적으로 이기적이라 생각했고, 국가의 GDP 20퍼센트를 차지하는 지역인 만큼 독립은 막대한 손실이 예상되므로 반대했습니다. 스페인의 입장에서 발표하였지만 중립적인 의견으로 수렴해 국제 문제에 진정으로 고민해볼 수 있었습니다. 토론을 통해 의견을 존중하고 의사소통하는 방법을 배웠습니다. 이러한 경험과 계기를 통해서 저는 현재의 국제정세 및 상황에 대해 많은 관심과 호기심을 갖게 되었습니다.

입학사정관의 한줄 평	
1학년 사회 시간에서 출발한 국제문제의 관심	• 교과 수업시간에 배우고 탐구한 내용이 주제가 되어 동아리 활동에서도 확장하여 활동을 하는 등 관심 분야 학문에 대한 관심과 열의를 보여줄 수 있는 소재로 지원동기를 작성했습니다. • 내가 왜 이 학부·과에 지원했는지 지원동기를 구체적으로 잘 작성했습니다. 단순히 이 공부를 하고 싶다고 어필하는 것이 아니라, 이 전공을 공부하기 위해 본인이 실제로 했던 활동이 무엇이었는지 작성함으로써 설득력을 높이고 있습니다. • 지원한 학과와 관련한 관심을 어떤 활동을 통해 어떻게 확장시켜 나갔는지에 대해 구체적으로 작성한 점이 돋보입니다. 국제시사에 대한 관심을 단순하게 언급한 것이 아니라 구체적인 주제와 활동 내용 그리고 본인의 생각을 잘 정리했습니다.
관심 분야의 활동 경험	• 관심 분야에 대해 탐구하고 토론했던 경험을 구체적으로 작성해주어 지원동기와 자연스럽게 잘 연결이 되었네요. • 고등학교 생활 동안 구체적인 학습과정과 이를 통한 성취를 바탕으로 지원동기를 작성하고 있네요. • 단순히 관심을 가지고 있다는 것에 머무르는 것이 아니라 자신의 관심을 어떻게 풀어나갔는지 연결된 과정을 보여준 것이 좋습니다. 이러한 활동 경험이 지원하는 학부·과에 진학하여 어떤 분야로 확장할 것인지 궁금하게 만듭니다.

> **예시**
>
> 범죄를 해결하여 피해자들의 아픔을 덜어주고 더욱 행복한 사회를 만들고 싶은 마음으로, 사이버 범죄를 다루는 '디지털 포렌식 전문가'라는 꿈을 이루기 위해 노력하겠습니다. 첫째, 소통 능력을 기르기 위해서 '공학적 글쓰기와 의사소통, 의사결정과 토론' 수업을 수강하며 기본적인 소통 능력을 기르겠습니다. 둘째, 보안에 대한 지식을 위해 '컴퓨터 보안, 네트워크보안' 수업을 수강하며 정보 보안에 발걸음을 내딛겠습니다. 셋째, '공학기술의 윤리' 수업을 들으며 정보 보안에 필수적인 올바른 윤리 의식을 가지려 노력하겠습니다. 전공에서 배울 수 있는 의사소통과 정보 보안 능력, 올바른 윤리 의식은 훗날 저에게 큰 발판이 되리라 생각합니다. '디지털 포렌식 전문가'가 되어 급변하는 4차 산업혁명의 혼란 속에서 도움이 필요한 사람들에게 힘이 되어주고 싶습니다.

입학사정관의 한줄 평	
학부·과 홈페이지 탐색	• 학부·과 홈페이지에 게시된 수업 정보가 실제와 정확하게 일치하지 않을 수 있습니다. 그럼에도 홈페이지 등에서 얻은 정보를 활용하여 자신의 학습 로드맵을 짜는 것은 그 학과와 전공에 대한 관심과 열정을 보여주는 증거가 됩니다. 물론 이것만으로 합격이 결정되는 것은 아니지만 최소한 마이너스 요소는 되지 않겠죠. • 우리 대학의 교양 및 전공 수업에 대한 사전 조사를 철저하게 하였네요. • 디지털 포렌식 전문가라는 꿈을 이루기 위해 갖추어야 하는 역량을 구체적으로 살펴보고, 그러한 역량을 함양하기 위해 필요한 학과의 커리큘럼을 연계하여 서술했습니다. • 본인의 꿈을 이루기 위한 그 구체적인 과정을 작성했습니다. 어떤 수업을 통해 무엇을 얻어내야겠다고 구체적으로 작성한 것은 우리 대학 지원 학부·과에 대한 관심으로 보입니다. 단순히 이런 꿈을 이루고 싶다고 표현하는 것이 아닌 구체적인 학습 과정을 언급한 점이 좋습니다.
직업의식은 윤리의식으로 통한다?	• 디지털 포렌식 전문가의 역할에 대한 깊은 고민이 필요합니다. • 윤리의식이 필요하지 않은 직업은 없습니다. 당연한 결론을 고려하고 '디지털 포렌식 전문가'와 '윤리 수업', '사람들에게 힘이 되고' 싶다는 포부를 연결하니 맥 빠진 결론에 이르게 됩니다. 지원 학부·과 성격에 더욱 적합한 계획을 세워보세요. 그렇다고 윤리적 직업인이 나쁘다는 것은 아닙니다.
막연함을 줄이려면	• 진로계획의 경우에 직업명을 쓰는 것은 가능하지만, 앞으로 하고자 하는 일이 무엇인지 알아보고 그 일을 하기 위해 필요한 역량이 무엇인지를 살펴보는 작업도 필요합니다. 해당 분야의 전문가가 되기 위해서 어떤 능력이 필요하고, 어떤 분야의 학문을 학습해야 하는지를 알아본 후 진로 방향에 대한 계획을 세워본다면 막연함이 훨씬 줄어들게 됩니다.

출처 : UOS(서울시립대) 학생부종합전형 자소서 가이드북

Q&A 48

서울대 자기소개서 4번 문항인 독서활동을 작성하는 요령에 대해서 설명해 주세요.

자율문항 4번에 독서 관련 질문을 하는 대학으로는 서울대학교가 있습니다. 자신에게 가장 큰 영향을 준 도서 3권을 선정 후에 그 이유를 서술하게 합니다. 서울대학교 자소서 4번 질문은 다음과 같습니다.

서울대학교	고교 재학기간(또는 최근 3년간) 읽었던 책 중 자신에게 가장 큰 영향을 준 책을 3권 이내로 선정하고 그 이유를 기술하여 주십시오. • '선정 이유'는 각 도서별로 띄어쓰기를 포함하여 500자 이내로 작성 • '선정 이유'는 단순한 내용 요약이나 감상이 아니라 읽게 된 계기, 책에 대한 평가, 자신에게 준 영향을 중심으로 기술

서울대 전 입학본부장이었던 김경범 교수는 자율문항에 대한 평가 소감으로 "'지원자가 저 책을 왜 선정했을까?'라는 것이 서울대가 자기소개서 4번을 통해서 확인하고 싶은 내용입니다. 그런데 지원자들은 책의 줄거리를 요약해서 핵심 내용을 어필함으로써, 자신이 책을 읽은 게 확실하다는 점을 드러내려 합니다. 특히 지원학과에 구색을 갖추려고 하듯이 지원학과 관련 책을 선정하게 됩니다. 그러다 보니 결국 책이 학생에게 준 영향까지도 알 수 없는 일이 벌어집니다."라고 말했습니다. 특히 그는 책은 학과에 구애받지 않고, 전반적인 교양이나 지적 관심 혹은 진로에 영향을 미친 책들을 선택해도 좋다고 하였습니다. 따라서 소위 '서울대 추천도서' 혹은 '서울대 합격생이 가장 많이 읽은 도서목록'에서 자소서 4번에 작성할 도서를 선정하는 것이 아니라 도서 선택 또한 본인 나름의 독서활용을 통한 학업역량을 확장시키거나 진로에 대한 비전을 확대시키는 소중한 체험활동임을 기억해야 하겠습니다.

다음에는 서울대학교 아로리 웹진에서 공개된 작년도 합격생들의 실제 제출서류인 자기소개서 4번 항목을 살펴봄으로써 서울대를 포함한 여러 대학에서 독서 활용관련 자소서를 작성하는 데 도움될 것입니다.

화학물질, 비밀은 위험하다(김신범 저)

최근 가습기 살균제, 살충제 달걀 등 생활 주변에서 유해 화학물질이 발견되어 큰 충격을 주고 있습니다. 과거의 생산방식으로부터 크게 변화한 것도 아닌데 왜 요즘 들어 이러한 뉴스가 자주 들려오는지 의문이 생겨 읽게 된 책입니다. 공장 내 발암물질로 인한 직업성 암환자 피해 사례는 80년대부터 보고되었고, 시민단체 및 연구소의 끊임없는 노력 덕분에 최근에 들어서야 공론화되고 있다는 것을 알게 되었습니다. 그동안 화학을 좋아한다는 이유만으로 막연하게 화학연구원을 꿈꿔왔던 저는 이 책을 통해 환경과학이라는 학문에 대해 알게 되었고, 유해 화학물질로부터 사람과 환경을 보호하는 연구자를 꿈꾸게 되었습니다. 특히 공산품에 사용되는 유해 화학물질은 이슈화 되어 피해자를 최소화하려는 노력이 이루어지는 반면, 농업에서 사용되는 화학물질은 아직까지 그 위험성에 대한 인식이 부족하다는 생각이 들었고, 농업에서의 유해 화학물질로부터 농민과 소비자를 보호하는 연구자가 되어야겠다는 목표를 구체화하게 되었습니다.

범인은 바로 뇌다(한스J. 마르코비치, 베르너 지퍼 저 / 김현정 역)

뇌과학을 주제로 생명과학 탐구보고서를 작성하며 읽은 책입니다. 뇌과학에 대해 조사하고자 읽었는데 뜻밖에도 학문 간 융합에 대해 고민하게 되었습니다. 저자는 재판과정에서 '신경법학'이라는 새로운 학문을 이용해 보다 정확한 판결을 내릴 수 있다고 말합니다. 물론 아직 실제 법정에 도입되기에는 부족한 점이 많지만 법적인 문제를 신경생물학의 관점에서 설명하려는 것은 충분히 유의미하고 획기적인 시도라고 생각했습니다. 지금 학교에서는 문과와 이과로 나누어져 융합해 볼 생각조차 못했던 교과목들을 접목시켜 새로운 학문을 만들어낸다는 것이 놀라웠고, 학문 간 융합이 단순히 과학에만 적용되지는 않는다는 것을 깨달았습니다. 이 책에서 아이디어를 얻어 과학거점학교 과제연구반에서 '학문 간 융합과 환원주의'를 주제로 발표하였습니다. 훗날 연구자가 되어 저와 다른 분야에 종사하는 사람과 협업하게 된다면 학문에 위계적 질서가 있다고 생각하는 환원주의적 시각에 갇히지 않도록 항상 경계해야겠다고 생각했습니다.

호모 히스토리쿠스(오항녕 저)

한국사는 인물들의 업적을 무작정 외우기만 하는 과목이라고 생각했고, 그 당시 사람들의 삶의 모습이 저에게 어떤 영향을 줄 수 있는지 잘 알지 못했습니다. 인문학 강좌를 통해 이 책을 접하게 되어 많은 학생들이 역사공부를 꺼리는 이유가 '역사'를 '국사'로만 생각하게 만드는 교육과정의 문제라는 것을 알게 되었습니다. 나에게 오늘 어떤 일이 일어났고 하루를 어떻게 보냈는지가 곧 역사가 될 수 있기 때문에 이를 기록하는 작업이 중요하다는 것을 깨달았고, 이후 매일 짧게라도 일기를 쓰려고 노력했습니다. 한편, 저자와의 만남을 통해 주체적 시민으로 사는 것의 중요성을 깨닫게 되었습니다. 작가님께서 국가기관에 정보공개를 요청하는 방법을 알려주시며 자기가 살고 있는 지역의 주민센터 또는 평소 궁금했던 기관에 정보공개를 요청해 보라고 하셨습니다. 저는 학교 근처에 식품위생법을 위반하여 벌금 또는 영업정지 처분을 받았던 식당에 대한 정보공개를 요청하였고, 결과를 정리하여 교내에 게시하였습니다.

국경 없는 과학기술자들(이경선 저)

어렸을 때 대도시에 살았지만 이곳으로 전학을 오면서 도시와 농촌 사이의 차이를 느꼈습니다. 도시는 무차별적인 개발로 환경이 파괴되고 있는 반면, 농촌은 환경 파괴가 많이 진행된 상태는 아니었지만 기반시설의 부족으로 불편함이 많았습니다. 이런 생각을 하면서 자연스레 저는 도시 환경 분야에 관심이 많아졌습니다. 그래서 '적정기술과 지속 가능한 세상'이라는 이 책의 부제가 눈에 들어와 책을 읽게 되었습니다. 이 책을 읽으며 공학자들이 자신의 기술을 사익이 아닌 사회를 위해 사용하는 것을 보았습니다. 네팔, 베트남 등에 태양광 시설, 빗물탱크를 설치하고 교육을 통해 주민들이 자립할 수 있게 도와주는 모습에 저는 진정 공학자로서 가져야 하는 자세에 대해 생각해 보게 되었습니다. 그리고 기술, 인간, 자연이라는 가치들이 무엇하나 뒤처짐 없이 같이 나아가야 한다고 생각해 보았고, 그 안에서 공학자들은 기술을 개인의 세속적 수단이 아닌 공동체적 문제로 인식할 줄 알아야 한다고 생각했습니다.

로봇 다빈치, 꿈을 설계하다(데니스 홍 저)

이 책은 저의 진로 방향을 바꾸어 주었습니다. 원래 로봇산업에 관심이 많아, 로봇공학자를 진로로 정하고 있었기에 이 책을 읽게 되었지만 오히려 교통공학이라는 분야에 큰 관심이 생겼습니다. 데니스 홍이 자율주행 자동차의 원리를 배경으로 시각장애인을 위한 자동차를 제작하는 프로젝트에 참여해, 시각장애인과 공감하면서 자동차를 완성해 가는 과정에 감동을 받았기 때문입니다. 이후 데니스 홍의 TED강의를 보고 '공학이란 무엇인가' 등의 책을 읽으며 환경 및 교통공학이라는 분야에 깊이 빠져들게 되었습니다. 왜냐하면 도농의 양극화, 인간과 자연의 대립, 환경문제 해결은 이 분야의 발전이 해결해 줄 수 있다고 느꼈기 때문입니다. 그리고 '국제환경 산업기술 및 그린에너지전'에 방문하여 수소동력 자동차 기술을 접했고 그곳의 연구원들과 이야기를 나누며, 친환경 교통체계를 위해 꼭 필요한 기술이라고 생각했습니다.

엔지니어의 생각하는 즐거움(전창훈 저)

1학년이 되어 도시공학자라는 목표를 설정한 뒤, 공학자는 평소에 무슨 생각을 하면서 삶을 살아가는지에 대한 궁금증이 생겨 이 책을 읽게 되었습니다. 저는 이 책에서 정답보다 더 중요한 것은 전달력이라는 부분이 가장 인상적이었습니다. 오직 컴퓨터나 기계를 다루어 문제를 해결하기만 할 줄 아는 이공계라는 편견을 깨고, 자신의 의견과 정보를 재미있고 잘 표현하는 소통의 방법을 배우는 자세가 필요하다는 말이었습니다. 이를 읽고 고교 입학 후 제 의견을 잘 이야기하지 않고 속으로 생각한 태도를 돌아보게 되었고 진로선생님과 상담을 통해 이를 고쳐보기로 했습니다. 따라서 평소 친구들과 말을 좀 더 많이 주고받으려는 자세를 가지려고 애썼습니다. 말문을 트면서 더 많이 이야기하게 되면서 전보다 더 행복한 학교생활을 할 수 있었습니다. 이렇게 소통의 능력을 깨닫게 된 이후 대화를 통해 사람들의 많은 생각을 공유할 수 있었습니다. 진학 후에도 이런 자세를 가진 공학도가 되도록 하겠습니다.

평균의 종말(토드 로즈 저/정미나 역)

이 통계의 함정을 드러낸 '심슨의 역설'을 조사하고, 비슷한 주제의 수학책을 읽었던 저에게 평균을 '종말'시킨다는 책의 제목은 대단히 매력적이었습니다. 평균적인 사람은 존재하지 않다는 여러 사례는 개개인과 관련된 결정에서 집단의 평균은 무의미함을 드러냈습니다. 평균주의자들이 만들어낸 '평균적 인간개념'의 영향을 폭넓게 설명하고 있어서, 개개인성을 무시한 테일러주의가 현대 교육과 업무 체계 등에 악영향을 끼쳤음을 생각해볼 수 있었습니다. 저는 개개인성의 3원칙 중 '경로의 원칙'을 통해 교육은 속도가 아닌 방향이어야 함을 느꼈습니다. 인간의 다차원적 지능을 고려하여, 같은 목표이지만 서로 다른 방식과 속력으로, ' 따로, 그러나 같이' 나아가는 교육을 통해 평균에 맞춘 교육이 변화해야 한다고 생각했습니다. 그렇기에 문학비평 교육에서도 비평이라는 목적은 유지하면서, 특정 관점에 얽매이지 않고 독자마다 다르게 반응하고 해석하는 것을 존중하고 관심을 가져야 한다고 생각했습니다.

역사란 무엇인가(E. H. 카 저)

역사에 흥미는 있지만 평생 이 길을 걸을 수 있을까 고민하던 때, 저는 이 책을 읽고 '역사'라는 학문 자체에 크게 매료되었습니다. 역사가 정해져 있는 사실이 아니라, 역사가가 오늘날 유의미한 사실을 선택하고 그 의미를 해석한 결과임을 깨닫고 그 과정이 굉장히 역동적으로 느껴졌습니다. 그리고 여태껏 사람들이 살아온 삶에 대한 해석은 앞으로의 삶, 즉 현재와 미래에 대한 전망과도 연결되기 때문에 몹시 중요하다는 것을 깨달았습니다.

바로 이러한 점에서 이 시대 역시 역사의 한 흐름이라는 생각을 갖게 되었고, 저는 면면히 이어온 역사의 흐름에서 이 시대가 갖는 의미를 알고 그 속에 속한 제 자신을 알기 위해서라도 역사를 공부하고 싶다는 생각을 품게 되었습니다. 또한 역사적 사건에 복합적으로 작용한 원인과 그 사건이 갖는 여러 의미를 이해하는 역사가의 일이 현재 일어나는 사건의 의미를 통찰하는 능력을 길러준다고 생각하여, 그 일을 할 수 있는 역사학자가 되고 싶다는 꿈을 다질 수 있었습니다.

새로 쓰는 제주사(이영권 저)

지금 제가 살고 있는 곳에서 살았던 사람들의 흔적을 돌아보는 것은 언제나 즐거운 일이었습니다. 그러나 평소 즐겨 읽는 책이 한국사에 한정되어 있고, 정작 제가 발 딛고 서 있는 곳의 역사에는 무관심했다는 사실에 부끄러움을 느껴 이 책을 찾아 읽게 되었습니다. 책을 읽으며 저는 제주의 역사가 국가적 입장에서는 드러나지 않는 민중들의 삶을 보여준다는 것을 알게 되었습니다. 항몽 유적인 항파두리성을 짓기 위해 제주 농민들이 피땀을 흘려야 했다는 것은 대규모 공사에 동원된 민중의 고통을 돌아볼 수 있게 해주었으며, 생존권을 위해 뛰어든 해녀 항일 운동을 보고 항일 운동의 동기를 애국심이라는 추상적 가치만으로 규정할 수 없음을 알게 되었습니다. 이를 통해 저는 그동안 중앙의 관점에서 쓴 역사책에 적힌 것만을 전부라고 믿어왔던 과거를 반성하게 되었습니다. 그리고 지방사가 역사 읽기의 새로운 시도가 될 수 있듯, 앞으로 다양한 시각에서 역사를 바라보며 균형 있는 이해를 도모할 것을 다짐했습니다.

미움 받을 용기(기시미 이치로, 고가 후미타케 저)

친구 관계로 인해 힘든 시기를 겪고 있을 때 저는 고민을 토로하러 찾아갔던 선생님으로부터 '너 자신을 사랑하니?'라는 질문을 듣고, 이 말의 의미를 알기 위해 이 책을 읽었습니다. 책에서 아들러는 과거의 경험을 어떻게 해석하느냐에 따라 현재 모습이 변화한다고 말합니다. 저는 이것이 역사학과 비슷하다고 생각했고, 역사 해석에 있어서 역사가의 역할이 중요하듯 자신의 삶을 해석하는 주체 역시 중요할 것이라는 생각이 들었습니다. 그리고 그것은 다른 누구도 아닌 자기 자신이 되어야 함을 깨달았습니다. 자신의 삶을 해석할 때 타인의 시선으로 자신을 평가한다면 그것에 얽매여 부자연스러운 삶을 살게 되기 때문입니다. 타인의 시선을 두려워하지 않고 자신이 믿는 바를 따라 행동할 수 있다면 그것이 바로 자기 자신을 사랑하는 방법이 아닐까 하는 생각이 들었습니다. 그리고 자신에 대한 사랑이 바탕이 될 때 타인을 믿으며 좋은 인간관계를 맺을 수 있음을 느끼고 이를 실천하는 삶을 살기로 다짐하게 되었습니다.

출처 : 서울대학교 입학본부 웹진 아로리_ 참여마당_나도 입학사정관

Q&A 49

마지막으로 자기소개서를 작성하는 데 도움이 될 만한 유용한 사이트나 참고할 만한 자료를 소개해 주세요.

자기소개서를 작성하는 데 가장 중요한 자료가 학교생활기록부임에는 틀림이 없습니다. 지원자 본인이 고교 현장에서 활동한 내용을 그 현장에 있는 교사의 관찰로 기록한 것이기 때문입니다. 대학에서는 '학생부종합전형 가이드북'과 '학과(전공)가이드북'을 입학처 홈페이지에서 다운받을 수 있도록 해놓았습니다. 이런 자료들을 통해서 지원하는 대학의 학생부종합전형 선발방식, 모집인원, 인재상 그리고 지원학과의 세부적인 학과 현황 관련 여러 다양한 자료들과 정보들을 손쉽게 확인할 수 있습니다. 지원하고자 하는 대학 홈페이지에서 미리 확인하기 바랍니다.

서울대학교

연세대학교

고려대학교

서강대학교

성균관대학교

중앙대학교

경희대학교

한국외국어대학교

서울시립대   동국대학교

출처 : 대학별 2020/2021 학생부종합전형 안내서&가이드북

    수시전형 100%를 학생부종합전형으로 선발하는 서울대는 온라인상에 입학본부 웹진 '아로리'를 통해서 학생부종합전형에 대한 다양한 정보를 제공하고 있습니다. '입학안내' 페이지에서 '자료창고'를 통해서 「2019/2020학년도 서울대학교 대학 신입학생 입학전형 안내」 및 「2020학년도 서울대학교 학생부종합전형 안내」를 확인할 수 있습니다. 특히 2019학년도 수시 '일반전형 면접 및 구술고사 기출 제시문 및 출제 근거'가 담긴 자료도 공개하고 있으니 참고하기 바랍니다.

    아로리 '학생생활' 페이지의 '전공 돋보기'에는 11개 단과대와 자유전공학부의 전공 소개 동영상 자료가 탑재되어 있어서, 서울대학교 학과를 이해하는 데 많은 도움이 됩니다. '참여마당' 페이지의 '나도 입학사정관'은 2019학년도 서울대학교를 최종 합격한 인문대학 국어국문학과, 공과대학 건설환경공학부, 농업생명과학대학 응용생물학부 총 9명 학생들의 교과성취도, 학교소개 요약, 교내수상, 학업노력 및 학습경험, 의미있는 활동, 도서목록, 학교생활 사례에 대한 정리가 되어있습니다. 무엇보다도 2019학년도 합격생부터 '학교생활기록부' 일부 내용도 공개하여 해당 학생부내용이 실제 자소서에 어떻게 활용되어 작성되었는지 확인이 가능합니다. 또한 현재 아로리웹진 Vol.7까지 오픈되어 과거 공개된

Vol.2~Vol.7까지 총 54편의 다양한 모집단위별 서울대 합격생들의 자소서를 확인할 수 있습니다.

한편 서울대 지원자들이 가장 많이 읽은 도서도 단과대학별로 공개되어 있으니 참고하면 도움이 될 것입니다.

2020학년도 단과대학별 지원자들이 가장 많이 읽은 도서 3권

단과대학	도서 목록		
	1위	2위	3위
인문대학	1984	왜 세계의 절반은 굶주리는가	데미안
사회과학대학	왜 세계의 절반은 굶주리는가	정의란 무엇인가	나쁜 사마리아인들
자연과학대학	부분과 전체	페르마의 마지막 정리	침묵의 봄
간호대학	나는 간호사, 사람입니다	간호사가 말하는 간호사	아픔이 길이 되려면
경영대학	넛지	왜 세계의 절반은 굶주리는가	경영학 콘서트
공과대학	엔트로피	부분과 전체	공학이란 무엇인가
농업생명과학대학	침묵의 봄	왜 세계의 절반은 굶주리는가	이기적 유전자
미술대학	데미안	디자인의 디자인	이것은 미술이 아니다
사범대학	죽은 시인의 사회	수레바퀴 아래서	평균의 종말
생활과학대학	돈으로 살 수 없는 것들	딥스	이상한 정상가족
수의과대학	의사와 수의사가 만나다	수의사가 말하는 수의사	인수공통 모든 전염병의 열쇠
음악대학	하노버에서 온 음악 편지	미움받을 용기	죽은 시인의 사회
의과대학	숨결이 바람 될 때	의사와 수의사가 만나다	아픔이 길이 되려면
자유전공학부	정의란 무엇인가	자유론	미움받을 용기
치의학대학원	치과의사가 말하는 치과의사	입속에서 시작하는 미생물 이야기	치과의사는 입만 진료하지 않는다

출처 : 서울대학교 입학본부 웹진 아로리_전형안내_서울대 지원자들이 가장 많이 읽은 책은?

[서울대 아로리 웹진-나도입학사정관]

http://snuarori.snu.ac.kr/new/student_life/major_magnifier.php

출처 : 서울대학교 입학본부 웹진 아로리_학생생활-전공돋보기

[공과대학 기계공학부 합격생 사례 A]

학업노력 및 학습경험

설문조사법을 배우며 사회문화에 큰 매력을 느꼈습니다. 버스를 타고가다 쟁의를 하는 노동자분들을 목격하며 제가 사는 곳이 공업도시임을 새삼 깨달았고 '교과 내용과 우리 지역의 특수성을 연결시키면 의미 있지 않을까?'라는 생각이 들었습니다. 그래서 거점형 교육에서 과제연구 과목을 신청하여 '지역 고등학생의 노동자 권리보장 인식조사'를 주제로 취업 경험 유무, 부모님 직업, 시위 목격 여부에 따른 가설을 세웠습니다. 우선 노동자 권리보장에 대한 지식을 얻고자 '우리가 몰랐던 노동이야기'란 책을 읽고서 13문항의 설문지를 작성했습니다. 그리고 소수인원 조사에 맞는 t검정을 찾고 응답된 설문지 52장으로 가설 검증을 했습니다. 4개월간의 연구 결과를 발표하며 큰 호응을 얻었고 저는 '실체적 진리를 탐구하기 위해서 행동해야 한다.'는 교훈을 얻었습니다.

이 보람은 어려움을 느낀 수학에 도전하게 했고, 통계프로젝트 대회에 참가했습니다. '한국지리 교과수강 효능감이 높을수록 독도에 대한 지식이 많을 것이다.'란 가설을 세우고 설문조사법을 시행했습니다. 그 후 수학적 측면을 탐구하고자 '이렇게 쉬운 통계학'을 읽고, t검정을 위한 가정에서는 모집단이 정규분포임을 가정하는데 표본의 크기가 커질수록 자유도가 증가하며 t분포가 정규분포에 가까워진다는 것을 배웠습니다. 이 t검정을 사용해 가설이 참임을 검증했습니다. 이 경험을 통해 저는 대학에서 다른 통계기법들을 익혀 사회조사방법론을 더 정밀하게 활용하고 싶은 열망을 가지게 됐습니다.

물리에 관심이 많아 동아리 Ignition-physics에서 발명품 만들기, 토론 등 여러 활동을 했습니다. 그 중 교내 미세먼지의 심각성과 개선 방안을 소개하기 위해 지구과학 동아리와 함께 '에어포칼립스로부터 살아남기'라는 프로젝트 활동을 했던 것이 인상 깊었습니다. 인위적 미세먼지 발생 요인에 대해서 알아보았고, 화석 연료를 태우면 미세먼지가 발생한다는 사실을 알았습니다. 따라서 화석 연료를 사용하지 않는 전자기 유도 현상을 이용한 자가 발전 손전등을 제작해 방탈출 게임에 적용했고 미세먼지의 유해성을 급우들에게 효과적으로 알릴 수 있었습니다. 이 활동은 미세먼지라는 환경과학적 요소와 발전이라는 물리적 요소가 결합하여 학문들 사이에서 융합을 이루어 낸 활동으로 평가되었습니다. 이번 활동을 통해 전문적인 물리 지식을 갖추고 다른 학문과도 융통성 있게 융합할 수 있도록 다양한 분야에 거리낌 없이 다가가야겠다고 생각하였습니다. 수업시간에 배운 과학 내용을 응용하고 싶은 친구들끼리 자율 동아리를 만들었습니다. 각자 원하는 것을 조사하고 해당되는 이론의 활용 방안을 제시하는 활동을 하였습니다. 과학 기사를 찾아보며 날개 없는 선풍기를 보았는데, 생소한 외형의 선풍기에서 바람이 나오는 원리가 궁금하여 조사하였습니다. 작동 방식에 대한 이해는 수월하였지만 사용된 원리의 활용 방안에 대해 많은 고민을 했습니다. 조사한 이론이 선풍기에 사용됐다는 전제를 제외하고 자료를 살펴보니, 베르누이 원리와 제트 엔진 원리로 환풍기, 온풍기 등을 제작할 수 있다는 아이디어를 낼 수 있었습니다. 예를 들어, 유체의 속도와 압력의 관계를 따지는 베르누이 법칙에서 선풍기는 유체의 속도를 빠르게 하지만 반대로 유체의 속도를 늦춘다는 발상을 하였습니다. 이 활동으로 기계를 설계하는 데에는 아는 것을 새로운 관점에서 바라보는 능력이 중요하다는 것을 알게 되었고 사물을 기존의 용도와 다른 시각으로 바라보는 역량을 키울 수 있었습니다. 기하와 벡터 시간에 배운 공간좌표를 학교 건물에 적용하며 지속 가능한 발전을 토대로 창의적 학교 모형 제작 프로젝트를 진행했습니다.

저희는 전통적 건물인 한옥에 태양광 발전, 음식물쓰레기를 이용한 바이오 매스 등 신 재생 에너지를 융합하여 학교 건물 모형을 제작하였습니다. 저희 조에 한쪽 팔 사용이 힘들고 전동 휠체어를 타는 친구가 있어 프로젝트를 도와줄 방법을 찾지 못해 미안해하는 모습에 마음이 아팠습니다. 조원들과 활동에 함께 할 방법을 고민했고, 설계 계획에 의견을 내고 제작 과정에선 찰흙을 관리하도록 하며 조의 일원으로 자연스럽게 녹아들게끔 했습니다. 결국 모두가 협업해 성공적으로 프로젝트를 마무리 할 수 있었습니다. 지속 가능한 발전 개념을 적용하여 산출물을 제작하는 경험을 통해 미래 세대를 위해 현 세대가 해결해야 할 과제에 대해 배울 수 있었습니다. 또한, 협업의 중요성을 알게 되어 이후 활동에서 작은 것이라도 함께하는 것을 중요시하게 되었습니다.

[농업생명과학대학 농경제사회학부 합격생 사례 B]

학업노력 및 학습경험

설문조사법을 배우며 사회문화에 큰 매력을 느꼈습니다. 버스를 타고가다 쟁의를 하는 노동자분들을 목격하며 제가 사는 곳이 공업도시임을 새삼 깨달았고 '교과 내용과 우리 지역의 특수성을 연결시키면 의미 있지 않을까?'라는 생각이 들었습니다. 그래서 거점형 교육에서 과제연구 과목을 신청하여 '지역 고등학생의 노동자 권리보장 인식조사'를 주제로 취업 경험 유무, 부모님 직업, 시위 목격 여부에 따른 가설을 세웠습니다. 우선 노동자 권리보장에 대한 지식을 얻고자 '우리가 몰랐던 노동이야기'란 책을 읽고서 13문항의 설문지를 작성했습니다. 그리고 소수인원 조사에 맞는 t검정을 찾고 응답된 설문지 52장으로 가설 검증을 했습니다. 4개월간의 연구 결과를 발표하며 큰 호응을 얻었고 저는 '실체적 진리를 탐구하기 위해서 행동해야 한다.'는 교훈을 얻었습니다. 이 보람은 어려움을 느낀 수학에 도전하게 해주어, 통계프로젝트 대회에도 참가했습니다. '한국지리교과수강 효능감이 높을수록 독도에 대한 지식이 많을 것이다.'란 가설을 세우고 설문조사법을 시행했습니다. 그 후 수학적 측면을 탐구하고자 '이렇게 쉬운 통계학'을 읽고, t검정을 위한 가정에서는 모집단이 정규분포임을 가정하는데 표본의 크기가 커질수록 자유도가 증가하며 t분포가 정규분포에 가까워진다는 것을 배웠습니다. 이 t검정을 사용해 가설이 참임을 검증했습니다. 이 경험을 통해 저는 대학에서 다른 통계기법들을 익혀 사회조사방법론을 더 정밀하게 활용하고 싶은 열망을 가지게 됐습니다.

자발적으로 참여한 영어2의 진로 발표가 있습니다. 독후 프로젝트 후 실제 사례를 통해 정책이 현실에서 작용하는 양태와 결과를 파악하고 싶었던 저는 지역 축제에 주목하게 됐습니다. 지역 축제가 예산 낭비의 주범이라며 비판받고 있었기에 그 원인을 분석하고 싶었습니다. 조사해 보니 동일한 형태와 방식이 양산된 게 주요 문제였고, 그로 인해 지역만의 자원을 찾는 노력을 하지 않은 결과가 초래됐음을 알았습니다. 이를 통해 '다양한 상황과 조건이 존재하니 문제해결방법도 다양하다는 열린 사고방식'이 정책학자의 기본 자질이라 여기게 되었고 저도 그런 정책학자가 되어야겠다고 다짐했습니다. 생활과 윤리의 딜레마 게임 제작 활동입니다. 집단행동의 딜레마 개념을 접하며 니부어가 말하는 '도덕적 개인이 모인 비도덕적 사회'의 역설적 상황에 흥미가 생겼고, 개인선 때문에 공동선이 침해당하는 공유지의 비극을 어떻게 해결할 수 있을까 궁금하여 찾게 됐습니다. 그 해결 방법인 사회적 자본론, 신제도주의, 정부의 개입을 정확히 이해하도록 저는 집단행동의 딜레마를 다룬 게임을 만들어 발표했습니다. 제가 만든 공동체문제에 제가 상황에 맞게 이론을 적용하여 해답을 내리는 활동은 사회문제의 제도적 해결을 위해선 우선 맥락적인 이해가 필요함을 알게 해주었습니다. 또한 게임을 해본 친구들이 세 가지 방법 중 하나를 선택하는 이유를 제게 대답할 때 방법 선택에 개인의 가치관이 큰 영향을 끼친다는 것을 알았습니다. 이후 저는 자율동아리 세.탐.재. 활동에서 불성실한 부원에게 불이익을 주거나 타이르기에만 치중하기보다 성실한 부원에게 인센티브를 주는 해결방법을 실행할 수 있었습니다.

[생활과학대학 소비자아동학부 아동가족학전공 합격생 사례 C]

저는 공부를 하면서 개념을 공부하고 이로부터 파생되는 교과 외의 내용을 심화적으로 알아가는 과정을 즐겼습니다. 이러한 저의 성격은 법과 정치 과목에서 잘 드러났습니다. 단순히 좋은 성적을 넘어 이 과목에 대해 나 스스로 자부심을 느끼고 싶었고, 법에 대해 교과 내용 이상의 것을 얻어가고 싶었습니다. 그런데 교과서나 참고서는 저의 지적 호기심을 충족시켜주기에는 설명이 부족해서 제가 원하는 세부적인 내용을 다루지 못했습니다. 특히 위법성을 조각시키는 사유에는 5가지가 있는데 각각의 사유가 정해지게 된 이유가 제시되지 않아서 이 점이 궁금해졌습니다. 그래서 국가법령정보센터에 들어가 이러한 사유가 정해진 목적에 대해 알아본 결과, 긴급피난, 정당방위는 개인의 생명권, 재산권 등 법익 보호를 위해, 피해자의 승낙은 개인의 법적 자기 결정권을 보장하기 위해 정해졌다는 것을 알게 되었습니다.

한편 국민투표와 관련하여 교과서에서는 국민투표의 개념만 설명할 뿐이어서 '절차상 비효율적인 국민투표를 굳이 하는 이유가 뭘까?'라는 의문이 들었습니다. 이를 선생님께 여쭤본 결과 국민투표가 현대 민주주의 사회에서 국민의 의견이 정치에 제대로 반영되지 못하는 대의제의 한계를 보완하여 직접 민주주의의 요소를 도입했다는 것을 알게 되었고 더 나아가 국민투표의 2가지 방식으로 법률에 정해진 사유에 따라 국민투표를 하는 플레비시트와 특정한 사람이 직권으로 국민투표를 하는 레퍼랜덤에 관해 공부했습니다. 국민투표에 대해 알아보는 도중 과거 국민투표법이 위헌 판결이 났다는 사실을 알고 이 사실을 친구들과 나누고 싶어서 동아리원들과 함께 위헌 판결이 난 이유를 분석해보고 이 판결에 대한 의견을 제시해보기도 했습니다. 이처럼 교과서에 나오는 개념에 대해 교과 수준에 머무르지 않고 그 개념 자체를 깊게 이해하려고 노력함으로써 단지 시험성적을 잘 받는 것 이상으로 지적 탐구능력을 키울 수 있었습니다.

의미 있는 활동

기업의 횡포로 부당노동을 당하는 뉴스를 보고 안타까움을 느껴 법률동아리에 가입해 산업재해를 둘러싼 기업과 노동자의 갈등을 다룬 모의재판을 구성했습니다. 저는 변호인의 소장을 작성했는데, 그 과정에서 원고가 처한 상황에 따라서 변호인의 요구 사항이 달라졌습니다. 원고에게 가정이 있어 재취업이 필요할 경우 그에 따른 비용을, 신체에 장애가 생겼을 경우 재활비용을 요구하는 등 원고의 상황에 맞게 재판에서의 요구가 다양해지는 것을 보고 비슷한 문제 상황을 맞이하더라도 필요한 도움은 모두 다르다는 사실을 깨달았습니다. 이처럼 사회적 약자를 바라볼 때 그들을 단지 필요의 대상으로 바라보는 것이 아니라 각각의 필요를 분석해 적절한 지원을 하는 것이 필요하다고 느꼈습니다. 이를 통해 수혜 대상에 대한 분석을 통해 실질적인 해결책을 제시할 수 있는 정책의 중요성을 깨달았습니다. 토론 수행평가를 하고 토론왕에 선정되며 좋은 호응을 받아 용기를 얻어 교내 토론대회에 도전했습니다. '인간의 지능 수준을 초월하는 AI를 개발해도 되는가'라는 주제에 대해 준비하며 문과인 저는 제도적, 윤리적 측면에서 근거를 준비했고 이과인 친구는 기술적 측면에서 준비했습니다. 찬반 입장을 현장에서 결정하기 때문에 양측 주장을 모두 준비하는 과정에서 가상토론을 했습니다. 이 과정에서 법적 제도를 통해 인간에게 위해를 가하지 못하도록 AI를 규제할 수 있다는 저의 주장에 친구들은 스스로 발전하는 AI가 인간을 뛰어넘어 규제를 무시할 수도 있다며 저의 논리를 반박했습니다. 다른 논거를 제시한 것이 아닌 제 주장에 대한 관점을 전환함으로써 반박한 것입니다. 저는 항상 관심 분야의 관점으로만 사회 현상을 바라봄으로써 그간 현상에 대한 분석이 편향되어 있었음을 알게 되었습니다. 이 경험을 통해 사회 현상을 바라보는 다양한 관점의 중요성을 느끼게 되어 타인의 생각에 더 많은 관심을 기울이는 태도를 지니게 되었습니다.

출처 : 서울대 아로리 Vol.8 나도입학사정관

Q&A 50

자기소개서 작성을 완료한 다음 제출하기 전에 최종적으로 점검할 사항은 무엇인가요?

자기소개서 작성 최종 마무리 단계에서 제출하기 전에 최종적으로 확인해 볼 사항들이 있습니다. 특히 원서접수 마감 이후 대학별로 자기소개서 제출 마감시간을 유의하고 자기소개서 수정마감 이후에는 수정이 불가능하기 때문에 유의해야 합니다. 또한 동일 대학에 학생부종합전형을 중복 지원할 때 자기소개서 역시 각각 제출해야 하는 경우가 대부분이기 때문에 지원대학 입학처에 정확하게 확인하기 바랍니다.

☑ 대입 자기소개서 작성 체크리스트

- ☐ 수험생 자신이 직접 쓴 글인가?
- ☐ 내용과 분량을 고려하여 주어진 양식에 맞추었는가?
- ☐ 맞춤법과 띄어쓰기 등 기본적인 어법이 정확한가?
- ☐ 각 항목이 일관성을 가지고 어울리는가?
- ☐ 사자성어, 전문용어 등을 지나치게 사용하지 않았는가?
- ☐ 책이나 인터넷에서 찾은 결과를 그대로 인용하지 않았는가?
- ☐ 주어진 환경 속에서 스스로 어떤 노력을 했는지 드러났는가?
- ☐ 학생부 교과학습발달상황의 내용(세부능력 및 특기사항)과 연관됐는가?
- ☐ 구체적이고 지속적인 학업노력과 학습경험 과정의 내용을 기술했는가?
- ☐ 학과 전공과 관련된 분야에 대한 지적 호기심과 탐구심이 나타나는가?
- ☐ 앞으로 더 발전시켜야 할 자질을 스스로 알고 서술했는가?
- ☐ 교내 활동을 시작하게 된 계기와 그 의미가 잘 나타나는가?
- ☐ 남들과 다른 특별한 경험을 서술했는가?
- ☐ 일반적인 활동이라도 의미 있었던 경험을 잘 표현했는가?
- ☐ 활동의 나열보다 활동 경험의 가치가 부각되도록 구체적인 실례를 들었는가?
- ☐ 자신이 경험한 과정을 현실감 있게 서술했는가?
- ☐ 구체적인 사례 없이 형식적이고 일반적인 내용이 아닌가?
- ☐ 하나의 문제에 대해 다양한 해법을 제시하는 융통성과 문제해결력이 있는가?
- ☐ 실천 경험을 통해 느낀 점을 진정성 있게 논리적으로 작성했는가?
- ☐ 해당 문항의 질문에 대한 이해를 바탕으로 했는가?
- ☐ 지원 동기가 설득력이 있는가?
- ☐ 학과 또는 전공에 대한 열정이 일관성 있게 표현됐는가?
- ☐ 장래 학업 계획, 희망이나 포부가 구체적인가?

출처 : 대입자기소개서 최종점검Checklist(서울시교육정보연구원)

PART 4

면접 일반

·
·
·

면접에서 주로 평가하는 요소들은 무엇인가

Q&A 51

면접을 실시하는 이유는 무엇인가요?

면접은 지원자의 '논리적 사고력'과 '창의적 사고력', '태도' 등을 대학마다 다양한 면접평가기준에 의해 학생을 평가하여 선발하는 방식입니다. 다만 짧은 시간의 면접을 통해 학생의 '지식수준', '지원동기', '가치관'이나 '인성'을 판단 내리기는 쉽지 않습니다. 따라서 면접을 통해 학생부와 자기소개서에서 명확하게 드러나지 않는 부분을 문답 과정을 통해 학생이 학교생활을 충실히 했는지 확인하고 있습니다.

한편 동일 대학 내에서 학생부종합전형별로 다양한 면접방식으로 학생들을 선발하고 있습니다. 학생부종합전형에 지원하는 학생은 먼저 자신의 지원 전공에 대한 탐색을 바탕으로 자신이 지원하고자 하는 전형에 맞는 준비를 하는 것이 합격에 한발자국 다가갈 것입니다.

제시문 기반 면접	활동 기반 면접
학생부종합전형(활동우수형, 국제형, 기회균형), 시스템반도체특별전형	학생부종합전형(활동우수형), 고른기회전형
제시문을 활용한 논리적 사고력 평가	학교 활동에 기반한 창의적 사고력 확인

출처 : 2021학년도 연세대 모집요강

Q&A 52

면접평가는 주로 어떻게 진행되나요?

서류로 호감이 가는 인재를 면접대상자로 선정하고, 1:다(多) 형식으로 한 명의 면접대상자를 2명 이상의 면접관이 대학과 학과 인재상에 부합하는지 평가하여 선발합니다. 면접관들 역시 상황에 따라 주관적인 질문을 하거나 추가 질문을 각양각색으로 하여 지원자를 당황스럽게 만들기도 합니다. 혹 그런 경우

에라도 당황하지 말고 침착하게 답변하면 됩니다.

　면접장에서 질문의 이해와 답변을 정리할 시간이 필요하거나 혹은 질문이 이해가 안 되어 재질문을 정중히 요청하는 등 문제를 해결하려는 적극적인 노력을 보인다면 좋은 평가를 받을 수 있습니다.

Q&A 53

면접의 다양한 유형에 대해서 설명해 주세요.

　면접을 실시하는 대학은 학생부종합전형 외에도 특기자 전형과 일부 대학의 경우 학생부교과전형에서도 실시합니다. 대입전형 간소화 정책에 의해 면접에서 교과 중심의 문제 풀이를 지양하고, 지원자의 고교 교육과정 및 제출한 서류를 적극 활용하도록 권장하고 있습니다.

　이는 단순히 내용을 숙지하고 있는지를 파악하기보다는 지원자의 숨겨진 재능인 인성, 전공적합성, 자기주도적인 학습능력, 발전가능성, 리더십 등을 평가하고자 함이며, 제출한 서류의 진위 여부 또한 확인하는 과정이기도 합니다. 따라서 학교생활기록부와 자기소개서에 담겨 있는 본인의 경험을 되돌아보고 어떤 의미가 있었는지 되짚어 생각해보면서 스토리를 만들어 정리하면 좋을 것 같습니다.

　다음은 2021학년도 학생부종합전형을 실시하는 주요 대학들의 2단계 면접 방식 및 세부사항입니다.

2021학년도 학생부종합전형 면접 실시 대학

종류	면접 유형	면접특징	주요대학
일반 면접	인성면접 (확인면접)	• 제출서류 진위여부 확인 • 서류 간의 일관성 확인 • 학업·전공·인성 등 질문 • 시간 및 면접부담 최소화	대부분 대학

심층 면접	제시문형	• 인성면접과 동시 진행 • 창의성과 논리성 파악	연세대, 고려대 등
		• 교과지식 및 전공시사이슈 • 학업수학능력 및 전공적합파악	서울대(일반전형), 포스텍, KAIST, UNIST, GIST, DGIST 등
	집단토론형	• 전공교과지식관련 수준 측정 • 토론을 통해 의사소통능력 평가	경인교대, 공주교대, 부산교대, 서울교대, 진주교대, 경찰대, 사관학교 등
	다중미니형	• 상황에 대한 문제해결능력 측정 • 창의성 및 전공적합성 평가	의학계열

Q&A 54

면접비율은 대학마다 어떻게 다른가요?

학생부종합전형을 실시하는 대학마다 면접비율 또는 면접방식을 간소화하는 경향이 있습니다. 대부분의 경우 2단계에서 1단계 서류점수와 면접을 합산하지만 일부 대학은 2단계에서 면접만 100% 실시하거나 혹은 면접을 서류와 함께 합산하는 일괄합산으로 진행합니다.

다음은 대입 수시전형 중 학생부종합전형 면접 비율입니다.

구분	20% 이하	30%		40%	50% 이상
서울 경기 강원	• 고려대-학교추천 (20) • 연세대원주_학교 생활우수자(20) • 한국산업기술대 (20)	• 가톨릭대(30) • 가천대(30) • 강남대(30) • 건국대(30) • 경기대(30) • 경희대(30) • 고려대_학업우수형 (30) • 광운대(30) • 국민대(30) • 대진대(30) • 동국대(30) • 명지대(30)	• 상명대(30) • 서울과기대(30) • 서울대_지균(30) • 세종대(30) • 숭실대(30) • 아주대(30) • 안양대(30) • 을지대(30) • 인천대(30) • 인하대(30) • 한국외대(30) • 한국항공대(30) • 경인교대 • 한신대(30)	• 고려대_계열적합 형(40) • 삼육대(40) • 연세대_활동우수형 (40) • 연세대원주_활동 우수자(40) • 덕성여대(40) • 서울여대(40) • 성공회대(40) • 성신여대(40) • 춘천교대	• 가천대(50) • 남서울대(60) • 서울대_일반전형 (50) • 연세대_면접형(60) • 평택대(100) • 동덕여대(50) • 숙명여대(60)

충청	• 한국교원대(20)	• 상명대천안(30) • 선문대(30) • 순천향대(30) • 한남대 • 한밭대	• 건국대글로컬 • 대전대 • 공주대 • 충북대	• 건양대 • 호서대(40)	
경상	• 계명대 • 부산교대	• 경북대 • 대구교대 • 대구대 • 영남대 • 포항공대(33) • 한동대	• 경상대 • 진주교대 • 경성대 • 부산가톨릭대 • 창원대	• 경운대 • 고신대 • 인제대	
호남 제주		• 군산대 • 전주대 • 제주대	• 조선대	• 광주교대 • 우석대	

Q&A 55

학생부종합전형 면접은 주로 언제 실시되나요?

학생부종합전형의 면접 일정은 대학마다 주로 수능 전 혹은 수능 후에 실시됩니다. 논술전형처럼 사전에 일정을 발표하지만, 학과별 면접시간대를 사전에 발표하지 않는 경우도 있습니다. 따라서 대학 간 면접 일정이 중복될 경우, 수시원서를 접수하기 전에 미리 파악해야 합니다. 학생부종합전형의 면접 일정이 대학별고사인 논술 혹은 전공적성 일정과 중복이 되는지 역시 사전에 미리 확인해야 합니다. 특히 수능 전 면접을 보는 경우 수능 준비에 영향을 줄 수도 있기 때문에 이 부분 또한 유의해야 합니다. 한편 올해는 코로나19 확산 등의 사정으로 대학별고사 일정 등이 변경될 수 있음을 수시요강에 알리고 있어 추후 변경되는 일정을 반드시 확인해야 합니다.

2021학년도 학생부종합전형 주요대학 면접일정

날짜	인문계	자연계
11월 7일(토)	성균관대 계열모집_교육학, 한문교육	성균관대 계열모집_수학/컴퓨터교육 한양대(서울) 소프트웨어인재
	연세대(서울) 특기자전형_국제인재, 고려대(서울) 특기자전형	
11월 14일(토)	연세대(서울) 학생부종합(면접형)	
	이화여대 고교추천전형	성균관대 계열모집_의예과
11월 15일(일)		이화여대 고교추천전형
11월 21일(토)	고려대(서울) 일반전형(계열적합형) 한국외대(글로벌) 학생부종합(면접형)	
11월 22일(일)	이화여대 특기자전형_어학, 국제학 한국외대(서울) 학생부종합(면접형)	이화여대 특기자전형_과학
12월 3일(목)	수능	
12월 4일(금)	경인교대 학생부종합(교직적성)	
12월 5일(토)	고려대(서울) 학교추천 인하대 인하미래인재 아주대 학생부종합(ACE) 경영대학	아주대 학생부종합(ACE) 정보통신/ 자연과학/간호대학
12월 6일(일)	아주대 학생부종합(ACE) 인문/사과대	고려대(서울) 학교추천 인하대 인하미래인재 아주대 학생부종합(ACE) 공과대학
12월 11일(금)	서울대 일반전형	
		고려대(서울) 학업우수형 아주대 SW우수인재전형 아주대 학생부종합(ACE) 의과대학
12월 12일(토)	연세대(서울) 국제형, 서울시립대 학생부종합 서울교대 학교장추천, 교직인성우수자	
	고려대(서울) 학업우수형 숙명여대 숙명인재II(면접형)	서울대 일반전형_수의/의과/치의학 건국대(서울) KU자기추천
12월 13일(일)	서울교대 사향인재추천	
12월 18일(금)	서울대 지역균형선발	
12월 19일(토)	연세대(서울) 활동우수형, 기회균형	
	동국대 Do Dream_사회복지학, 교육학, 북한학, 불교학, 식품산업관리학, 정치외교학, 국어국문/문예창작학, 경제학, 법학, 역사교육, 회계학, 영화영상	동국대 Do Dream_수학교육, 건축공학, 바이오환경과학, 생명과학, 전자전기공학, 통계학, 화공생물공학
	경희대 네오르네상스	건국대(서울) KU자기추천

	동국대 Do Dream_철학, 경찰행정학, 국어교육, 사회학, 일본학, 중어중문학, 행정학, 연극학, 경영정보학, 경영학, 광고홍보학, 국제통상학, 사학, 영어영문학, 지리교육	동국대 Do Dream_가정교육, 수학, 건설환경공학, 기계로봇에너지공학, 물리반도체과학, 산업시스템공학, 식품생명공학, 융합에너지신소재공학, 의생명공학, 화학
12월 20일(일)	건국대 KU자기추천 경희대 네오르네상스_한의예(인문)	경희대 네오르네상스

Q&A 56

면접이 없는 대학과 전형이 궁금합니다.

최근에 학생부종합전형에서 전형방식을 더욱 간소화해서 단계별 전형이 아닌 일괄합산전형 형태로 제출서류 100%로 선발하는 대학의 경우도 있습니다. 물론 지원자 입장에서는 면접이 없는 학생부종합전형의 유불리를 확인한 다음 지원해야 합니다. 다만 성균관대는 학과모집에서 일부 모집단위(의예, 교육, 한문교육, 수학교육, 컴퓨터교육, 스포츠과학)는 면접이 있음에 유의해야 합니다.

구분	대학	반영비율	수능최저
학생부+서류	단국대_학생부종합(DKU인재) 서강대_학생부종합(1차 / 2차) 성균관대_학생부종합(계열모집/학과모집) 인하대_학교장추천 중앙대_학생부종합(다빈치/탐구형인재) 한국외대_학생부종합(서류형) 성신여대_학교생활우수자전형 숙명여대_숙명인재 I (서류형)	100	미적용
	이화여대_미래인재전형 홍익대_학생부종합(학교생활우수자전형)	100	적용
	건국대_학생부종합(KU학교추천) 경희대_학생부종합(고교연계전형)	30+70	미적용
	한성대_학생부종합(한성인재)	20+80	미적용

학생부	강남대_학생부종합 동국대_학생부종합(학교장추천인재) 신한대_학생부종합 한신대_참인재전형한양대_학생부종합(일반) 한양대에리카_학생부종합(활동중심형)	100	미적용
학생부+교과	한양대에리카_학생부종합(교과복합형)	70+30	미적용

Q&A 57

면접은 실제 현장에서 어떻게 진행이 되는지 궁금합니다.

면접실을 사전에 확인해서 당일 현장에 최소 30분 전에 도착해야 하며, 수험표와 신분증을 지참하는 것을 잊지 말아야 합니다. 면접대기실에서 감독관의 충분한 면접사전 안내사항을 숙지한 다음, 부적절한 행동은 하지 않도록 합니다. 입실은 현장 감독관의 안내로 면접실에 입실하거나 혹은 사전에 제시문을 미리 읽은 다음 입실하기도 합니다.

입실한 후에는 해당 대학의 면접 유형에 맞춰 제한된 시간 내에 면접이 진행되며, 준비한 대로 여유를 가지고 성실하게 답변에 임합니다. 면접시간 종료를 알리는 순간 면접을 마무리하고 퇴실을 하게 됩니다.

다음의 경희대 면접안내 동영상을 살펴보면 현장에서 실제 진행되는 면접과정을 이해하는 데 도움이 될 것입니다.

연습과 준비에 도움이 될 면접평가 순서

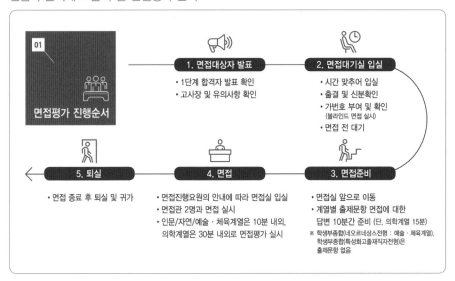

※ 인문/자연/예·체능계열은 10분 내외, 의학계열은 30분 내외로 면접평가 실시(예·체능계열은 출제문항 면접 없음)

출처 : 2020 연세대학교 학생부종합전형 안내서

전형		준비시간	면접시간
학교추천		10분	5분
일반전형	학업우수형	12분	6분
	계열적합형	24분	8분
기회균등		12분	6분
특기자전형	인문계	24분	8분
	자연계	–	8분

출처 : 고려대 2021온라인 설명회 FAQ
https://www.youtube.com/watch?v=uhz_KQ-8Vek

Q&A 58

면접 관련해서 지원자가 일반적으로 유의해야 할 사항들을 알려주세요.

실제 면접실에서 지원자들은 처음 대면하는 대학 교수사정관과 입학사정관의 질문에 당황해서 예상치 못하는 실수를 하거나, 면접에서 예의에 어긋나는 말과 행동을 할 수 있습니다.

다음의 「2020학년도 고려대 학생부종합전형 안내서」를 통해서 실제 면접실에서의 상황을 예상해 보면서 면접을 대비하면 도움이 될 것입니다.

2020학년도 고려대학교 학생부종합전형 안내서

 Scene 1

고사실 입실

감독관 안내에 따라 지원자가 고사실로 들어온다. 긴장한 모습으로 면접관을 쳐다보고 머뭇거리다 준비된 의자를 향해 걸어가 앉는다.

면접이 시작되는 장면입니다. 고사실에 입실한 후 긴장한 탓에 가장 기본이 되는 인사를 제대로 하지 않는 학생이 많습니다.

아무 말 없이 고개만 살짝 끄덕이며 들어오는 학생이 있는 반면, 힘차게 감독관에게 다가와 악수를 청한 다거나 자신의 이름이나 고려대로 삼행시를 짓겠다며 운을 띄워달라는 학생이 있습니다. 인사는 감독관 과 지원자가 처음 마주하는 순간에 대한 예의이자 서로의 인상을 결정하는 요소입니다. 간단한 인사도 건네지 않는 모습은 지원자가 소극적 성격이거나 기본적 예의가 부족한 학생이라는 인상을 줍니다. 또한 자신을 과도한 방식으로 표현하느라 주어진 면접 시간을 충분히 활용하지 못하거나 감독관을 곤란하게 할 수 있습니다. 면접 시작은 '안녕하세요'의 공손한 인사면 충분하다는 것을 기억하고 연습하세요.

Scene 2

면접 시간 1

지원자가 바닥을 향해 눈을 내리깔고 떨리는 목소리로 답한다. 떨리는 목소리와 함께 목소리가 점점 작 아진다. 기존 답변에서 확장된 추가 질문을 던지자 떨구고 있던 고개를 갑자기 들어 올린다. 이전과 달 리 면접관의 눈을 뚫어지게 바라보며 면접을 본다.

면접 시 면접관과 자연스러운 눈맞춤과 시선처리가 필요합니다. 면접관과 자연스럽게 눈빛을 주고받으며 긴장을 풀고 자신의 의견을 명확하게 이야기하는 것이 중요합니다. 마음을 편안히 가지고 상대방의 눈을 보며 이야기하면 진실된 답변을 한다는 느낌을 줄 수 있습니다. 하지만 시선처리의 중요성 때문에 간혹 처음부터 끝까지 눈을 뚫어지게 보는 지원자가 있습니다. 눈을 마주칠 때는 면접관이 부담을 느낄 수 있 으니 너무 뚫어지게 쳐다보지 말고, 인중이나 코끝을 가볍게 응시하면 눈을 바라보고 있다는 느낌을 줄 수 있습니다.

Scene 3

면접 시간 2

지원자의 긴장이 약간 풀린 듯 답변을 하면서 비언어적 행동이 많아진다. 답변과 함께 두 손을 활용해 큰 동작으로 설명한다. 도중에 답변이 생각나지 않자 평소 습관대로 손으로 머리를 자주 정리하고 다리 를 떨기 시작한다. "그러니까요. 그게… 뭐더라, 뭐라고 하지…"라고 말한다.

긴장 상황에서 평소 습관이 그대로 노출돼 다리를 떨거나 턱을 괴는 등의 행동을 하는 학생이 많습니다. 면접관에게 손가락질을 하거나 존댓말과 반말을 구분하지 못하는 학생도 있습니다.

'제가 천체 물리에 대한 책을 읽으셨는데요', '저희 나라는 교육의 중요성이 크잖아요'처럼 존댓말을 바르게 사용하지 못하거나, '그 샘이~, 걔가~, ~했는데요, ~그런데요 ~있단 말이에요'처럼 친구들 사이에서 사용하는 말투를 그대로 사용하는 경우가 흔합니다. 또한 자신의 경험을 말하면서 '좋았던 것 같아요', '기뻤던 것 같아요'처럼 옳지 못한 표현을 사용합니다. 간혹 질문이 이해가 가지 않거나 답변을 바로 하기가 어려우면 잠시 생각할 시간을 얻은 후 답변을 머릿속으로 정리해 대답하는 것이 바람직합니다. 이 와중에도 면접 시간은 흐르고 있으니 너무 많은 생각을 하기보다 간단하게 자신의 입장을 정리해 대답합니다. 만약 질문에 대한 답을 할 수 없을 때에도 끝까지 포기하지 않고 주어진 시간 동안 최선을 다하는 것이 좋습니다.

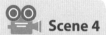 **Scene 4**

면접 종료

면접이 종료됐다는 면접관 말을 듣고 지원자는 준비한 말을 다하지 못해 아쉬운지 쉽게 자리에서 일어나지 못한다. 흘러가는 침묵을 끝으로 마지못해 자리에서 일어나 면접관을 멍하게 쳐다보고 눈인사를 살짝 건넨다. 아쉬움의 말을 혼자 되뇌며 나간다.

면접이 끝나면 고사실에 입실해 간단히 인사했던 것처럼 '수고하셨습니다. 감사합니다' 하고 인사하면 충분합니다. 긴장과 아쉬움에 눈물을 글썽거리는 친구, 준비한 말 하나만 해도 되느냐고 묻는 친구, 자리를 박차고 일어나 뒤도 돌아보지 않고 나가는 친구, 뒷걸음질로 나가는 친구 등 다양한 지원자를 만나게 되는 면접관에게 마지막 인사는 중요한 마무리라 할 수 있습니다. 따라서 면접이 끝나면 차분하게 자리를 정돈하고 인사한 후 나가는 과정을 면접 유사 상황에서 연습하기 바랍니다.

출처 : 2020학년도 고려대 학생부종합전형 안내서

Q&A 59

면접 관련 기출문제는 주로 어디에서 확인이 가능한가요?

각 대학 입학처 공지사항에 매년 3월 31일에 '선행학습 영향평가 보고서'를 올려놓습니다. 대학마다 전년도에 실시된 대학별 고사인 면접과 논술 등 다양한 기출문제를 공개하고 있으며, 대학별고사에 대해 선행학습을 해야 해결할 수 있는 문제인지 여부를 대학관계자, 학교선생님, 학부모로 편성하여 심사한 결과를 공지합니다. 관심대학 입학처에 방문하여 해당 대학의 '선행학습 영향평가 보고서'를 다운받아 확인하는 방법 외에 '대입상담프로그램(http://counsel.kcue. or.kr/)' 사이트에 방문해서 관심대학들의 '선행학습영향평가 보고서'를 한꺼번에 확인하는 방법도 추천합니다.

또한 각 시도별 진로진학교육지원센터 사이트에 전년도 지역별 고교의 학생부종합전형 전년도 면접후기를 정리해서 올려놓기 때문에 관심 대학을 찾아본 다음 면접 질문과 학생들의 답변후기를 통해서 대비하는 방법도 좋을 것입니다.

Q&A 60

'선행학습 영향평가 보고서'에 대한 좀 더 자세한 설명과 대학별로 어디에서 확인이 가능한지도 알고 싶습니다.

2014년 9월에 발표된 '공교육 정상화 촉진 및 선행교육 규제에 대한 특별법'이라는 선행학습 금지법에 따라 대학들이 실시하는 대학별 고사인 논술, 면접, 구술 및 실기고사 등이 고등학교 교육과정의 범위와 수준에 맞추어 출제했는지를 공개함으로써 사교육에 영향을 받지 않고 공교육에 충실한 교육과정 속에서 준비가 가능한 대학별고사 문항의 기준을 마련하고자 하는 것입니다. 평가의 공정성 확보를 위해서는 입학전형평가위원회를 구성한 다음 현직교사 및 교육전문가들로 구성된 실무위원들이 참여하여 대학별고사의 문항을 검토하고 심의합니다.

'선행학습 영향평가 보고서'는 주로 대학 입학처 홈페이지의 공지사항 혹은 자료실에 매년 3월 말에 업로드됩니다. 2015년부터 발표가 되었기 때문에 최근 3년 동안의 자료들을 살펴볼 수 있습니다. 주요한 내용들로는 해당대학 전년도 대학별고사의 문항, 출제의도, 문항해설, 교육과정상의 출제 근거, 채점기준, 예시답안, 영향평가 심의사항 등의 내용들이 포함되어 있습니다.

면접 이후 최종합격까지 어떠한 과정으로 수시전형이 진행되나요?

학생부종합전형에서 면접 이후의 수시전형 최종합격자 발표까지의 진행과정은 일부 대학의 경우 수능최저가 없는 경우 면접까지 심사를 마무리하여 수능고사를 실시하기 전에 합격자를 발표하는 경우도 있습니다. 하지만 대부분 대학은 수능 이후에 면접을 실시하는 경우에 수능최저가 설정되어 있지 않아 수능성적 발표와는 상관없이 최종합격자를 발표합니다. 수능최저가 설정되어 있는 경우 수능최저가 최종당락을 결정하는 경우 12월 23일(수) 평가원이 수능성적을 발표한 다음부터 합격자를 발표하게 됩니다.

수시합격자에는 최초합격자 외에 예비번호를 부여 받은 충원예비후보자에 해당되는 경우 수시충원기간에 중복합격자들의 이탈에 따른 대학별 충원기간 내에 최종합격을 할 수도 있습니다.

다음은 2021학년도 연세대의 학생부종합전형의 수시일정 현황입니다.

전형		자기소개서 입력(온라인)	교사추천서 입력(온라인)	1단계 합격자발표	2단계 시험일	합격자발표
학생부 종합 전형	면접형	9.23(수) 10:00~ 9.26(토) 17:00	–	11.9(월)	11.14(토)	12.27(일)
	국제형		9.23(수) 10:00~ 9.26(토) 17:00	12.7(월)	12.12(토)	
	활동우수형(자연) 기회균등(자연)				12.13(일)	
	활동우수형 (인문, 사회, 통합) 기회균등 (인문, 사회, 통합)				12.19(토)	
특기자 전형	국제인재		–	11.2(월)	11.7(토)	
	체육인재					
시스템반도체특별전형			9.23(수) 10:00~ 9.26(토) 17:00	12.7(월)	12.12(토)	
고른 기회전형	연세한마음전형			11.2(월)	11.7(토)	
	농어촌학생					

고른 기회전형	특수교육대상자	9.23(수) 10:00~ 9.26(토) 17:00	9.23(수) 10:00~ 9.26(토) 17:00	11.2(월)	11.7(토)	12.27(일)
	북한이탈주민					
	예능계열			–	–	
	체능계열					

연세대의 대표적인 학생부종합전형인 면접형은 1단계 합격자 발표를 10월 9일(월)에 발표하여 2단계 면접은 수능 전인 10월 14일(토)에 실시합니다. 최종합격자 발표는 수능 성적표 발표일(12월 23일(수)) 이후인 12월 27일(일)에 발표합니다. 활동우수형은 1단계 합격자 발표하기 전 12월 7일(월)에 발표하며, 2단계 면접은 12월 19일(토)에 실시합니다. 최종합격자 발표는 수능최저가 설정되어 있지 않지만 12월 27일(일)에 동일하게 발표합니다.

최초 합격자 발표 이후 추가 합격자는 다음과 같이 발표일을 참고하기 바랍니다. 지원자가 최초합격에는 포함되지는 못했지만 수시 예비번호를 받은 경우 1차 추가합격은 12월 31일(목) 10:00까지, 2차 추가합격은 2021년 1월 2일(토) 10:00까지 입학처 홈페이지에서 반드시 추가합격자 발표를 확인해야 합니다.

전형		최초합격자 발표	추가 합격자 발표		
			1차	2차	3차
학생부 종합 전형	면접형	2020년 12.27(일) 18:00	2020년 12.31(목) 10:00	2021년 01.02(토) 10:00	2021년 01.04(월) 16:00 인터넷발표
	국제형				
	활동우수형(자연) 기회균등(자연)				
	활동우수형 (인문, 사회, 통합) 기회균등 (인문, 사회, 통합)				
특기자 전형	국제인재				
	체육인재				

		2020년 12.27(일) 18:00	2020년 12.31(목) 10:00	2021년 01.02(토) 10:00	2021년 01.04(월) 16:00~21:00 전화충원
	시스템반도체특별전형				
고른 기회 전형	연세한마음전형				
	농어촌학생				
	특수교육대상자				
	북한이탈주민				
	예능계열				
	체능계열				

주의할 사항은 대학 입학처에서 전화로 충원합격을 안내하는 것이 아닌 수험생 본인이 입학처 홈페이지에서 확인해야 합니다. 참고로 연세대 정원 외 전형(시스템반도체특별전형, 고른기회전형)은 2차 추가합격자까지만 입학처 홈페이지에서 발표하며 그 이후 추가합격자는 합격 사실을 입학원서에 기재된 연락처(집 전화번호, 휴대전화번호)로 전화충원을 실시하여 합격자 전화통화를 하게 됩니다.

Q&A 62

2021학년도 주요 대학들의 면접방식에 대해서 궁금합니다.

대학	전형명	면접기준	면접방식
가천대	가천의예 가천바람개비1,2 학석사통합 가천AI·SW	인성, 성장가능성, 기초학업능력, 전공적합성, 대면평가 등의 평가기준에 의한 종합적(정성)평가	평가위원 3명이 개별 면접
가톨릭대	학교장추천 잠재능력우수자	전공적합성, 인성, 발전가능성	지원자의 제출서류 내용의 진실성 및 가치를 확인하기 위한 10분 내외 개별면접 (단, 의예과는 20분 면접)
강원대	미래인재 소프트웨어인재	학업역량, 인성, 잠재능력	수험생 1인당 15분 내외 개별 면접 (서류확인면접, 블라인드면접)
건국대	KU자기추천	전공적합성, 인성, 발전가능성	일대다 면접(10분 내외)
경기대	KGU학생부종합	발전가능성, 의사소통능력, 인성	일대다 면접(15분 내외)

대학	전형	평가 내용	평가 방법
경북대	일반학생 모바일과학인재	제출서류 진위 확인 및 전공적합성, 인성 등 종합평가	면접관 2명 내외의 개별 또는 집단면접
	SW특별	전공적합성, 발전가능성, 자기주도성, 인성을 바탕으로 SW개발능력을 종합적으로 평가	
경상대	일반	전공적합성, 발전가능성, 자기주도성, 인성	면접관 3인이 지원자 1인에게 제출서류 등을 철저히 질문
경인교대	교직적성	교직인성, 교직적성(개인면접)	서류확인면접, 교직인성과 교직적성, 문제해결능력을 종합적으로 평가
경희대	네오르네상스	• 인성:창학이념 적합도, 인성 • 전공적합성:전공기초소양, 논리적 사고력	• 평가위원 2인 개별면접, 10분 내외(의예계열 25분 내외) • 서류 확인 및 출제문항면접
고려대	계열적합성 학업우수성	인재상 부합 역량, 논리적/복합적 사고력, 문제해결력, 의사소통능력 등 종합평가	제시문 활용 다수 면접위원 평가 (제출서류 관련 추가 질문을 가능)
공주교대	교직적성인재	교직관 및 교양, 표현력, 태도 등 종합평가	• 계별면접 : 지원자1명과 면접관 2명 이상(3개 문항 중 1개 선택 답변, 추가 1개 문항 답변) • 집단토론:지원자 3~5명 한조
광운대	광운참빛인재	발전가능성, 논리적 사고력, 인성 등의 평가요소에 의한 정성적 종합평가	평가위원 2~3인 개별 확인 면접
	소프트웨어 우수인재	발전가능성, 문제해결능력, 인성 등의 평가요소에 의한 정성적 종합평가	평가위원 2~3인 개별 확인 면접
광주교대	교직정성우수자	• 초등교사로서 직무를 원만히 수행할 수 있는지를 종합평가 • 교직인·적성(30점), 태도 및 서류 확인(20점), 문제해결능력(50점)	평가위원 3인 대 지원자 1명 15분 내외 질문
국민대	국민프런티어	자기주도성 및 도전정신, 전공적합성, 인성 종합평가	평가자 3명 대 수험생 1인 개별면접
단국대	SW인재	서류 진위여부, 전공적합성, SW 인재로서의 발전가능성 등을 종합평가	다대일 평가(면접 7분이내)
대구교대	참스승	의사소통능력, 문제해결능력, 교직소양 및 인성에 대한 종합평가	다수의 면접위원이 제출서류에 기반한 구술 개별면접 운영을 통한 종합평가

동국대	Do Dream (소프트웨어)	발전가능성, 전공·취지적합성, 인성 등 종합평가	2인 입학사정관 10분 내외 면접
부산교대	초등교직적성자	참의지성, 교직가치관, 상호협력	3명 내외의 학생이 한 조가 되어 예비교사로서의 자질에 대한 질문을 바탕으로 평가함
서울과기대	학교생활우수자	인성 및 의사소통능력, 논리적 사고력, 전공적합성, 발전가능성	복수의 평가위원이 지원자를 면접함
서울교대	사항인재추천 교직인성우수자	교직교양, 교직인성, 교직적성 종합평가	평가위원 2~3명 다대일 면접 (10분 내외, 제시문 형태)
서울대	지역균형선발	서류내용, 기본적인 학업소양 확인 (사범대학 교직적성·인성면접 포함)	지원자 1명 대상 복수 면접위원
	일반	제시문 활용 전공적성 및 학업능력 평가	지원자 1명 대상 복수 면접위원(제출서류 관련 추가질문 가능)
	일반(의예)	해당 전공에 필요 자질, 적성, 인성 등 평가	
서울시립대	학생부종합	학업역량, 잠재역량, 사회역량	2인의 면접위원이 지원자 1인을 대상으로 개별면접
성균관대	학과모집 (일부모집단위)	• 전공선택 동기와 학업 목표에 대한 구체성 • 자기주도성, 리더십, 배려심 등 인성, 면접태도 및 표현력, 논리성 등에 대한 종합평가	2인이상 평가위원에 의한 지원자 1인 개별면접(10~15분 내외)
세종대	창의인재	• 제출서류의 진실성, 인성, 전공적합성, 발전가능성, 의사소통능력 • 소프트웨어융합대학 : 발표 및 심층면접	평가위원 2~3명이 개별면접
숙명여대	숙명인재(면접형) 소프트웨어융합인재	종합적 사고력, 전공적합성, 의사소통능력 및 인성 등 종합평가	평가위원 2인에 의한 지원자 1인 개별면접
아주대	ACE SW융합인재	서류 진실성(학업역량, 주도성, 대인역량), 의사소통역량	2인 이상 평가위원에 의한 지원자 1인 개별면접
	국방IT우수인재1		2인 1조로 개인면접 진행 공군에서 실시하며 학사장교로서의 특성을 감안하여 진행
연세대	면접형	학업역량(논리적 사고력, 창의적 사고력), 전공기초소양, 인성(협력, 나눔, 의사소통능력, 도덕성)	다수의 면접위원에 의한 1인 개별면접
	활동우수형		

인천대	자기추천	서류 재확인 절차 통해 지원자 전공적합성, 발전가능성, 의사소통 능력, 인성사회성 평가	개별면접 방식 면접위원 2인 평균 점수 부여 평가, 10분 내외
인하대	인하미래인재	제출서류에 기초한 서류진위여부 확인, 기초학업역량, 전공적합성, 개인인성 및 공동체 역량	2~3인의 면접위원에 의한 지원자 1인 개별면접
전남대	고교생활우수자	인성역량, 학업수행능력	평가위원 3인 개별 면접
전북대	큰사람	인성 및 가치관 30%, 잠재능력 및 발전가능성 70%	면접위원 3인 1조로 개별면접
제주대	인발학생 소프트웨어인재	전공적합성, 자기주도성, 인성·공동체 기여도	평가위원 2인에 의한 개별면접
진주교대	21세기형 교직적성자	• 개별면접 : 긍정적 자아개념, 교사로서의 자질, 전문성과 발전가능성에 대한 종합평가 • 집단면접 : 발표력, 표현력, 수용력, 사회성에 대한 종합평가	개별면접, 집단면접, 적성·인성검사, 필요시 현장 방문
청주교대	배움나눔인재	교사로서의 적성과 인성 등 종합평가	복수의 면접위원이 종합평가
춘천교대	교직적·인성인재	• 교직적성 : 교직과 관련된 본질적 문제나 현실적 쟁점, 교직수행과 관련된 문제 상황 등을 종합적으로 파악하고, 합리적으로 해결하는데 요구되는 가치관, 논리력, 창의력, 표현력 등 교직적성을 평가함 • 교직인성 : 학교생활 경험사례를 통해 교직수행 필수 요구, 책임/성실, 배려/존중, 협동/참여 등 교직 인성 평가	다수 입학사정관 평가
충남대	PRISM인재 소프트웨어인재	Passion(열정, 목표지향성), Responsibility(성실성, 자기주도성), Intelligence(논리적 사고, 창의적 능력, 실제적 능력), Sincerity(배려, 협동심, 봉사정신), Matching(전공부합도, 전체 및 전공관련 교과의 학업성취도 및 성과)	서류진위여부 확인, 2인 평가위원에 의한 지원자 1인 개별면접
충북대	학생부종합I	전문성, 인성, 적극성	서류진위여부 확인, 3인 평가위원에 의한 개별면접

포항공대	일반	과학공학계 글로벌 리더로서의 잠재력, 사고력, 이공계 분야 수학 기본역량과 태도 등 종합평가	서류진위여부 및 과학적·창의적 사고 확인, 개별면접
한국교원대	학생부종합우수자	전공적합성, 교직적성, 교직인성, 문제해결능력	교직 적·인성 문항 및 개방형 질문, 개별면접
한국기술교대	창의인재	학업역량, 코리아텍 진학의지, 나우리 인성	서류확인, 2인 평가위원에 의한 개별면접
한국외대	면접형	인적성 면접으로 전공적합성, 논리적 사고력, 인성 등 종합평가	개별 블라인드 면접(10분 내외)
한국항공대	미래인재	특기적성, 인성 및 리더십, 의사소통능력, 발전가능성	서류진위여부 확인, 평가위원 2명에 의한 개별면접
한동대	G-IMPACT인재 소프트웨어인재	인성 및 창의성(인재상 부합도, 의사소통 및 면접태도, 논리성, 발전가능성)	면접위원 2인이 지원자 1인 대상 개별면접
홍익대	미술우수자	미술관련 소양, 창의성, 표현능력 등 종합평가	2인 이상의 평가위원에 의한 개별면접

출처 : 2021학년도 대입정보 119

Q&A 63

코로나 사태로 학교활동을 많이 못했는데 면접을 위해 어떤 부분을 중점으로 준비하면 되나요?

2021학년도 기준 학생부종합전형에서 면접을 실시하는 대부분의 대학들은 무엇보다도 지원자들이 대학수학능력을 확인하는 '학업역량'을 확인합니다. 이는 다른 의미로는 대학 혹은 학과의 인재상에 부합하는지를 면접을 통해서 평가한다고 볼 수 있습니다. 그 다음으로 '전공적합역량' 및 '인성역량' 등의 기타 여러 가지 평가요소들을 제출서류인 학교생활기록부, 자기소개, 교사추천서에 기반하여 확인하는 인성면접이 가장 큰 부분을 차지합니다. 또한 수험생의 논리적인 사고 및 의사소통 능력을 파악하기 위해서 면접실에 입실하기 전에 사전에 제시문을 제공해서 지원자의 역량을 파악하고자 하는 심층면접이 면접에서 중요한 부분을 차지하고 있습니다. 다음의 고려대 면접 평가방식을 참조하기 바랍니다.

전형구분	평가요소	반영비율	정의
학교추천 일반전형 (학업우수형) 기회균등	분석능력	25	제시문의 주제와 내용을 이해하고 제시문 사이의 연계성을 파악하는 능력
	적용력	25	제시문에 나타난 정보를 주어진 문제에 구체적으로 적용할 수 있는 능력
	종합적사고력	25	주어진 정보를 논리적으로 통합하여 문제를 해결하는 능력
	면접태도	25	의사표현 방식과 면접에 임하는 전반적인 태도의 적절성
일반전형 (계열적합형) 특기자전형 (단, 국제학 제외)	분석능력	20	제시문의 주제와 내용을 이해하고 제시문 사이의 연계성을 파악하는 능력
	적용력	20	제시문에 나타난 정보를 주어진 문제에 구체적으로 적용할 수 있는 능력
	종합적사고력	20	주어진 정보를 논리적으로 통합하여 문제를 해결하는 능력
	전공적합성	20	지원계열의 특성을 이해하고 관련 계열 학습에 필요한 소양을 갖춘 정도
	면접태도	20	사사표현 방식과 면접에 임하는 전반적인 태도의 적절성

출처 : 2021학년도 고려대학교 수시 모집요강

PART 5

학생부 기반
인성면접

·
·
·

학교생활기록부 관련 인성면접 문항들은 무엇인가

Q&A 64

학생부종합전형 면접이 인성면접이라고 하는데 인성면접에 대해 자세히 알려주세요.

인성면접은 제출서류(학교생활기록부, 자기소개서, 교사추천서)에서 질문 문항을 만들며, 이를 바탕으로 질문하여 서류 내용이 참인지 거짓인지 확인하는 면접입니다. 대학에서 질문하는 면접 문항의 내용은 학교생활기록부와 자기소개서에서 비중 있게 다루어지고 있는 것들입니다. 특히, 지원한 전공과 관련된 부분에서 많이 질문하기에 전공에 관한 내용을 별도로 정리하기 바랍니다. 또한 추가질문을 하여 깊은 내용까지 알고 있는지 물어보기에 관련된 지식을 깊이 있게 공부하는 습관을 들이면 좋은 평가를 받을 수 있습니다.

Q&A 65

인성면접을 대비하는 요령에 대해서 알려주세요.

학교생활기록부와 자기소개서의 내용 중 면접관이 참인지 거짓인지 꼭 확인하고 싶은 문항을 질문합니다. 1단계 통과 후 또는 통과 전부터 모의면접을 통해서 학생부종합전형을 준비하는 친구들 간에 혹은 낯선 사람에게 모의면접관을 부탁해 자기소개서를 보여준 후 질문과 답변 연습을 해 봅니다. 특히 본인의 자기주도적인 활동중심으로 거짓됨이 없이 답변할 수 있도록 제출서류의 모든 활동기록에 대한 전후 사정을 충분히 파악하며 답변 연습을 하는 것이 매우 중요합니다. 결국 제출서류와 답변이 일치할 수 있도록 솔직하게 답변하는 연습을 충분히 해야 합니다.

2020학년도부터 2단계 면접부터는 블라인드 면접을 도입해서 지원자의 출신 지역이나 학교 등 지원자의 인적사항 등의 개인정보를 파악할 수 있는 면접은 진행이 금지되어 있습니다. 면접장에서 특정 소속 학교의 교복 착용은 금지되며 다음과 같은 답변들을 면접관들로부터 제재를 받게 됩니다.

예) 안녕하세요. ○○고등학교 ○○○입니다.

제가 다니는 ○○고등학교에서는 ○○○동아리 활동을 적극 지원하고 있습니다.

저희 아버지가 ○○○에서 근무하십니다.

≪부모 직업 관련 감정 처리 검토 기준≫

1. 직접언급

• 본인 및 부모(친인척 포함)의 실명 언급한 경우

• 부모(친인척 포함)의 사회, 경제적 지위(직종명, 직업명, 직장명, 직위명 등) 등에 관한 정보

를 직접 언급한 경우

2. 간접언급

• 명칭을 직접 언급하지는 않았지만 직종, 직업 등을 유추할 수 있게 서술된 경우(단, 유츄

여부가 애매한 경우 유추 가능한 직종, 직업 등과 지원한 모집단위와 유사성을 검토함)

학과	내용	심의 결과	한국표준 직종/작업부류
경영학과	아버지의 업무 중 하나가 전시회나 국제회의를 통해 회사를 홍보하는 것이었고, 근처 BEXCO나 CECO에서 전시회를 할 때면 아버지가 기획/운영하시는 회사 전시부스를 구경 가기도 했습니다.	직접언급 (5점 감점)	상품기획·홍보 및 조사 전문가
수학과	"OO이는 수학을 잘하는구나"(본인 이름 언급)		이름 언급
의예과	어릴 적부터 집에 있던 심장이나 '의학, 간호 용어 핸드북'과 같은 의학 서적을 자주 접하면서 심장과 의학에 관해 관심을 가졌습니다.	간접언급 (3점 감점)	보건·의료직
유기소재 시스템공학과	아버지께서는 회사에 제품 개발하는 일을 하시는		연구·교육 및 법률 관련 관리자

출처 : 2021학년도 부산대 학생부종합전형가이드북

Q&A 66

학교생활기록부 4번 수상경력 관련 인성면접 문항들이 궁금합니다.

- 왜 선행상을 받았어요?(가천대)

- R&E 발표대회에서 수상한 내용과 지원학과와 연관 지어 설명해 보세요.(가천대)

- 수상경력이 지원학과에 관심을 갖게 된 계기가 있다면 소개해 주세요.(경희대)

- 모범상을 받았는데, 어떻게 받게 되었나요?(건국대)

- 수학경시대회에 참가했는데, 기억나는 문제가 있나요?(건국대)

- 수학 관련 수상 실적이 있는데 수상한 이유에 대해 설명해 보세요.(경기대)

- 수상경력이 상당히 많네요. 가장 자랑하고 싶은 대회가 무엇인가요?(건국대)

- 지원학과에 입학하기 위해 준비한 가장 대표적인 노력이 있다면 하나만 소개해 주세요.(경희대)

- 봉사활동 소감문 대회에서 어떻게 상을 타게 되었나요?(경기대)

- **말하기 대회에 무슨 주제로 참가했나요?(경희대)

- 과학 UCC 대회에 참가했는데, **의 정의가 무엇인지 혹시 아나요?(광운대)

- **토론 대회에서의 논제가 무엇이고, 학생의 입장은 무엇이었나요?(동국대)

- 토론대회에 나가서 대상까지 탔는데, 토론대회는 어떤 식으로 진행했나요.(건국대)

- 수학주제탐구발표대회에서 최우수상을 공동수상했네요. 대회에서의 경험을 본인의 역할을 중심으로 설명해 주세요.(동국대)

- 자기주도학습 우수상을 수상했는데, 자기주도학습 우수상은 어떻게 해야 받을 수 있는 것인가요? 본인이 수상한 이유는 무엇이라고 생각하는지요?(동국대)

- 수학탐구대회에서 장려상을 수상했는데 어떤 내용이었는지 그리고 본인의 역할에 대해서 설명하시오.(동국대)

- 통계페스티벌 대회에서 공동수상을 하였는데, 자신의 역할과 그 내용에 대해 간략히 설명해 주세요.(동국대)

- 2학년 과학체험활동 아이디어 공모전 동상을 받았는데, 주제와 본인의 역할과 수행한 내용은?(동국대)
- 2학년 자연과학 부문 탐구보고서 발표대회 가작상 수상시 탐구주제 및 본인의 역할에 대해 말해 주세요.(동국대)
- 수상경력 중 글짓기 상이 특히 많은데, 그 이유는?(충남대)
- 영어 암송 대회에서 수상했는데, 인상 깊은 구절을 말해 보세요.(한국외대_글로벌)
- 영어에 대한 수상실적이 많은데, 영어 성적이 3학년 때 떨어졌네요. 왜 그렇다고 생각하나요?(한국외대)

Q&A 67

학교생활기록부 6번 진로희망사항 관련 인성면접 문항들이 궁금합니다.

- **이 무엇을 하는 직업인가요? 그 직업에 대해 알게 된 경로는?(가천대)
- 3년 동안 꿈이 **인데, 그 꿈을 가지게 된 계기는 무엇인가요?(가천대)
- **이라는 직업을 위해 노력한 것은 무엇입니까?(가톨릭대)
- 왜 꿈이 계속 바뀌었나요?(경희대)
- **이 되고 싶다고 했는데, 문과로 지원하면 더 쉬울 거 같은데, 왜 이과를 지원했나요?(강남대)
- **이라는 직업인의 자질은 무엇이 있는가?(강원대)
- **이 되기 위한 앞으로의 계획을 말해 보세요.(건국대)
- 진로희망이 3가지인데, 왜 진로를 **으로 정했고 우리 학과와는 어떤 연관성이 있나?(건국대)
- 지원자가 꿈꾸는 직업에서 존경하는 사람은 누구인가?(경희대)
- 장래 창업을 희망하는데, 생각해놓은 창업아이템이 있는가?(숭실대)
- 지원자가 꿈꾸는 2가지 직업의 차이를 설명해 보세요.(인하대)

- 지원자가 꿈꾸는 직업과 연관한 ** 과목의 매력과 공부법이 있다면?(건국대)

- **이 되려면 일반적으로 석·박사 과정을 거쳐야 된다. 알고 있었나?(건국대)

- 1학년 때부터 3학년 때까지 쭉 통번역사가 되고 싶다고 했는데 통번역사는 어떤 직업인 것 같아요?(한국외대)

- 활동이 심리 쪽에 많이 중심을 두고 했는데, 어떻게 꿈이 일본어 번역가가 될 수 있었는지 설명해 주세요.(한국외대)

- 꿈이 사회과학 연구원인데 행정학과와 어떤 관련이 있나요?(경희대)

- 문화예술행정가가 되는 것이 꿈이라고 했는데, 우리나라 지역 축제의 현황에 대해서 자신의 생각을 말해보겠는가?(건국대)

- 학생 꿈이 계속 바뀌다가, 마지막은 사회조사분석가인데 이 직업을 통해 무슨 말을 하고 싶은가? 아직까지 정확한 이름의 전문직업이 아닌데, 어떤 역할을 하고 싶어요?(국민대)

- 법조인 중 검사가 되고자 희망하는 이유는? 이를 위해 본인에게 강점이 있다면 무엇인가요?(동국대)

- 정치외교학과에서 원하는 학생은 어떤 소양과 적성을 갖추어야 하는지? 본인은 그런 소양과 적성을 갖추고 있다고 생각하는지?(숙명여대)

- PD가 되고자 하는데 영상을 제작한 적이 있나요?(경희대)

- 장래희망이 국회의원, 어떤 분야의 국회의원이 되고 싶나? 그리고 어떤 정책을 시행하게 할 것이냐?(중앙대)

- 장래희망이 국제부 기자가 되는데 일본학과가 어떤 점에서 유리할까요?(동국대)

- 한국역사에서 불교사의 위상은 어느 정도 되며, 한국사 기술에서 불교사 기술은 어떠한 지위로서 다루어져야 하는가?(동국대)

- 한국문화 알리미가 진로희망인데 한국문화를 외국에 홍보하는 효율적인 방법을 하나 설명해 보세요.(동국대)

- 사회복지정책연구원 희망하는데, 사회복지정책연구원이 갖추어야 할 역량은 무엇이라고 생각하는가?(동국대)
- 출판기획전문가가 꿈인데 어떤 출판물에 관심이 있으며 그 이유는 무엇인가?(동국대)
- 3학년이 되어서 통일에 대한 관심이 높아진 것으로 되어 있는데 특별한 이유나 계기가 있는지요?(동국대)
- 진로희망이 NGO펀드레이저인데 사회적 지식과 어떻게 관련되어 있나요? 회계나 경영학적 지식이 더 요구되지 않을까요?(동국대)
- 자신이 전기연구원으로서 인재상에 적합한 것, 부족한 것, 앞으로 채워야 할 것이 있다면 무엇이라고 생각하는가?(숭실대)
- 고교 1학년부터 도시계획이 진로희망이라고 하였는데, 어떤 경로로 이 분야의 꿈을 꾸게 되었나요?(중앙대)
- 농식품산업의 발전과 식품유통과정의 문제점을 개선하고 싶다고 했는데, 어떤 문제점이 있고, 개선방안은 무엇인가요?(동국대)
- 정치영역에 관심이 많은 것 같아요. 진로희망이 프로듀서에서 정치부 기자로 변경되었는데, 현재 관심을 가지고 있는 내용이나 기자가 되었을 때 다루고 싶은 주제가 있다면 무엇인가요?(동국대)
- 진로희망이 초등학교 교사에서 교사, 교육연구원으로 변경되었네요. 진로희망을 변경하게 한 결정적인 계기가 된 활동이나 독서가 있다면 무엇인가요?(동국대)
- 1, 2학년 때 의사, 약사를 희망하였다가 3학년 때 초등교사로 진로를 바꾼 이유는 무엇인가요?(광주교대)
- 진로희망에는 고등학교 3년 동안 '초등교사'를 희망했는데 교육학과에 지원했습니다. 자기소개서에서 교육학과 지원동기에 대해 기술했습니다. 교육학과를 통해서 이후 어떤 진로를 생각하고 계신가요?(동국대)
- 일반적인 교사가 갖춰야 할 자질과 국어교사가 갖춰야 할 자질을 말해 보세요.(서울대)

- 진로희망이 교육행정전문가인데, 구체적으로 어떤 역할을 하고 싶은지 사례를 들어 말씀해 주세요.(동국대)
- 왜 창업가가 되고 싶은지에 대한 구체적인 이유는? 특히 안면인식기술 및 향기에 관심을 가지는 이유는 무엇인가?(동국대)
- 질병치료 관련 진로희망이 있는데, 어떤 질병치료에 관심이 있는지? 향후 전망은 어떻게 될 것 같은지요?(동국대)
- 영상의료기기 전문가가 희망인데, 어떤 의료 영상 기기들에 관심이 있고 어떤 지식들이 활용될 수 있다고 생각하는지요?(동국대)
- 클라우스 슈밥의 제4차 혁명을 읽고 전자공학을 진로로 선택하였는데, 이유에 대하여 자세히 설명하세요.(동국대)
- 진로희망이 신약개발 연구원인데 화공생물공학과의 관련성을 설명해 주세요.(동국대)

Q&A 68

학교생활기록부 7번 창의적 체험활동상황 중 자율활동 관련 인성면접 문항들이 궁금합니다.

- 학생자치회 활동을 하면서 잘한 점과 잘못한 점을 각각 1가지 말해 보세요.(가천대)
- 교내 심폐소생술대회에서 1등을 하고, 효과적인 심폐소생술에 대한 논문을 작성했는데 어떻게 실시해야 가장 효과적인가요?(중앙대)
- 1학년 때 반장을 하고 이후 반장을 하지 않은 이유는?(건국대)
- 학생자치법정 배심원 활동 중 기억에 남는 것은?(경기대)
- 반장으로 활동하며 친구들과의 갈등, 힘들었던 점을 극복했던 경험은?(경인교대)
- 반장이 된 이유가 무엇인가?(광운대)
- 1학년 때 사회교과부장으로서 토론, 질의응답 등 다양한 활동을 하였는데, 어려운 점 또는 배운 점은 무엇인가요?(동국대)

- 3학년 때 학급회장을 하였는데 본인이 당선된 이유는 무엇이라고 생각하나요?(동국대)
- 자율활동에서 학생자치활동이 활발하게 이루어지기 위해서 무엇을 해야 할 것인가에 대해 진지하게 고민한고 토론하였다고 했는데, 학생자치활동의 권장을 위해서는 무엇을 해야 하며, 어떤 토론을 하였는지요?(동국대)
- 학년 학예부장 활동을 하면서 영어, 일본어 단어를 학급게시판에 적을 때 선정 기준과 반응은 어떠했나요?(동국대)
- 통일캠프에 참가하여 통일교육전문가를 꿈꾸게 되었다고 하는데, 통일교육이란 무엇인가?(동국대)
- 합창이 공동체 의식을 기르는 기능이 있다고 생각하나요?(서울대)
- 또래상담에서 배운 것 중에 가장 중요하다고 느낀 것은 무엇인가요?(순천향대)
- 학교 신문 편집부 활동을 했다고 하였는데, 이때 쓴 기사가 있는지? 있다면 어떤 내용을 어떻게 썼고, 그 기사를 본 학생들의 반응은 어땠는지 설명해 주세요.(중앙대)
- 자치법정에서 판사를 한 이유는?(아주대)
- 찬조연설을 하였는데, 왜 직접 회장선거에 나가지 않았나요?(중앙대)
- 학교 **부장으로써 한 일은 무엇인가요?(충남대)
- 의미 있게 한 학교활동에 대해 말해 주세요.(충북대)

Q&A 69

학교생활기록부 7번 창의적 체험활동상황 중 동아리활동 관련 인성면접 문항들이 궁금합니다.

- 동아리에서 **에 관해 연구했네요. 기억나는 이론이 있나요?(건국대)
- 동아리 기장으로 활동했는데, 어떻게 뽑혔나요?(건국대)
- 동아리를 창설했던데, 그 과정에서 어려웠던 점은 무엇인가요?(경희대)
- 동아리에서 맡은 임무와 가장 헌신했다고 생각하는 경험은 무엇인가요?(동국대)

- 동아리에서 창의력을 키울 수 있었다고 하는데 창의력의 정의가 무엇인가?(광운대)
- 수학 자율동아리활동 중 다루었던 문제 중 어떤 문제가 가장 어려웠나요?(건국대)
- 동아리에서 실험을 했는데, 어떤 과정으로 실험했나요?(경기대)
- 생물학습 동아리에서 비타민C의 항산화효과에 대한 실험을 하였다고 했는데, 이러한 실험을 하게 된 동기와 실험방법을 설명해 주세요.(중앙대)
- 발효식품과 유산균을 주제로 연구활동을 하였는데 주제선정 이유와 준비하면서 배운 점은 무엇인가요?(동국대)
- 아두이노 활용한 태양과 블라인드 프로젝트에서 본인의 역할과 개발했던 내용은? (동국대)
- 동아리에서 만든 프로그램 가운데 가장 복잡한 프로그램과 그 과정에서 어떤 문제점들이 있었는지?(동국대)
- 동아리활동 중 공학 동아리 활동을 했는데, 건축에서 공학이 왜 중요하다고 생각하는가?(건국대)
- ** 동아리에서 ** 실험을 했는데, 그 실험을 통해서 배우고 느낀 점은 무엇인가요? (서울대)
- 3년 동안 교지편집부 활동을 해왔는데 이 활동을 통해 지원전공과 관련하여 어떠한 역량이 키워졌다고 생각하세요.(동국대)
- 3학년 동아리 활동에서 입체도형의 무게중심을 구하는 방법에서 적분의 개념을 활용하였다고 하는데, 구체적으로 어떠한 방법인지 설명해보세요.(동국대)
- 표의문자에 따른 중국 브랜드네이밍 방법과 글로벌 브랜드의 성공과 실패에 대한 연구활동을 했는데 구체적으로 설명해 보세요.(동국대)
- 철학자율동아리에서 권력과 폭력의 차이 이기적 사회에서의 윤리적 삶에 대해서 알아보았다고 되어있어요. 설명해 주세요.(동국대)
- 동아리에서 이산화탄소 분자량 특정을 하였는데 자세히 설명해 보시오.(동국대)

- 동아리에서 동대문 디자인 플라자, 건축물 외부를 둘러싼 첨단기술을 알아보았다고 하였는데, 그 과학적 원리는 우엇인지 말해 보세요.(동국대)
- 양심적 병역거부에 대해서 토론했다고 하는데, 본인의 입장과 토론의 전개과정을 구체적으로 말씀해주세요.(동국대)
- 시사토론 동아리활동을 하면서 어려웠던 점과 극복과정, 인공지능의 개발 제한에 관한 토론에서 어떠한 주장과 근거를 제시하였는가?(동국대)
- 경영경제 연구반에서 대형마트 매출 경쟁력의 원인을 조사하기 위해 소비자 설문조사를 했는데, 설문의 주된 내용은 무엇이었나?(중앙대)
- 3학년 학술동아리에서 덴마크 교육을 조사했다고 적혀있는데 학생이 교사가 되었을 때 실현하고 싶은 제도가 있나?(경인교대)
- ○○동아리를 개설하고 회장을 맡으며 리더 역할을 하였습니다. 그때 리더로서 발휘한 인성덕목을 가지고, 활동 상황을 이야기해 보세요.(광주교대)
- 또래 상담 동아리활동을 통해 배우고 느낀 점은 무엇이라고 생각합니까?(광주교대)
- 인문학 동아리와 인문학적 상상여행 동아리를 하셨다고 했는데 자신이 한 강연이 있다고 적혀있는데 구체적으로 무엇이었죠?(인천대)
- 자율동아리에서 비트코인에 대한 학생들의 인식과 대처방안을 알아보았다고 했는데, 준비과정과 어려웠던 점에 대해 말씀해 주세요.(동국대)
- 농축산물 한미FTA체결의 토론활동에서 반대의견을 제시했었는데요 찬성입장이라면 어떤 주장을 펼친다고 생각하세요?(동국대)
- 경제동아리 EDGE에서 여러 주제로 토론했는데 비트코인의 미래에 대해서 의견을 말해 주세요.(동국대)
- 모의주식투자반에서 경제이론 특히 자유지상주의와 정부개입주의를 중심으로 각 사회사상의 장점과 문제점을 비교 분석하였다고 하는데 구체적으로 설명하시오.(동국대)
- 동아리활동이 지원학과와 어떤 연관이 있나요?(부산교대)

- ** 동아리를 만들어 활동했는데 인원은 몇 명이고 만든 취지는 무엇이고 주로 어떤 활동을 했나요?(서울대)
- ** 동아리 이름은 무슨 뜻인가요? 가장 기억에 남는 활동이 있다면? (숙명여대)
- 자율동아리를 만들어 활동하며 사회학 이론을 적용한 칼럼을 작성하였다고 했다. 기아 문제에 대하여 어떤 내용으로 칼럼을 작성하고, 독자의 반응은 어떠했는가?(중앙대)
- 모의유엔 동아리 부장이자 의장으로 활동했다고 하였는데, 본인의 역할은 무엇이었나요?(중앙대)
- 영자신문 동아리에서 **에 대해 기사를 썼는데, 왜 이런 기사를 썼고 무슨 내용인가요?(중앙대)

Q&A 70

학교생활기록부 7번 창의적 체험활동상황 중 봉사활동 관련 인성면접 문항들이 궁금합니다.

- 꿈이 간호사인데, 교육봉사를 한 이유는 무엇인가요?(가천대)
- 봉사활동을 한 곳은 어떤 목적으로 설립되었으며 어떻게 운영되고 있는지 말해 보세요.(건국대)
- 자기소개서에 대학생활을 하면서 봉사활동을 병행하겠다고 했는데, 지원자가 생각하는 봉사란 어떤 의미인가?(경북대)
- 봉사활동 중 가장 의미 있었던 경험은 무엇인가?(경상대)
- 학생회활동도 하고 학업도 챙기고 봉사활동도 하려면 매우 힘들었을 텐데 어떤 방식으로 세 가지를 모두 했나요?(국민대)
- 봉사활동과 관련한 기록이 별로 없는데, 이에 대해 말할 수 있나요? (광주교대)
- 2학년 2학기 때 어린이 도서관 학습지도 봉사를 한 것으로 기재되어 있는데, 학습지도 과정 중 가장 힘들었던 점을 얘기해보고 그것을 어떻게 해결하였는지 설명해 보세요.(동국대)

- 1학년 때 같은 학급에서 장애가 있는 친구를 보조하는 역할을 했는데 활동 전과 후의 인식 변화가 있었다면 무엇인지 말해 보세요.(동국대)
- 교내(혹은 교외) 봉사가 거의 없네요. 그 이유는 무엇인가요?(동국대)
- 건설은 다양한 부분과의 협업이 필수적인 산업으로 리더십과 팀워 능력이 매우 중요합니다. 학생부의 여러 부분의 언급이 있는데요. 본인의 이런 역량에 대해서 말씀해 주세요.(동국대)
- 봉사활동이 자신에게 미친 영향은 무엇인가요?(삼육대)
- 지원자가 봉사활동을 하게 된 동기가 무엇인지 말해 보세요.(서울과기대)
- 봉사활동을 통해 얻은 것과 잃은 것에 대해 말해 보세요.(인하대)
- 학교에서 봉사활동을 의무적으로 채우게 되어 있는데, 이것이 과연 진정성이 있다고 생각하나요? 학생은 의무적으로 이를 해야 하는지 의견을 말해 보세요.(전남대)
- 학급을 위해 많은 봉사를 한 것처럼 보이는데, 어떤 역할을 했고 그렇게 활동한 이유는 무엇인가요?(중앙대)
- 지원자의 **봉사활동과 지원학과는 어떤 연관이 있다고 생각하나요? (중앙대)
- 외부 봉사가 없는데 왜 그런가요? 만약에 시간이 있었다면 해보고 싶은 봉사활동은 무엇인가요?(한국외대)
- 3학년까지 봉사활동을 했는데 공부에 지장이 있을 거란 생각을 하진 않았나요?(GIST)

Q&A 71

학교생활기록부 7번 창의적 체험활동상황 중 진로활동 관련 인성면접 문항들이 궁금합니다.

- 지원학과 관련 진로활동을 했던 경험을 말해 보세요.(경북대)
- 자신의 진로를 바탕으로 한 발표대회에 나갔다고 했는데, 무슨 내용으로 발표를 하였나요?(경희대)

- 지원학과에 관심을 갖게 된 계기(책, 사람, 기사 등)가 있다면, 소개해 볼까요?(경희대)
- 지원학과에 입학하기 위해 준비한 가장 대표적인 노력이 있다면, 하나만 소개해 볼까요?(경희대)
- **이 되는 데 학생이 가지고 있는 장점은 무엇이라고 생각하나요?(고려대)
- **학과를 지원했는데, **학자가 겪는 윤리적 문제에는 어떤 것들이 있을까요?(고려대)
- 2학년 진로활동을 살펴보면 반도체 연구원을 희망하며 교내 동계 과학 창의 동아리에서 실험을 진행하였는데 실험 및 탐구활동 수행 중 가장 의미가 있었던 활동은 무엇이었는지 말해 보세요. 의미 있었던 이유는 무엇인가요?(동국대)
- 법학과를 준비하며 모의법정 활동에 참여했다고 했는데 토론을 진행하며 알게 된 점은 무엇인가요? 또한 활동 중 사회문제에 대한 올바른 해결방식으로 본인이 제시한 것을 말해 보세요.(동국대)
- 웹툰작가나 드라마 작가 등에 관심이 큰데, 본인이 생각하는 일반적인 작가상하고 이쪽 분야와는 어떤 차이가 있는가? 아니면 다른 차이는 없는지요?(동국대)
- 본인이 생각하는 '빅데이터 전문가'란 무엇이며, 이 분야에서 통계학의 역할에 대해서 설명하시오.(동국대)
- 적정기술 아이디어 창출행사에서 역 물레방아라는 신재생 에너지를 고안했다고 했는데 구체적으로 소개해 주세요.(동국대)
- **이라는 꿈을 위해 무엇을 해왔고 어떤 사례가 있는지, 앞으로 무엇을 하고 싶은지 설명해 주세요.(서울대)
- 일반적인 교사가 갖춰야 할 자질과 국어교사가 갖춰야 할 자질을 말해 보세요.(서울대)
- 입학 후 어떤 부분을 공부하고 싶나요?(서울대)
- 학교생활기록부에 있는 활동 외에 진로와 연관된 활동이 있나요?(인천대)
- 난민과 관련하여 논설문을 작성하였다고 하였는데, 만약 우리나라에 난민들이 온다면 가장 문제되는 점은 무엇이라고 생각하는가?(중앙대)

Q&A 72

학교생활기록부 8번 교과학습발달상황 및 교과 세특 관련 인성면접 문항들이 궁금합니다.

- 기하와 벡터 실생활의 예를 하나만 들어보세요.(가천대)
- 가장 좋아하는 과목과 열심히 해도 성적이 잘 안 올라서 힘들었던 과목에 대해 말해 보세요.(가천대)
- 경영학과에서 수학과 영어는 어떤 관련이 있나요?(건국대)
- 엔트로피가 무엇인지 말하고, 엔탈피와 엔트로피의 단위를 말해 보세요.(건국대)
- 기하와 벡터 100점이 있네요. 정사영과 내적을 알죠? 내적 공식이 뭐죠? 두 개의 선이 있을 때 한 직선을 다른 직선에 내적 시키면 어떻게 되나요?(건국대)
- 다른 과목보다 평균적으로 사탐 과목 성적이 높은데, 좋아하는 과목을 순서대로 말하고 이유도 언급해 보세요.(건국대)
- 2학년 때 수학성적이 많이 떨어졌는데, 지원자가 생각하는 이유와 극복 방법은?(건국대)
- 3학년 때 성적이 떨어진 이유는 무엇인가요?(경기대)
- 화학과목에서 어느 파트가 흥미 있었나요?(경기대)
- 실험을 좋아한다 했는데 화학실험, 생명실험 과목의 성적이 낮은데, 이유는 무엇인가요?(DGIST)
- 다른 성적에 비해 한문, 역사 점수가 낮은 이유는 무엇인가요?(경희대)
- 수학성적이 중요한 **공학에 지원했는데, 수학성적이 낮네요. 이유는 무엇인가요?(광운대)
- 성적하락이 여러 교내대회를 한 것과 연관이 있나요?(국민대)
- 1학년부터 3학년까지 성적 향상을 위한 노력에 대해 말해 보세요.(동국대)
- 과제연구 과목에서 탐구활동에서 맡은 역할과 실험 과정에 대해 설명해 주세요.(동국대)
- 1학년 때부터 3학년 때까지 꾸준히 성적이 상승세를 보이는데 본인의 성적 상승의 비결은 무엇인가요?(한국외대)

- **학과에서는 물리와 화학이 중요한데, 3학년 때 물리를 선택하지 않았네요. **학부에 들어와서 다른 학생들에 비해 힘들지 않을까요?(동국대)

- 물리실험 과목은 이수자 수가 적어 좋은 결과를 성취하기 어려웠을 텐데 선택하여 이수한 이유는 무엇입니까? 수업내용 중 가장 기억에 남는 내용은 무엇이며, 이를 배우면서 느낀 점을 이야기해 보세요.(동국대)

- 물리II 교과를 왜 선택하지 않았나요?(건국대)

- 물리에 관심이 많다고 했는데, 물리II를 배우면서 가장 어려웠던 것은?(건국대)

- 2학년 미적분I 세특내용에 모둠대표로 논리적인 수학적 기호를 자신만의 언어로 수학화하여 친구들에게 설명하였다고 하는데, 설명한 내용 중 기억나는 수학적 기호를 설명해 보시오.(동국대)

- 기술가정과 제2외국어 과목의 성취가 매우 부족해 보이는데, 해당 과목을 열심히 하지 않은 것인가요? 그 이유에 대해서 이야기해 보세요. 이렇게 편식하여 공부하는 습관을 극복하려는 노력을 기울이지는 않았습니까?(동국대)

- 확률과 통계 시간에 노후건물의 위험성에 대한 보고서를 작성하면서 노후 건축물의 안정성을 보장하기 위한 다양한 방법을 제시하였다고 하였는데, 어떠한 방법이 있을까요? 분석 시 사용한 통계를 설명해보고, 제시한 방법들의 실현가능 확률도 말해 보세요.(동국대)

- 생명과학II를 이수하지 않았는데, 생명과학과 진학을 위해 정규교과 이외에 어떤 노력을 기울였는지요?(동국대)

- 화법과 작문에서 GMO를 옹호하는 식품공학자 글을 분석하였는데, 구체적인 내용과 느낀 점은?(동국대)

- 자신이 가장 자신 있는 수학 내용 주제를 뒤에 칠판에 쓰시오.(명지대)

- 독서와 문법I 시간에 협력학습 리더였다고 되어있는데, 어떻게 선발이 되었나요? 모둠을 이끌었던 노하우를 알려주세요. 또한 안전 불감증에 관한 기사문 분석에서 사용한

아이엔거의 개념 적용을 설명해 보겠어요? 이를 통한 대책은 무엇이 있을까요?(동국대)

- 문종과 신돈의 업적을 세종과 공민왕의 업적으로 잘못 가르쳐지고 있는 역사교육의 문제점에 대한 탐구보고서를 작성한 것으로 되어 있는데 어떤 내용인가요?(동국대)

- '사회문화'과목을 6단위 수강한 것으로 나와 있는데, 수업 내용에 가장 기억에 남는 것은 무엇인가요?(동국대)

- 심화영어 회화 수업에서 OECD나라별 GDP대비 복지지출현황에 대해 조사하였는데 어떤 방법으로 조사하였는가요?(동국대)

- 내신 성적에서 영어가 눈에 띄는 데 본인의 영어 실력이 어느 정도라고 생각하나요? (한국외대)

- 한국사 시간에 조선시대 회계와 조세감면에 대해 발표했는데 자세히 설명해 주세요. (동국대)

- 3학년 때 경제를 배웠으니 환율에 대해 알죠? 환율이 상승하면 기업에 어떤 영향을 미치는지 말해 보세요.(상명대)

- 학교생활기록부를 확인하니 **부분에서 선생님께서 잘 써주셨는데 왜 그런 거 같나요?(서울과기대)

- 학교에서 배운 윤리와 사상 과목에서 가장 기억에 남는 사상가와 사상을 소개해 보세요.(서울대)

- 경영에 관한 다양한 도서를 탐독했다고 하였는데, 이 중 자신이 본받을만한 경영철학이 언급된 책이 있다면 어떤 내용이었는지 언급해 보세요.(중앙대)

- 지리학과에 지망했는데 과학은 1등급인데, 지리가 3등급이었던 이유는?(건국대)

- 일본어나 기술·가정 과목의 성적이 다른 과목에 비해 왜 저조한지?(동국대)

Q&A 73

학교생활기록부 8번 교과학습발달상황 및 개인별 세특 관련 인성면접 문항들이 궁금합니다.

- 과제연구 과목에서 탐구활동에서 맡은 역할과 실험 과정에 대해 설명해 주세요.(동국대)
- **탐구보고서를 작성했는데, 이 보고서의 내용과 결론을 간단하게 설명해 보세요.(UNIST)
- 본인의 과제탐구 활동의 구군별 불평등 상황을 장하준 교수의 나쁜 사마리아인과 연결시켜 설명할 수 있나요?(중앙대)
- '원자력의 미래 발전방향' 탐구보고서를 작성했는데 자세히 설명해보세요.(경희대)
- 사회과제연구를 진행했는데, 연구한 내용을 요약하고 느낀 점을 말해 보세요.(숙명여대)
- 공유경제에 대한 탐구보고서를 작성했는데, 제조업에서 공유경제가 어떻게 쓰일 수 있는지 말해보세요.(가천대)
- 단일민족의식이 히틀러의 게르만주의처럼 배타적 민족주의가 아니라 일제강점기에 우리 민족을 지키기 위한 수단이고 통합의 기능이 있는데 왜 이것을 벗어나야 하는가? 논문 작성 시 이런 점을 생각해 보았는가?(중앙대)
- 자기소개서에 궁금한 내용이 있는데 위안부 관련해서 사회과 프로젝트를 했네요. 그 중에서 일본 측의 입장에서 한국을 어떻게 설득했는지 말해 봐요.(국민대)
- 과제탐구에서 언급된 지역을 활성화시키기 위한 방안을 SWOT분석을 활용해서 말해 보아라.(인하대)

Q&A 74

학교생활기록부 9번 독서활동상황 관련 인성면접 문항들이 궁금합니다.

- **의 저자는 무엇을 알려주려고 책을 썼다고 생각하는가?(가천대)
- 3년 동안 읽었던 책 중 가장 인상 깊었던 책은 무엇인가?(가천대)

- **학과 지원 시 가장 영향을 준 책을 소개해 주세요.(고려대)

- 전공과 관련된 책 중에서 가장 기억나는 책이 있다면?(건국대)

- ** 작가의 책을 많이 읽었는데, 특별히 그 작가를 좋아하는 이유가 있는가?(건국대)

- 지원자가 **학과 관련 독서가 부족하다고 여겨지는데, 어떻게 생각하는가?(건국대)

- 최근에 읽었던 책 제목과 내용에 대해 말해 보세요.(경기대)

- ** 책의 내용 중 가장 중요한 구절은 어떤 것이라 생각하나요?(경기대)

- 후배들에게 추천해주고 싶은 책이 있나요?(동국대)

- 읽은 책 중에서 존경하는 인물이 있다면 누구이고, 그 책을 읽고 든 생각은 무엇인가요?(동국대)

- 자신에게 가장 큰 영향을 준 책 3권을 뽑았는데, 책을 고를 때 기준이 있는가?(서울대)

- '국가란 무엇인가'라는 책을 읽었는데, 그 책을 읽고 나서 지원자가 생각하는 국가의 역할은 무엇이라고 생각하는가?(중앙대)

- 마키아밸리의 〈군주론〉을 읽었는데, 가장 인상적인 내용은 무엇이었는지 말해 보세요. 저자가 그 내용을 통해 말하고 싶었던 것은 무엇이었다고 생각하는 자신의 의견을 말해 보세요.(동국대)

- 〈금오신화〉의 다섯 단편 모두가 김시습이 바랐던 이상세계가 그려져 있다고 했는데, 이에 대한 자세한 설명을 해보세요.(동국대)

- 독서활동에서 나쓰메 소세키에 대한 내용이 있는데 어떤 작가인지? 대표작품은 무엇인가요?(동국대)

- 장샤오쏭의 '중국 소수민족의 눈물'을 읽고, 어떤 부분이 가장 인상에 남는가요?(동국대)

- 하승수의 '청소년을 위한 세계인권사'를 읽은 것으로 나와 있는데 가장 기억에 남는 내용과 그 내용을 사회학과 어떻게 연결될 수 있다고 생각하세요.(동국대)

- 학생이 공자의 '논어'를 읽었다는 것이 참 인상 깊은데, 두 가지 질문을 해볼게요. 첫 번째로 논어를 읽고 무엇이 가장 인상 깊었는지, 그리고 두 번째로, 학생의 삶에 어떠한

영향을 주었는지에 대해 대답해 보세요.(중앙대)

- '아덴만의 여명'이라는 책을 읽었는데 소말리아 무정부 상태가 현재에도 심각하고 난민 문제까지 국제 사회의 이슈가 되고 있어요. 그 해결방안은 뭐가 있을까요?(중앙대)

- 책을 원서로 읽었다고 했는데 번역본도 읽어보았는가? 그렇다면 번역본과 원서를 대조 했을 때 수정하고 싶은 부분이 있었나요?(한국외대)

- 트렌드 코리아에서 가장 인상 깊은 트렌드는? 이를 이용해서 광고를 만든다면?(동국대)

- 인상 깊은 경영에 대한 책과 책 줄거리와 깨달은 점은?(경희대)

- 애덤스미스 책을 읽었는데, 비판할 점은 없었나?(중앙대)

- 독서활동에서 '영화 속의 바이오테크놀러지'를 읽었는데 내용과 느낀 점에 대해서 설명 해 보세요.(동국대)

- 〈요리로 만나는 과학 교과서〉를 읽었는데, 책의 사례를 들어 교과 시간에 배운 과학 개 념에 대해 설명해 보세요.(동국대)

- 토목공학 관련 서적을 비롯하여 독서량이 적지 않은 편입니다. 가장 기억에 남는 독서 의 내용과 본과와 연관성이 깊은 내용들이 있으면 말씀해 주세요.(동국대)

- '박사가 사랑한 수식'에서 박사가 사랑한 수식이 무엇이었는가?(서울대)

- '청소년을 위한 천문학 여행'이란 책을 읽었는데, 우주배경복사에 대해 알게 된 것 은?(경희대)

- '나이팅게일의 눈물'이라는 책을 읽고 인상 깊었던 구절이 있으면 말하시오.(순천향대)

- 니코마코스 윤리학에 드러난 아리스토텔레스의 사상 중 지원자가 가장 중요하다고 생 각하는 것 한 가지를 말해 보세요.(서울대)

- 대회를 준비하면서 찾아 읽은 ** 책이 어떻게 도움이 되었나?(서울대)

- 수능 끝난 후 읽은 책이 있는가?(충남대)

- 그 유명한 서머힐을 읽었는데, 서머힐의 제도 중에 한국 교육에 도입해야 할 게 뭐가 있다고 생각해요?(경인교대)

- '교사 상처'라는 책을 읽고 교직에 대해 변하게 된 가치관이 있나요? (경인교대)
- '삶을 위한 국어교육'이라는 책을 읽고 고전교육에 대한 올바른 방향성에 대해 생각해 보았다고 했는데 이에 대해 말해 보세요. (서울대)

Q&A 75

학교생활기록부 10번 행동특성 및 종합의견 관련 인성면접 문항들이 궁금합니다.

- "학교 봉사활동 외 개인봉사활동 시간이 거의 없음"이라고 기록되어 있는데, "노블리스 오블리제"라는 말을 알고 있나요?
- 우리나라는 경제적 상류층이 왜 존경받지 못한다고 생각하나요?
- 지원자가 사회적·경제적 약자를 위해 활동한 경험이 있나요? 아니면 학교에서 누군가를 도와준 경험이 있나요?
- "자존심이 강하고 합리성을 추구하여 불필요한 시간 낭비를 아까워 하다가 단체 활동에 불참한 적이 있어 급우들과 약간의 갈등이 있으나..."라고 기록되어 있는데, 학교생활을 하면서 친구들과 불화를 겪은 적이 있나요?
- 불화를 해결하기 위해 어떠한 노력을 했나요?
- 친구가 지원자와 반대 의견을 계속 내세운다면 어떻게 하겠어요? 이와 유사한 경험이 있나요?
- "1학년 학급단합대회 부반장으로 리더십을 발휘하여 모든 학생들이 다양한 활동에 참여하도록 함"이라고 기록되어 있는데, 어떤 역할을 수행했나요?
- 리더십을 발휘할 때 반장과 부반장은 어떤 역할 구분이 있나요?

이처럼 학생부종합전형 서류 확인면접에서는 서류에 기록되어있는 학생의 교내활동에 초점을 맞추어 학생이 배우고 느낀 점, 활동 과정, 갈등 상황, 가치관

등을 질문하게 됩니다. 따라서 학생부종합전형 서류 확인면접은 정해진 답이 있는 것이 아니라 학생 본인이 활동한 교내활동에 대한 진솔하고 구체적인 답변을 제시한다면 좋은 면접답변이 될 수 있습니다.

PART 6

계열별 면접 대비 전략
(심층면접 포함)

·
·
·

평소 충분한 여유를 가지고 준비하고자 할 경우,

어떠한 면접준비법이 있을까

[인문사회계열]

Q&A 76

인문 및 사회계열 면접의 특징이 궁금합니다.

인문계열의 경우, 인문분야에 대한 통합적 사고, 현대사회의 이슈를 질문하여 새로운 지식을 같은 진로를 가지고 있는 학생들과 토론해보면서 이를 정리하여 자신만의 의견을 가지고 있는지 면접으로 확인합니다. 인문계열 면접은 결국 '나'의 답변이 얼마큼 면접관을 설득할 수 있는 논리적인 것인가가 중요하다. 따라서 답변하는 내용의 논리력의 완성도를 높이기 위해 고민하고 이를 위해 사용하는 근거들의 타당성을 스스로 검증하는 과정이라고 생각하고 자신의 주장을 잘 정리하고 발표하는 연습이 중요합니다.

Q&A 77

인문 및 사회계열 제시문 면접의 특징에 대해 궁금합니다.

인문계열 제시문(인문학, 사회과학)은 그 내용을 정확하게 독해하는 과정이 중요합니다. 제시된 다양한 성격의 제시문을 바탕으로 질문에 의도하는 바를 정확하게 구술하는 적절성과 동시에 현실에 적용할 수 있는 응용력을 평가한다고 볼 수 있습니다. 따라서 산술적인 정답이 존재하지 않기 때문에 제시문 자체의 난이도를 측정하는 것은 의미가 없습니다.

[서울대학교 일반전형 제시문 면접]

〈인문학1〉

(가) 백남준의 예술은 음악에서 출발하여 실험적 해프닝을 거치며 시각적 요소가 접목되어 새로운 영역을 열었다. 그는 자신이 추구하는 음악에 모두가 함

께 눈으로 볼 수 있는 행위를 덧붙이고자 하였다. 그의 예술 세계는 음악이라는 청각적 요소와 행위라는 시각적 요소가 결합된 일종의 복합적 형태로 확대된다. 실제로 백남준은 공연 도중 피아노와 바이올린을 부수거나 관객의 넥타이를 자르는 등 기존 음악이 추구하는 미적 질서를 파괴하기도 했다.

(나) 오페라의 탄생은 르네상스 시기 피렌체의 인문주의자 모임 '카메라타'*에서 비롯되었다. 이들은 그리스 비극을 공연예술이 다다를 수 있는 최상의 상태라고 생각했기에 글로만 전해졌던 그리스 비극을 무대 위에 복원하고자 했다. 하지만 그리스 비극의 공연 방식에 대해 알려진 바는 많지 않았다. 배우들과 '코러스'라 불렸던 무대 위의 배역들이 소박한 반주에 맞춰 간단한 선율의 노래로 대사를 전달했고, 코러스는 춤을 추기도 했다는 정도가 고작이었다. 따라서 완벽한 복원이 목표였다 해도 르네상스 시기의 악기로 구성된 오케스트라가 동원되고 당대의 발전된 화성 기법이 활용되는 것은 피할 수 없었다. 그리하여 그 첫 성과인 『다프네』가 개봉되었을 때 카메라타 회원들은 그리스 비극의 '완벽한 복원'을 마주하고 크게 환호했다. 오래지않아 '재탄생한 그리스 비극'들은 '오페라'로 불리기 시작했다.

*카메라타: '카메라[방]에 모인'이란 의미의 이탈리아어이다.

(다) 가야금을 연주하며 미술을 하는 정자영 작가의 『견월망지(見月望指)』가 전시된다. '견월망지'란 달을 보게 되면 달을 가리키던 손은 잊으라는 동양사상의 표현이다. 작가는 컴퓨터 기술을 활용하여 가야금 소리를 데이터로 만들고 이미지들을 창조한다. 이를 스크린에 투사함으로써 한국인의 정신세계를 예술로 승화시킨다.

[문제 1] (가)와 (나)는 새로운 예술 양식의 출현을 서술하고 있다. 각각에 나타난 융·복합의 양상을 설명하고, 이를 고려하여 (다)에 소개된 견월망지의 특징

을 말하시오.

[문제 2] (가)와 (나)는 예술 융·복합이 지속가능성의 관점에서 비교적 성공을 거둔 사례이다. 이러한 사례로부터 예술 융·복합 기획의 성공 여부를 판단할 수 있는 기준 하나를 도출해 설명하시오(제시문들의 사례를 포함한 현실에서의 예시를 사용할 수 있음).

[문제 해설]

- 개념 : 융복합, 비교, 예술, 장르간 교섭, 전통의 계승과 재창조, 총체적 예술, 지속가능성, 장르, 브랜드, 대중화

- 제시문들은 모두 새로운 예술 양식의 출현을 서술하고 있습니다. (가)는 음악과 다른 양식과의 결합을 통한 융·복합의 시도를, (나)는 현재적 관점에서 전통에 대한 재해석을 통해 탄생한 융·복합의 성과를 각각 그 핵심 내용으로 삼고 있습니다. (다)는 (가)와 (나)에서 발견되는 융·복합의 양상을 모두 갖춘 기획의 사례에 해당합니다. 학생이 각 제시문을 통해 융·복합의 양상을 파악하고 각각에 나타난 유사점과 차이점을 이해하고 있는지 평가합니다.

- 창작자의 입장에서는 창작 의도가 특정한 융·복합적 시도에서 실현되었다면, 이를 성공이라고 부를 수 있을 것입니다. 하지만 예술의 영역은 창작자, 수용자, 비평계, 예술 전시업계, 그리고 후원자 등 다양한 주체들이 상호작용하는 공간입니다. 이 영역에서 융·복합적 시도를 평가하기 위해서는 지속가능성을 고려할 필요가 있습니다. 학생이 좀 더 통합적이고 장기적인 전망에서 예술에서의 융·복합 기획의 성취를 평가할 수 있는 기준에 대해 생각해 보도록 유도하고, 적절한 기준과 주제어를 활용하여 자신의 의견을 피력할 수 있는지 평가합니다.

[예상 답변]

[문제 1] (가)는 음악과 행위, 즉 시각과 청각이라는 감각의 결합을 통해 융복합의 예술 양식을 보여주고 있습니다. (나)에서는 과거 그리스의 비극을 르네상스 시대의 기법과 방법으로 재창조하는 모습이 나타나며, 이는 과거와 현재가 결합되어 발생한 융·복합 예술의 양식을 보여줍니다. 이러한 융복합의 양상을 고려하여 (다)의 '견월망지'는 (가)에서 나타난 감각의 결합을 통한 융복합의 예술 양식과 (나)에서 나타난 과거와 현재가 결합한 융·복합의 예술 양식을 모두 가지고 있습니다. 가야금 연주라는 청각적 심상과 스크린 투사를 통한 시각적 심상을 접목하였고, 전통 악기인 가야금을 컴퓨터 기술을 통해 현대적으로 생산하여 전통의 계승과 재창조를 보여 주고 있습니다.

[문제 2] 창작자의 입장에서는 창작 의도가 특정한 융·복합적 시도에서 실현되었다면 이를 성공이라고 볼 수 있을 것입니다. 하지만 예술의 영역은 창작자뿐만 아니라 수용자, 비평계, 예술 전시업계 그리고 후원자등 다양한 주체들이 상호작용하는 공간입니다. 이러한 예술의 영역에서 융·복합 기획의 성공 여부를 판단하기 위해 지속가능성을 고려할 필요가 있습니다. 백남준의 예술이나 오페라는 그 예술성을 넘어 오랫동안 수용자들이 향유하였고, 비평계와 예술 전시업계 등이 백남준의 예술과 오페라 등을 지속적으로 주목하였습니다. 이러한 예술 융·복합의 성공 기준 중 하나라 할 수 있는 지속가능성은 예술의 대중화가 함께 이루어져야 가능합니다. 오늘날 미술관은 기존의 2D와 같은 미술 작품의 전시에서 벗어나 음악, 영상, 또는 현장공연 등 다양한 장르의 전시로 변모하고 있습니다. 최근에는 VR과 현대미술이 접목하여 수용자의 참여를 이끌어내어 수용자와 생산자의 경계를 허물고 있기도 합니다. 이러한 전시회가 지속적으로 기획되고 소비되는 이유는 예술이 대중성을 띠고 있기 때문입니다. 융·복합 전시회가 시작되면서 대중들은 예술에 조금 더 쉽게 다가가고 있습니다.

〈인문학2〉

(가) 유세(遊說)*의 어려움은 상대방의 마음을 잘 파악하여 그 마음에 꼭 들어맞게 내 주장을 하는 데 있다. 상대방이 명성을 얻고자 하는데 이익을 얻도록 설득한다면 상대는 나를 식견이 낮은 속된 사람이라고 가볍게 여기며 멀리할 것이다. 이와 반대로 상대방이 이익을 얻고자 하는데 명성을 얻도록 설득한다면 상식이 없고 세상 이치에 어둡다고 받아들이지 않을 것이다. 상대방이 속으로는 이익을 바라면서 겉으로는 명성을 원할 때, 명성을 얻는 방법으로 설득한다면 겉으로는 받아들이는 척하겠지만 속으로는 멀리할 것이며, 이익을 얻는 방법으로 설득한다면 속으로는 의견을 받아들이면서도 겉으로는 나를 꺼려할 것이다. 유세객은 이러한 점들을 잘 새겨두어야 한다.

*유세(遊說): 제후의 나라를 돌아다니며 자기의 의견을 말하여 제후를 설득하는 일

(나) 한 번은 제가 의사들과 함께 어떤 환자를 찾아갔답니다. 고통스러운 치료를 받아야 하는 환자였는데 의사들이 설득하지 못해서 결국 제가 설득을 했지요. 연설기술로 말입니다. 만약 아테네 민회나 다른 어떤 집회에서 말로 경쟁을 시켜서 의사를 선발한다면, 연설기술에 능한 사람과 의술에 능한 사람 중에서 연설기술에 능한 사람이 선발될 것이라고 단언합니다. 연설 기술에 능한 사람은 무엇에 관해서든 대중 앞에서 어떤 장인들보다도 더 설득력 있게 말할 수 있으니까요. 이 기술의 힘은 그토록 크고 대단한 것이랍니다.

(다) 어떤 음식을 먹는 것이 좋은지에 대한 전문가를 정하기 위해서 아이들이나 아이들처럼 지각없는 사람들 앞에서 의사와 요리사가 경쟁을 벌인다면, *의사는 굶어 죽을 수도 있을 겁니다. 의술은 실제로 좋은 음식이 무엇인지를 알고 그것을 제공해줍니다. 하지만 상대방은 그것을 싫어할 수도 있지요. 반면에 요리술은 사람들한테 좋아 보이는 음식이 무엇인지를 알고 그것을 제공해줍니다. 상대방은 좋아하겠지요. 요리술은 아첨의 기술입니다. 그리고 저는 요리술과 의

술의 관계가 연설기술과 정치술의 관계와 같다고 주장합니다. 연설기술도 아첨의 기술인 것이지요.

*고대 그리스에서는 식이요법이 의사의 중요한 의료행위였다.

[문제 1] (나)의 화자는 의사가 설득하지 못한 환자를 자신이 설득했다고 주장한다. 그의 말이 사실이라면, (가)를 고려하여 그가 어떻게 설득에 성공할 수 있었을지 구체적인 상황을 가정하여 설명하시오.

[문제 2] (다)의 화자는 (나)의 화자가 정치에 나서는 것을 반대할 것이다. 반대하는 이유가 무엇일지 설명하고, 그러한 반대가 정당한지에 대한 자신의 의견을 개진하시오.

[문제 해설]

• 개념 : 유세(遊說), 설득, 상대방의 마음 파악, 한비자, 연설기술, 경쟁, 고르기아스, 전문가 실제로 좋음과 좋아 보임, 소크라테스, 플라톤, 정치술, 유비, 유추, 비판적 사고
• 성공적인 설득을 위해서는 상대방의 마음을 잘 파악해야 한다는 것을 이해하고, 이해한 내용이 구체적인 설득 과정에 적용되도록 상황을 구성할 수 있는지 평가합니다.
• (다)의 화자가 연설기술과 정치술을 어떻게 대비하고 있는지를 지문으로부터 유추할 수 있는가를 평가합니다. 그리고 연설기술에 능한 사람이 정치에 나서는 것에 대한 (다)의 화자의 반대를 비판적으로 검토할 수 있는지 평가합니다.

[예상 답변]

[문제1] (가)에서 유세, 즉 설득 기술의 중요성을 주장하는데, 그 중 상대방의 마음을 잘 파악하는 것이 중요하다고 말하고 있습니다. (나)의 화자는 의사도 설득하지 못한 환자를 설득시키는 데에 성공했는데, 환자에게 의학적인 입장에

서만 다가간 의사와 달리, (나)의 화자는 환자의 마음을 이해하는 방법으로 다가갔기 때문입니다. 환자는 치료의 과정이 너무나 고통스럽기 때문에 이를 포기하고 싶었을 것입니다. 반면 의사는 환자의 고통과 걱정, 두려움을 이해해 주지 않고 단순히 환자의 몸에 발생한 병에만 집중했을 것입니다. 이에 환자는 치료를 더더욱 거부했을 것입니다. 하지만 (나)의 화자는 아마도 병의 문제가 아닌 환자의 마음에 중심을 잡고 이야기를 시작했을 것입니다. 고통을 피하고 싶어하는 환자의 의도를 정확히 파악한 후 이를 이해한다는 방향으로 이야기를 풀어갔을 것입니다. 그리고 당장의 고통을 피했을 때 생기게 되는 향후 문제가 더욱 큰 고통으로 돌아오게 될 것이라고 설명하며 환자를 설득했을 것입니다.

[문제2] (다)의 화자는 의사와 요리사를 비교하며 연설기술을 아첨이라고 주장합니다. 지각없는 사람들은 실제 도움이 되는 음식보다 당장 입에 맞는 맛을 중시한 요리를 고를 수 있기 때문에 의사보다 요리사의 승리를 예상할 수 있습니다. 이를 화법에 적용한다면 상대방에게 듣기 좋은 말만 해 준다는 점에서 연설기술과 요리술은 같다고 볼 수 있습니다. 이러한 사람들이 정치에 나선다면 내실 없이 화려한 언변으로만 사람들을 현혹시킬 것이라고 보기에 (다)의 화자는 (나)의 화자가 정치에 나서는 것을 반대할 것입니다. 저는 이러한 (다)의 입장에 찬성합니다. 몸에 좋은 약은 입에 쓰기 마련이고, 내게 도움이 되는 말은 쓴 약처럼 듣기 싫을 수도 있습니다. 하지만 결국 자신에게 도움이 되는 것은 쓴 약과 충고 한 마디입니다. 연설기술만 훌륭한 정치가들이 과연 현실적인 측면에 도움이 될 지 의문입니다. 대중의 마음을 빼앗는 연설만으로 정치를 할 수 없습니다. 현 정책의 문제점을 지적하고 개선해 낼 수 있는 냉철한 분석의 눈과 기술이 필요합니다. 또한 이를 우리 삶에 적용할 수 있는 적용력과 추진력이 요구되는 직업이 바로 정치가입니다. 그렇기에 연설기술만 우세한 사람이 정치에 나서는 것은 자칫 위험할 수 있기에 저는(다) 화자의 의견에 찬성합니다.

(가) Efficiency is the ability to avoid wasting material, energy, effort, money and time in doing something or in producing a desired result. In general, it is a measurable concept, quantitatively determined by the ratio of useful output to total input. Efficiency can be improved by adopting better technologies, re-allocating* input, providing proper incentive schemes, and so on.

* re-allocate : 재배분하다

(나) 경제불황에 따른 실업으로 인한 복지비용이 늘면서 재정악화를 경험하는 국가들이 늘고 있다. 그 결과 실업자의 노동 시장 참여를 더 높이는 방향으로 관련 제도를 개선하려는 노력이 있었다. 최대 3년 간 실업보험급여를 제공하는 덴마크는 실업급여 수급 6개월 이후부터는 실업자에게 직업훈련을 제공하고 고용주에게 임금 보조금을 지급하여 조기 재취업을 적극 유도하고 있다.

(다) 비만이나 흡연 등으로 인한 만성질환 관련 의료지출이 크게 늘어감에 따라 개인이 스스로 건강한 행위를 하도록 인센티브를 사용하는 정책들이 도입되고 있다. 비만 관련 질병 치료에 보건 예산의 5퍼센트를 쓰는 영국 정부는 〈Pounds for pounds〉라는 프로그램을 통해 체중감량 후 2년 동안 감소한 체중을 유지하는 사람에게 1인당 최대 425파운드를 지급했다.

[문제 1] (가)의 설명에 근거하여, (나)와 (다)에서 제시된 정책들의 취지를 설명하시오.

[문제 2] (나)와 (다)에서 제시된 정책들의 공통적인 한계가 무엇인지 말하고, 이를 개선하기 위한 방안을 논하시오.

[문제 해설]

- 개념 : 복지 제도, 복지 지출, 효율성, 사회보험, 경제적 유인(incentive), 생산적 복지, 노동정책, 보건정책, 재정 건전성, 공정성, 형평성, 바람직한 경제적 유인제도

- (가)는 효율성을 '투입 대비 산출을 높이는 능력'으로 정의한다. 그리고 효율성 개선 방안으로 적절한경제적 유인의 제공을 한 예를 들었습니다. 일반적으로 경제적 유인은 사람들의 행동을 특정한 방향으로 유도하도록 동기를 부여하는 요인이나 제도를 말합니다. 이 개념을 활용하여 (나)와 (다)에서 제시한 사례들이 복지 정책의 효율성을 높이기 위한 정책이라는 점을 논리적으로 설명할 수 있는지 평가합니다.

- (나)는 실업기간이 6개월 이상인 실업자에게 임금 보조금이라는 인센티브를 제공하고 재취업을 유도하여 실업보험 지출을 절감하는 것이 목적입니다. (다)는 체중 감량에 대한 금전적 보상을 통해 건강증진을 도모하고 결과적으로 의료비 증가에 따른 재정 부담을 줄이자는 취지를 가집니다. 두 유형의 정책 모두 추가적인 복지 지출이 필요합니다. 그러나 정부는 재취업이나 건강증진을 유도하여 복지 지출을 절감할 수 있고 개인들은 취업과 건강이라는 물질적, 비물질적 혜택을 얻게 됩니다. 이러한 절감과 혜택의 금전적 가치는 추가적인 지출액보다 클 것입니다. 제시문 (가)에서 효율성으로 정의한, 투입 대비 산출의 비중이 높아질 것입니다. 따라서 소개된 유인 제도는 해당 복지 정책의 효율성을 개선할 수 있습니다.

- (나)와 (다)는 복지 정책의 효율성을 개선하는 장점이 있지만 한계도 지닙니다. 목표가 상이한 두 정책 사례로부터 공통적인 한계를 논리적으로 찾을 수 있는지를 평가합니다. 또한 이를 개선하기 위한 창의적인 생각을 유도하여 평가합니다. 두 정책 사례에서 공통적으로 찾을 수 있는 한계는 공정성의 문제입니다. 적극적인 재취업과 건강관리는 스스로 해야 하는데 납세자가 낸 세금이나 유인 혜택을 받지 못하는 사람들도 참여한 기금으로 인센티브를 지급하는 것은 나태한 행동에 대한 불공정한 보상일 수 있습니다. 관점을 달리해서 보자면, (나)에서 장애 등으로 근로 능력을 상실한 실업자나 (다)에

서 어쩔 수없이 질병을 앓고 있는 환자에게는 경제적 유인의 혜택이 제공되지 않는 불공정이 예상된다는 답도 가능합니다. 또 다른 한계로 지적할 수 있는 것은 개인 의지의 상실 가능성입니다. 정책의 효과가 있다면 개인이 인센티브에 잘 반응한 것입니다. 따라서 인센티브가 줄거나 중단된다면 다시 실업 기간이 늘거나 체중이 증가하는 문제가 예상됩니다. 그 외의 답변이 있을 수도 있고 이 경우에는 논리적으로 설명하는지를 따져봐야 할 것이다. 한편 이러한 한계를 개선하기 위한 방안으로는 복지 혜택에서 세금으로 지불되는 금전적인 인센티브가 아닌 비금전적인 유인제도 마련, 배제되는 사람들에 대한 선별적 지원, 인센티브의 효과가 오랫동안 지속될 수 있도록 하는 유인제도 개선 등을 들 수 있습니다. 그 밖에 다양한 답변이 가능하며, 답변들이 설득력이 있는지, 창의적인지, 그리고 현실에서 실천 가능한지 등을 고려하여 평가합니다.

〈사회과학2〉

(가) 시력저하로 인해 글쓰기가 어려워진 니체는 타자기를 주문했다. 일단 타자 기술을 익히고 나니 눈을 감은 채 손가락 끝만으로도 글을 쓸 수 있었다. 머릿속 생각들을 다시 종이에 문자로 옮길 수 있게 된 것이다. 이 새로운 기기는 그의 저술에 미묘하지만 분명한 영향을 끼쳤다. 니체의 산문은 보다 축약되고 간결해졌다. 마치 일종의 불가사의한 힘을 통해 기계의 힘이 종이에 찍히는 단어로 옮겨가는 듯했다. 니체의 가까운 친구이자 작곡가인 쾨젤리츠는 편지에 다음과 같이 썼다. "아마도 이 기기를 이용하면서 자네는 새로운 언어를 갖게 될 것이네. 음악과 언어에 대한 나의 생각들은 펜과 종이의 질에 의해 종종 좌우되곤 하지."

(나) 영국 연구자들은 택시 운전사들이 주변 상황을 파악하는 데 기억보다 지도에 더 의존할수록 공간 파악 기능을 담당하는 뇌 부분이 해부학적·기능적으로 확연히 변화한다는 점을 발견했다. 공간의 생김새를 처리하는 부분이 쪼

그라들지만 복잡하고 추상적인 시각 정보를 파악하는 부분은 확장된다는 것이다. 이는 지도의 확산을 계기로 공간을 추상화하는 사고능력이 어떻게 발전했는지를 설명해 준다.

(다) An eyetracking study recorded how 232 users looked at thousands of web pages. The study found that their eyes moved at amazing speeds across the websites' words in a pattern that is very different from what we learned in school. Following is a study participant's Fshaped gaze[1] plot[2]. Each dot signifies[3] a fixation[4]. Larger dots represent longer fixations.

[1]gaze: 시선, [2]plot: 도면, 도표, [3]signify: 의미하다, [4]fixation: 고정된 상태

[그림] An eyetracking gaze plot of a study participant

[문제 1] (가)와 (나)의 공통적인 논지를 설명하시오.

[문제 2] (다)의 실험결과가 보여주는 행동 패턴이 가져올 영향에 대한 자신의 의견을 [문제 1]의 답변을 토대로 개진하시오.

[문제 해설]

- 개념 : 도구, 기술, 사고능력, 뇌 과학, 공간, 추상화, 타자기, 종이, 펜, 지도, 읽기 습관, 훑어 읽기, 깊이 읽기, 아이트래커, 사고능력, 정보습득
- (다) 지문 해설 : 시선추적 연구는 232명의 사용자의 수천 개의 엡 페이지를 보는 방식을 기록했습니다. 그 연구에서 사용자의 시선(눈동자)은 웹사이트에서 아주 빠른 속도로 움직인다는 것을 알아냈고, 이 움직임은 우리가 학교에서 배웠던 것과 매우 다른 방식의 패턴입니다. 다음은 실험 참가자들의 F-shaped 시선 도표입니다. 각각의 점은 시선(눈동자)의 고정을 나타냅니다. 더 큰 점은 더 긴 시선(눈동자)의 고정을 나타냅니다.

• (가)와 (나)는 각각 도구의 사용이 사고형성에 어떠한 영향을 주었는지를 소개하고 있습니다. 니체의 타자기사용은 글쓰기에 영향을 주었고, 지도를 적극적으로 사용하는 택시 운전자들은 공간 추상화 사고능력이 발달되었으며, 이와 관련된 뇌 구조의 변화가 있었음이 밝혀졌습니다. 학생들이 두 개의 제시문을 통해 '도구의 사용이 사고 형성에 영향을 주었다'는 내용을 파악하고 있는지 평가합니다.

• (다)의 실험결과는 온라인에서의 글 읽기 습관이 학교에서 배운 것처럼 선형적인 '깊이 읽기'가 아니고 '훑어 읽기' 방식임을 보여주고 있습니다. 그림에서 볼 수 있듯이 인터넷의 사용자들은 텍스트의 모든 내용을 읽는 것이 아니라 필요한 부분만 찾아 읽어 내려갑니다. 우리가 인터넷을 통해 접하는 정보는 방대하고 비선형적으로 구조화되어 있어 온라인에서의 글 읽기는 짧은 시간 동안 빠르게 훑어 읽는 방식으로 바뀌고 있는 것입니다. 이러한 습관은 온라인에서의 읽기뿐만 아니라 다양한 정보를 습득하는 방식에도 영향을 줄 수 있는데, 그것이 갖는 긍정적인 측면과 부정적인 측면을 추론하는 능력을 평가합니다.

[예상 답변]

[문제 1] (가)와 (나)는 모두 도구의 사용(발달)이 인간의 사고방식에 영향을 준다는 공통점을 지니고 있습니다. (가)에서는 니체가 타자기를 사용하게 되면서 산문 스타일이 전과는 달라졌음을 이야기하고 있습니다. 이는 아마도 자신의 생각을 표현한 글을 몇 번씩이나 반복해서 고쳐 쓸 때와 달리, 자신의 생각들을 사고로 정리하여 간결하고 축약된 표현으로 타자를 치게 되었기 때문일 것입니다. 이는 도구나 기술 문명의 진보로 인해 사람들의 생각이나 생각을 표현하는 방식이 충분히 달라질 수 있음을 의미합니다. (나)의 택시 기사들 역시 지도를 사용하게 되면서 공간을 추상화하는 사고능력이 발달하여 사고방식의 변화가 일어났음을 보여주고 있습니다.

[문제 2] (다)의 실험을 통해, 인터넷이 발달함에 따라 사람들이 다양한 내용들을 자세히 숙독하는 것이 아니라 대략적으로 스키밍한다는 사실을 알 수 있습니다. 웹사이트에서 필요한 정보만을 찾아 읽음으로써 'F 읽기'를 한다는 것은 놀랍도록 빨리 읽을 수 있음을 의미합니다. 물론 쏟아지는 정보들 속에서 필요한 정보만을 추출하고 시간 낭비를 하지 않게 된다는 점은 긍정적이기는 합니다. 하지만 저는 이러한 읽기 방식의 변화가 인간의 사고방식 및 인간관계를 포함한 생활 전반의 부정적인 변화를 초래할 것이라고 생각합니다. 도구와 기술의 발달로 인간은 더 이상 어떠한 정보든 머릿속에 저장하지 않아도 되며, 필요한 정보 이외의 것에는 무관심하게 될 것입니다. 다양한 링크와 유사한 검색어들을 바탕으로 필요한 정보는 전부 검색할 수 있으며, 스마트 기기 사용법만 정확히 숙지한다면 그 이외의 다른 요소들은 굳이 고려하지 않아도 되는 순간들을 맞게 될 것입니다. 저는 이러한 변화는 그리 바람직하지 않다고 생각합니다. 저희는 학교에서 토론, 토의와 같이 하나의 문제에 대해 오랫동안 고민하고 많은 정보들을 주고받으며 최선의 대안을 찾아가는 교육을 통해 사고의 폭과 깊이를 넓혀 왔습니다. 하지만 어느 순간부터 단편적이고 즉각적인 답을 찾는 것에 길들여져 가고 있습니다. 이는 자연스럽게 비판적이고 깊이 있는 사고 능력의 결여로 이어질 수밖에 없을 것입니다. [문제1]에서 확인했듯, 도구의 변화는 사고의 변화로 이어집니다. 그러나 시대가 지날수록 급속히 도구는 변해가고 있으며 사고의 변화 속도는 이를 따라잡을 수 없는 상황이 도래할 것입니다. 도구에 의존하지 않고, 인간의 사고 자체를 지속할 수 있기를 희망합니다.

출처 : 2019 대입수시 면접대비 부산시교육청, 서울대학교 일반전형 제시문면접 기출문제

Q&A 78

인문 및 사회계열 심층면접이 학교별로 차이가 있는지 궁금합니다.

고려대, 연세대 학생부종합전형 심층면접을 기반으로 설명하겠습니다.

[고려대 학생부종합전형]

면접을 통해 지원자의 우수성을 종합적으로 평가합니다. 대학교에서 수학할 수 있는 기본적인 역량을 갖추었는지가 평가의 주안점입니다. 서류를 통해 보지 못했던 학생의 모습을 판단해 볼 수 있는 중요한 과정으로 활용하고 있습니다.

학생부 기반 면접은 별도의 제시문 없이 학교생활기록부에 기재된 고교 활동을 확인하는 면접이 이루어지는 반면, 제시문 기반 면접은 학생의 논리적 사고력과 창의성 등을 평가하고 있습니다. 기출문제를 잘 분석하여 문제 유형을 익힌다면 수월하게 답변할 수 있는 내용을 출제하고 있습니다. 답변을 듣고 추가적인 질문을 하기에 자신이 답변한 내용을 잘 숙지할 필요가 있습니다.

[연세대 학생부종합전형]

면접형 학생부종합전형은 생긴 지 오래되지 않아서 '내신'이 당락을 결정한다는 말이 있습니다. 그러나 등급뿐만 아니라 해당교과 성적, 비교과 영역 등 전반적인 내용을 기반으로 관심학과, 관심분야를 종합적으로 평가합니다. 어떤 활동을 얼마나 주도적으로 이끌고 참여했는지, 학술대회를 통해 정책연구나 사회이슈를 탐구하면서 자율활동이 동아리활동의 탐구주제의 동기가 되고, 진로활동을 계획하는 계기가 되는 일련의 모습을 우수하게 평가하고 있습니다.

교과형 면접문제가 출제되지 않고, 2019학년도 학생부종합전형 면접형의 기출 문항으로 '집단 내 동질성'과 '의사소통 양상', '성과'를 주제로 시각자료(그래프)를 활용하여 자신의 생각을 묻는 문항이 출제되며, 자료에 대한 분석을 통해 자신의 생각을 논리적으로 답변하는 과정을 통해 지원자의 사고력을 확인하고 있습니다.

Q&A 79

인문 및 사회계열 면접에서 어떤 질문이 있는지 궁금합니다.

- 일본 천황에 대해서는 어떻게 생각하나요?(숙명여대)
- 학술탐방 한 번으로 유치환에 대한 인식이 변화되었다는 것이 잘 이해되지 않는데, 자세히 설명해 주세요.(이화여대)
- 청각 장애에 관심이 많은 것 같은데 특수교육과에 지원하지 않고 중문과에 지원한 이유는 무엇인가요?(건국대)
- 문화가 후천적 사회화를 통해 형성된다고 했는데 설명해 보세요.(건국대)
- 다른 과목보다 평균적으로 사탐과목 성적이 높은데 한지, 세지, 지구과학 중 좋아하는 과목 순서대로 말하고 그 이유는 무엇인가요?(건국대)
- 자기소개서에 영자신문 동아리에서 기자로서 활동하였다고 적혀있는데, 본인이 쓴 영자신문 기사 중 가장 기억에 남는 기사는 무엇인가요?(경희대)
- 역사 국정화 교과서에 대해 찬성 쪽인지, 반대 쪽인지 본인의 의견을 말해 보세요.(단국대)
- 지금 시기가 시기인 만큼, 학생의 역사관과 다른 사관을 가지고 있는 사람들이 있다면 어떻게 할 건가요?(동국대)
- 자기소개서와 생기부에 학생이 3년 연속 교내 역사 경시대회 학년 1위를 하였는데 비결은 무엇인가요?(동국대)
- 한국역사에서 불교사의 위상은 어느 정도 되며, 한국사 기술에서 불교사 기술은 어떠한 지위로서 다루어져야 하는가?(동국대)
- 불교인물 중 가장 존경하는 사람은 누구이며, 그 이유는 어디에 있고 그의 서적 중 가장 감명 깊게 읽었던 책은 어떤 것인지요?(동국대)

- 작가와 평론가는 자질적으로 서로 상반되는 측면이 있어요? 간단히 말하면 감성과 이성이랄까, 그 상반된 자질을 필요로 하는 진로를 희망하는 이유와 자신은 그런 두 자질을 가지고 있음을 설득력 있게 제시한다면?(동국대)
- 좋은 통번역가란 무엇이라고 생각하나요?(동국대)
- 셰익스피어의 작품에 큰 감명을 받았다고 하는데, 셰익스피어에 대해서 아는 것을 말해보시오.(동국대)
- 마블영화를 좋아해서 관련된 영문 소설, 만화를 본다고 하였는데, 영화와 독서의 차이점과 장단점에 대해서 말해 보세요.(동국대)
- 학생은 이미 철학 수업을 많이 들은 것 같은데, 예를 들어 '끝으로 철학 수업에서 한나 아렌트의 악의 평범성을 배우며 아무 생각없이 사는 것 자체가 악이라는 것을 깨달았습니다'와 같이, 어디서 이런 철학 수업을 들었는지요?(동국대)
- 어떤 학문이든 철학이 기반이 되어야 실용적일 수 있다고 했는데, 조금 더 구체적으로 설명해 보세요.(동국대)
- 현재에도 교훈을 줄 수 있는 역사적 사건과 인물을 찾아 소개하고 싶다고 했는데 하나를 소개할 수 있나요?(동국대)
- 자기소개서에 ○○○ 번역본 비교하면서 읽었다고 되어 있어요. 어떤 분 번역본을 읽었나요?(한국외대)
- 생기부의 분량이 전부는 아니지만 학생은 봉사활동이나 독서활동이 상대적으로 적은데, 어떻게 생각하나요?(한국외대)
- 철학과에 가면 다들 배고프다고 하는데 이에 대해서 어떻게 생각하나요?(서울대)
- 그럼 유럽이나 미국은 아프리카에 먼저 외교를 시작했는데, 최근 중국도 아프리카 외교를 시작했는데, 아프리카 사람들은 이에 대해 어떻게 생각하는지 아나요?(서울대)
- 조선의 소수인들의 희생으로 인해서 다수의 일본 국민들이 큰 이익을 얻었다면 그것을 도덕적으로 판단한다면 어떨 것 같은가요?(서울대)

- '영문학 작품에 실제 수업 적용' 소논문에서 선정한 영문학 작품을 선택한 이유는 무엇인가요?(서울대)
- 그때 누구의 의견에 따라 결정되었는지, 그 근거는 무엇이었는지, 상대방의 근거는 무엇이었는지 말하시오.(연세대)
- 글쓰기 상이 매우 많은데 감사노트쓰기 상이 특이합니다. 감사노트에 무슨 내용을 썼나요?(중앙대)
- 사서면 남들이 시키는 일만 할 수는 없잖아요. 어떤 일을 하고 싶어요?(중앙대)
- 자기소개서에 중국 소수민족으로 인한 다채로운 문화가 있다고 했는데 중국이 소수민
- 족의 여러 문화를 수용하는 이유가 무엇인 것 같아요?(중앙대)
- 꿈이 PD인데 PD랑 철학과랑 무슨 연관이 있나요? 철학과를 왜 지원한 건가요?(중앙대)
- 단일민족의식이 히틀러의 게르만주의처럼 배타적 민족주의가 아니라 일제강점기에 우리 민족을 지키기 위한 수단이고 통합의 기능이 있는데 왜 이것을 벗어나야 하는가? 논문 작성 시 이런 점을 생각해 보았는가?(중앙대)
- 학생이 공자의 '논어'를 읽었다는 것이 참 인상 깊은데, 두 가지 질문을 해볼게요. 첫 번째로 논어를 읽고 무엇이 가장 인상 깊었는지, 그리고 두 번째로, 학생의 삶에 어떠한 영향을 주었는지에 대해 대답해 보세요.(중앙대)
- '아덴만의 여명'이라는 책을 읽었는데 소말리아 무정부 상태가 현재에도 심각하고 난민 문제까지 국제 사회의 이슈가 되고 있어요, 그 해결방안은 뭐가 있을까요?(중앙대)
- 책을 원서로 읽었다고 했는데 번역본도 읽어보았는가? 그렇다면 번역본과 원서를 대조했을 때 수정하고 싶은 부분이 있었나요?(한국외대)

[사회계열]
- 앞으로 관광산업이 겪을 힘든 점이 있다면 어떤 것이 있을까요?(경희대)
- 꿈이 사회과학 연구원인데 행정학과와 어떤 관련이 있나요?(경희대)

- 문화예술행정가가 되는 것이 꿈이라고 했는데, 우리나라 지역 축제의 현황에 대해서 자신의 생각을 말해보겠는가?(건국대)
- 지역개별이 이루어지다 보면, 지역주민과의 갈들이 생길 수 있다. 본인이 생각하는 해결 방법은 어떠한가?(건국대)
- 제주도에 중국 자본이 되게 많이 투자되고 있는데 그것에 대해서 자연을 파괴하는 것이라고 생각해요? 아니면 글로벌한 시대로 나아간다고 생각해요?(경희대)
- 자원분쟁에 대한 책을 많이 읽고 있다고 했는데 그러면 혹시 이들 분쟁에 대한 해결책이라도 찾아낸 거 없습니까?(경희대)
- 인공지능시대, 즉 4차 산업혁명시대가 도래하면 없어질 것이라 예상되는 직업들이 있는데, 이 직업에 종사하는 사람들이 그 시대에 어떻게 살아남을 수 있을까요?(연세대)
- 외무공무원에서 정책연구원으로 꿈을 바꿨는데 그 계기는?(고려대)
- 지식콘텐츠의 정의가 무엇이라고 생각하나요? 그러면 지식콘텐츠와 문화콘텐츠가 같은 것입니까?(한국외대)
- 자기소개서에 궁금한 내용이 있는데 위안부 관련해서 사회과 프로젝트를 했네요. 그 중에서 일본 측의 입장에서 한국을 어떻게 설득했는지 말해 봐요.(국민대)
- 학생회활동도 하고 학업도 챙기고 봉사활동도 하려면 매우 힘들었을 텐데 어떤 방식으로 세 가지를 모두 했나요?(국민대)
- 학생 꿈이 계속 바뀌다가, 마지막은 사회조사분석가인데 이 직업을 통해 무슨 말을 하고 싶은가? 아직까지 정확한 이름의 전문직업이 아닌데, 어떤 역할을 하고 싶어요?(국민대)
- 3년 동안 베트남 언어 및 문화를 배우 경험이 많을 텐데 혹시 베트남의 광고를 접한 사례가 있다면?(동국대)
- 왜 학생에겐 그 꿈을 펼칠 대학이 동국대학교 광고홍보학과인가? 왜 동국대학교여야만 하는가?(동국대)
- 한국사 문화재 광고를 만들어서 칭찬을 받았는데 어떤 광고를 만들었나요?(동국대)

- 한겨레신문사와 조선일보 중 어느 쪽에 취업하고 싶나, 그 이유는 무엇인가? 만약 조선일보에서 돈을 더 많이 준다면 어떻게 할 것인가?(동국대)
- 시사토론 동아리활동을 하면서 어려웠던 점과 극복과정, 인공지능의 개발 제한에 관한 토론에서 어떠한 주장과 근거를 제시하였는가?(동국대)
- 부유세에 대한 자료조사 결과 대중의 인식이 어떻게 나타났는가, 부유세가 필요한 이유에 대하여 어떠한 근거를 제시하였는가?(동국대)
- 경영 마케팅 창업의 이해에서 창업계획서를 작성해 보았다고 했는데 준비 과정과 그 내용에 대해 간단히 소개해 주세요.(동국대)
- 달러와 금값의 관계에 대해서 구체적으로 설명해 보세요.(동국대)
- 미중무역전쟁과 관련된 발표 내용에 대하여 설명하고, 활동내용을 요약하여 소개해 주세요.(동국대)
- 왜 언론을 권력의 4부라고 생각하는가? 미래에는 어떻게 될 것인가?(동국대)
- 사람들이 먹방에 관심을 갖고 열광하는 이유는 무엇이라고 생각하나요? 문제점은 무엇인가요?(동국대)
- 장차 식용곤충 사업을 하고 싶다고 하였는데, 소비자의 심리적 거부를 어떻게 해결할 것인가?(동국대)
- 공익과 사익을 함께 추구하는 광고를 만들고 싶다고 하였는데, 예시를 들어본다면? (동국대)
- 복지 중에서 노인복지에 관심이 많은 이유는?(동국대)
- 범죄심리에 대한 이해를 통하여, 어떻게 현장에 접목시킬 것인가?(동국대)
- 보편적 복지 재정확충 문제를 어떻게 해결할 것인가? 국민들은 세금 안 내겠다고 하는데?(서울대)
- 평소 우리나라 복지에 대해 많이 생각했었다고 하는데, 우리나라 복지정책에 대해 학생이 가지고 있던 생각을 자랑해 봐요.(서울대)

- 자기소개서에 수학에 관심이 있다고 적었는데, 수학적 사고와 사회학의 공통점과 차이점을 말해 보세요.(서울대)
- 마지막으로 이번에 지원자가 상당히 많은데, 특별히 서울대학교가 학생을 뽑아야 하는 이유가 있다면?(서울대)
- 사회복지학과에서 배우는 학과목 같은 것과 결부시켜 본인이 생각하는 사회복지를 설명해 보세요.(서울대)
- 합창의 심리적 순화기능이 있다고 생각하나?(서울대)
- 애국심이 투철한 두 외교관이 만나면 갈등이 발생할 텐데, 이때 어떤 자세가 필요하다고 생각하십니까?(서울대)
- 스페인 중앙정부의 승인 없이도 카탈류냐는 독립을 선언할 수도 있다고 보나요?(경희대)
- 책 읽고 쓴 내용을 보면 공통적으로 불공평하다는 의견이 많아 보이는데 실제 사회가 불공평한 부분이 많다고 생각하는가?(숙명여대)
- 정치외교학과에서 원하는 학생은 어떤 소양과 적성을 갖추어야 하는지? 본인은 그런 소양과 적성을 갖추고 있다고 생각하는지?(숙명여대)
- PD가 되고자 하는데 영상을 제작한 적이 있나요?(경희대)
- 다른 대학교가 아닌 왜 숭실대 사회복지학과를 지원했나요?(숭실대)
- 정치외교학과 지원학생들은 대부분 사적인 이익(부, 명예)을 추구하는 직업이 많은데, 이런(돈과 사명간의) 갈등을 어떻게 해결했는지?(연세대)
- 자기소개서에 제3세계 아동이나 여성의 인권에 관심이 많다고 쓰여 있는데 심리학과보다 사회학과에 지원하면 더 좋지 않을까요?(이화여대)
- '사회적 자본'이라는 책을 읽었는데 책에서 말한 사회적 자본은 무엇이며 '사회적 자본'과 관련해서 우리 사회의 가장 큰 문제를 말해 보세요.(인하대)
- 답변들을 들어보니 사회학과보다는 사회복지학과가 더 맞는 것 같은데 어떻게 생각하나요?(중앙대)

- 독서에 유시민의 '국가란 무엇인가'라는 책이 있는데 그 책을 읽고 나서 본인이 생각한 국가의 역할은 무엇일까요?(중앙대)
- 그럼 학생이 이 학과에 들어와서 가장 부족할 것 같은 점이 무엇인가요?(중앙대)
- 학생의 자소서를 보면 토론동아리에서 비판적 듣기와 비판적 말하기를 배웠다고 했는데 비판적 듣기와 비판적 말하기는 무엇이라고 생각하나요?(중앙대)
- 자기소개서에 '대한민국의 빈곤층이 가난을 벗어나기 위한 확률은 6%이다'라는 자료가 쓰여 있는데, 이것을 독거노인문제와 엮어본다면?(중앙대)
- 장래희망이 국회의원, 어떤 분야의 국회의원이 되고 싶나? 그리고 어떤 정책을 시행하게 할 것이냐?(중앙대)

[경영경제계열]

Q&A 80

경영 및 경제계열 면접의 특징이 궁금합니다.

사회현상이 경영 및 경제에 미치는 영향에 대해 질문하는 경향이 많습니다. 남북통일이 정치적, 문화적, 경제적 요소에 미치는 영향, 대기업에만 의존하는 우리나라 경제구조의 문제점, 우리나라 경제발전을 이룰 수 있었던 원동력, 사회적기업과 일반 기업의 차이점, 공유경제의 성장요인, 공유경제의 성장요인 등 경영전반에 관한 내용뿐만 아니라 실버산업의 성장요인, OTT산업의 발전으로 인한 기회를 얻는 산업, 언택트 경제상황에서 변화되는 미래 유망 기업 등 최근 시사상식까지 다양한 출제되고 있습니다. 한 주에 한 번 정도는 자신의 전공에 관한 지식을 습득하고 정리하는 시간을 가지고 더 궁금해서 조사하고 싶은 내용은 창의주제탐구활동을 하여 자율활동 및 개인별 세특에 관련 내용을 세특에 기록한다면 좋은 결과가 있을 것입니다.

Q&A 81

경영 및 경제계열 제시문 면접의 진행방식과 특징에 대해 궁금합니다.

제시문 기반의 면접은 특정 교과의 학업역량을 확인하기 위한 내용으로 출제되지 않습니다. 주어진 제시문(도표, 그래프 포함 가능)을 이해하고, 이에 기반하여 자신의 생각이나 경험을 논리적으로 답변하는 과정에서 지원자의 논리적 사고력을 확인하고자 합니다. 그리고 활동 기반 면접은 학생부 활동을 바탕으로 다양한 질문을 통해 전공적합성 또는 인성, 창의적 사고력 등을 확인하기 위한 평가입니다.

학생부종합전형에 지원하는 학생은 먼저 자신의 지원전공과 관련된 지식뿐만 아니라 폭넓게 지식을 탐색하면서 분석적으로 이해하려는 공부습관을 지녔다면 충분히 잘 대비할 수 있습니다. 모르는 문제가 나오더라도 제시문에 설명을 참고하여 답안을 작성해보고, 이해가 되지 않는 부분은 면접관님께 힌트를 달라고 부탁드리면서 의연하게 대처할 수 있는 역량이 필요합니다.

Q&A 82

경영 및 경제계열 심층면접이 학교별로 차이가 있는지 궁금합니다.

[서울대 제시문 면접]

사회과학, 수학(인문)관련 제시문을 30분 내외로 답변 준비시간을 가진 다음 15분 내외로 면접을 진행하는데 제시문은 평이합니다. 다른 대학의 기출 논술 문항이나 면접문항과 비교해보면 더 쉽다는 느낌이 들 것입니다. 수업시간에 토론, 발표 프로그램에 적극적으로 참여한다면 면접을 대비하는데 도움이 많이 될 것입니다.

[고려대 제시문 면접]

윤리사상이 사회에 미치는 영향, 자본주의 폐해의 해결방안 등 경영에 관한 문제뿐만 아니라 경영자로서 갖추어야 할 인성까지 출제하고 있습니다. 이는 고려대 제시문 면접은 경영학과 학생들을 위한 제시문이 아니라 인문계 학생들에게 동일하게 출제되기에 사회현상에 폭넓게 공부하고 이를 정리하는 습관을 기르는 것이 도움이 많이 될 것입니다.

[연세대 제시문 면접]

아래는 유럽의 한 국가에서 첫 자녀를 출산한 부모의 소득을 분석한 결과이다. 그래프 1은 첫 번째 자녀가 태어나기 1년 전을 기준으로 부모의 소득이 이후에 어떻게 변하는지 보여주고 있다. 그래프 2는 할머니와 할아버지의 소득 비율이 그래프 1에서 빗금으로 표시한 영역의 넓이와 어떤 관계에 있는지를 제시하고 있다. 그래프 2에서 '친가'는 친할머니와 친할아버지의 소득비율을 뜻하고, '외가'는 외할머니와 외할아버지의 소득비율을 뜻한다. '소득비율=0'은 할머니가 전업주부이고, 소득이 없음을 의미한다.

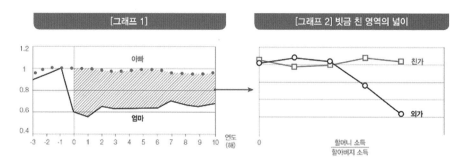

출처 : 2020 연세대 학생부종합 가이드

Q1. 그래프 1이 의미하는 바를 설명하시오. 왜 이런 결과가 나왔다고 생각하는가?

Q2. 그래프 2가 의미하는 바를 설명하시오. 왜 이런 결과가 나왔다고 생각하는가?

〈평가방향〉 제시문 기반 면접은 특정 교과의 학업역량을 확인하는 문제풀이식 심층면접이 아니라 고교 교육과정을 충실히 이수한 교양인으로서의 자질을 확인하기 위한 것으로, 일반면접으로 진행됩니다. 평가자는 제시문을 기반으로 지원자의 논리적 사고력과 의사소통능력을 평가하고자 합니다. 2019학년도 제시문 기반 면접의 경우, 제시문의 그래프 1은 출산 후 부모의 소득격차를, 그래프2는 부모의 가정 내 성역할 학습과 소득 간의 관계를 보여주고 있습니다. 지원자는 제시된 자료를 정확하게 분석하고, 그 이유에 대하여 논리적인 근거를 가진 답변을 구성하여 대답하면 됩니다. 지원자는 해당 면접이 '제시문 기반' 면접이라는 점을 명확하게 인지하여 제시문에서 언급한 내용에 기반하여 답변을 구성하여야 합니다.

Q&A 83

경영 및 경제계열 면접에서 어떤 질문이 있는지 궁금합니다.

- 회계에 관심이 많은 것 같은데 경제학과에 왜 지원했나요?(건국대)
- 대기업의 골목상권 진출할 경우 우리한테 도움이 되는 물건을 만들어주는 것인데 왜 그것이 나쁜 것이죠?(건국대)
- 학생부를 보니까 경영학보다는 마케팅 쪽으로 진로가 더 어울리는 거 같은데 왜 경영학과에 지원하게 되었습니까?(건국대)
- 교육평등의 기회를 강조했는데, 무작정 교육평등만 강조하면 오히려 역효과가 날 수도 있지 않을까요?(건국대)
- 인상 깊은 경영에 대한 책과 책 줄거리와 깨달은 점은?(경희대)

- 문화는 관광 쪽이랑 연결이 많이 된다고 생각이 드는데 왜 관광 쪽으로 과를 선택하지 않고 경영학과를 선택했나?(경희대)
- 자기소개서에 부모님이 서비스업에 종사한다고 하셨는데 지원자에게 끼친 영향은 무엇인가요?(경희대)
- 우리나라 경제 코스피 지수 수치가 현재 얼마인지 알고 있나요?(건국대)
- 논문 주제인 행동경제학과 마케팅 같은 것이 경제학과 동떨어져 보인다. 어떻게 생각하는가?(건국대)
- 다른 학생들은 기자나 아나운서, PD를 꿈꾸는데 왜 방송작가를 꿈꾸는가?(동국대)
- '고장난 거대한 대기업'이라는 책을 읽고 자신이 우리나라 기업에 요구하고 싶다고 느낀 것이 있다면?(동국대)
- 경영 마케팅 창업의 이해에서 창업계획서를 작성해 보았다고 했는데 준비 과정과 그 내용에 대해 간단히 소개해 주세요.(동국대)
- 달러와 금값의 관계에 대해서 구체적으로 설명해 보세요.(동국대)
- 미중무역전쟁과 관련된 발표 내용에 대하여 설명하고, 활동내용을 요약하여 소개해 주세요.(동국대)
- 개인 광고제작 프로젝트에서 광고제작을 위해 상품의 정확한 가치와 정보, 타깃의 특성 등을 분석했다고 하였는데 자료를 어떻게 수집하고 분석하였는지 간단히 설명해 보세요.(동국대)
- 지금 빅데이터나 데이터마이닝에 대한 언급이 많은데, 빅데이터와 데이터의 차이점은 무엇인가요?(서울대)
- 노동규제와 노동자의 권리 사이의 관계에 대해 이야기해 보세요.(서울대)
- 자기소개서에 보면 '행동경제학에 대해 알게 되었다'고 나와 있는데 행동경제학을 정의해 보겠나?(서울대)
- '위대한 개츠비'를 경제학적으로 분석한 자네 글에 대해 설명해 보겠나?(서울대)

- 숙명여대에서 CPA를 준비하는 학생들에게 제공하는 프로그램으로 무엇이 있는지 설명해 보시오.(숙명여대)
- '숙명미래리더'는 미래의 리더를 뽑는 전형이다. 리더에게 가장 필요한 자질은 무엇인가?(숙명여대)
- 유니세프에서 활동할 거면 국제적 기구 쪽으로 진로가 아닌, 경영학부를 선택한 이유는?(숭실대)
- 기본소득에 대해 어떻게 생각하나요?(서울대)
- 왜 꿈이 영어 통번역가인데, 경영학과에 지원했나요?(이화여대)
- 대한민국의 부의 양극화가 심화되고 있는데 이것이 개인적, 사회적으로 끼칠 문제점과 해결방안에 대해 말해 보시오.(인하대)
- 과제탐구에서 언급된 지역을 활성화시키기 위한 방안을 SWOT분석을 활용해서 말해 보아라.(인하대)
- 학생은 경제나 금융에 관심이 많은 것 같아요. 우리 학교에 경제학과나 글로벌 금융학과 같은 학과도 있는데 굳이 경영학과를 지원한 이유는 무엇인가요?(인하대)
- 경영과 윤리성이 충돌할 때 어떻게 할 것인지 구체적으로 생각한 게 있나요?(중앙대)
- 스타벅스가 윤리적 기업이라고 생각하나?(중앙대)
- IS에 대해 어떻게 대응할지 고민했다고 했는데 학생은 강경적으로 대응할 건가요 아니면 회유적으로 대응할 건가요?(중앙대)
- 본인의 과제탐구 활동의 구군별 불평등 상황을 장하준 교수의 나쁜 사마리아인과 연결시켜 설명할 수 있나요?(중앙대)
- 애덤스미스 책을 읽었는데, 비판할 점은 없었나?(중앙대)
- 고려시대의 소위 말하면 1등보다 지금 꼴등이 더 살기 좋다고 한다. 그에 대한 생각은?(중앙대)
- 물류산업에 관심을 갖고 있으며 물류산업 CEO가 되는 게 꿈이라고 했는데, 중앙대

학교에는 국제물류학과도 있는데 글로벌금융전공을 지원한 특별한 이유가 있나요?
(중앙대)

- 경영경제 연구반에서 대형마트 매출 경쟁력의 원인을 조사하기 위해 소비자 설문조사를 했는데, 설문의 주된 내용은 무엇이었나?(중앙대)

- 학생은 중국어뿐만 아니라 일본어에도 관심이 있는 것 같은데요. 학생이 생각하는 중국인과 일본인의 차이점은 무엇인 것 같아요? 각 국의 사람과 협상할 때 어떻게 대하는 것이 좋을까요?(중앙대)

- 윤리적 행동과 이익창출이 충돌할 때 어떻게 할 것인가?(한국외대)

- 자기소개서를 보면 온통 광고인데 광고홍보학과 가지 왜 여기에 왔어요?(한국외대)

- 자기소개서에 광고대행사에 들어가서 일하고 싶다고 했는데, 본인이 광고대행사 CEO라면 직원을 선택할 때 어떤 사람을 뽑을 거예요? 그냥 마케터가 아니라 광고마케터라는 점을 강조해서 이유 세 가지를 들어 설명해 보세요.(한국외대)

- 집에서 TV를 보지 않는다고 했는데 그럼 대학교에서 매체를 배우는 학생으로서 TV를 안보면 어떻게 할 것인지?(한국외대)

[교대사범대]

Q&A 84

교대 및 사범대 면접의 특징이 궁금합니다.

질문 유형이 찬성 혹은 반대 입장을 지원자에게 선택하게 하거나, 아니면 면접관이 지정해주어 실시하는 면접입니다. 만약 지원자가 찬성을 선택하여 그 이유를 말하면, 면접관이 반대 입장에서 반론을 제시하여 지원자의 논리적인 답변을 듣고자 합니다.

지원자에게 당혹스러운 상황이 주어졌을 때 지원자의 상황대처 능력을 확인하고자 하는 목적도 있습니다. 따라서 자신의 답변에 대한 예상 반론을 생각하여 준비한다면, 면접의 주도권을 잡아 좋은 평가를 받을 수 있습니다.

또한 면접관이 찬성과 반대 입장을 지정해 주는 경우와 지원자들끼리 서로 찬성과 반대 입장으로 진행되는 집단 토론면접도 있습니다. 집단 토론면접을 할 때 중요한 것은 상대방의 이야기를 잘 듣고 상대방이 기분 상하지 않도록 답변하는 것입니다. "네~ 잘 들었습니다. 저의 의견은…", "그럴 수도 있겠군요! 저의 의견은…"이라고 차분하면서도 단호하게 이야기하면 좋은 평가를 받을 수 있습니다.

Q&A 85

교대 및 사범대 제시문 면접의 진행방식과 특징에 대해 궁금합니다.

2021학년도 기준 경인교대의 교직적성전형의 면접방식을 살펴보겠습니다. 2단계에서 서류70+면접30이며, 면접은 개인면접과 집단면접으로 진행됩니다. 개인면접은 학교생활기록부 및 자기소개서 등 평가 서류를 바탕으로 개인별 10분 이내로 교직관, 교사로서의 발전가능성, 다양성 존중 및 열린 자세, 윤리의식 및 인성을 종합으로 평가합니다. 집단면접은 대학 자체에서 개발한 면접문항을 활용해서 35분 동안 면접에 참가한 다수의 수험생이 상호간의 의사소통을 통해서 타인을 배려하고 공감하는 합리적인 방향으로 논의를 이끌어가는 공감토의 방식을 통해 문제를 해결하고 발표하는 과정을 종합적으로 평가합니다. 창의적 문제해결능력, 의사소통능력, 협동심, 리더십을 조별 35분 이내로 평가합니다.

평가항목		평가기준	반영비율
개인 면접	교직관	• 교육 및 교직에 대한 태도와 이해, 인간관 및 아동관 등이 교사로서 적절한가?	60%
	잠재능력	• 기본적인 학문 소양과 교직에 대한 열정이 있어 교사로서의 발전가능성이 있는가?	
	다양성 존중 및 열린 자세	• 타인에 대한 공감능력, 수용능력, 포용능력 등이 있는가?	
	윤리의식 및 인성	• 긍정적인 자아상을 갖추고 교직수행에 요구되는 도덕성, 책임감, 타인에 대한 사랑과 존중, 배려와 나눔의 미덕을 발휘할 수 있는 인성이 있는가?	
집단 면접	창의적 문제해결능력	• 문제의 핵심을 정확히 파악하고 대응할 수 있는가? • 참신성,현실성, 응용성이 높은 해결방안을 제시할 수 있는가?	40%
	의사소통능력	• 자신이 전달하고자 하는 바를 논리적으로 명확하게 표현할 수 있는가? • 다른 사람의 의견을 존중하고 경청하는 태도를 가지고 있는가?	
	협동심	• 조원들과 협력하며 적극적으로 참여했는가? • 공동의 목표를 달성하기 위해 자신의 역할을 수행했는가?	
	리더십	• 설득과 협의를 주도하며 조원들의 사고를 촉진했는가? • 다양한 의견을 정리하고 조율하며 종합했는가?	

출처 : 2021학년도 경인교대 모집요강

다음에 나오는 경인교대 수시모집 모의집단면접 동영상에서 실제 진행되는 상황을 미리 살펴보면 도움이 될 것입니다.

https://www.youtube.com/watch?v=32a39UovWcg&t=163s

Q&A 86

교대 토론면접을 준비하는 요령을 알려주세요.

교육 관련 현안에 대한 시사성 있는 문항이 토론주제로 출제가 많이 되고 있습니다. 평소 신문, 월간지 등을 통해 교육 관련 기사코너에서 시사성 있는 교육 관련 쟁점들에 대한 다양한 입장에서 주장하는 내용을 정리하고 자신의 생각을 정리합니다. 평소 유레카논술, 독서평설 등과 같은 토론 프로그램을 활용하여 자신의 생각을 정리하거나 고교시절 교내 교육 관련 다양한 이슈들이나 찬반토론에 대한 관련 참고문헌들이나 교육전문가들의 의견들을 다양하게 참고하며, 본인만의 의견을 정립하면 좋겠습니다. 또한 이러한 교육이슈에 대한 입장이 본인의 교사로서의 교직관이나 가치관 형성에 미치는 영향 등에 대해서 별도로 충분히 고민해 보는 시간을 가져보는 사전 연습이 필요하겠습니다.

교육관련 시사토론 주요사이트 소개

분야	기관명	홈페이지
교육	학술교육원	http://www.earticle.net/
	한국교육학술정보연구원	http://www.riss.kr/index.do
	한국교육심리학회	http://www.kepa.re.kr/user/index.asp
	한국사회과교육학회	http://www.kase.kr/
	한국영어교육학회	http://www.kate.or.kr/
	한국초등교육학회	http://kssee.net/
시사 상식	한국경제신문 생글생글	http://sgsg.hankyung.com/apps.sub/news.volume
	청소년인문교양 유레카	https://www.eurekaplus.co.kr/
	고교독서평설	http://www.themagazine.co.kr

Q&A 87

전국 교대 면접 유형에 대해 설명해주세요.

대학	전형명	전형방법	면접유형
경인교대	교직적성	1단계(2배수) : 서류100 2단계 : 1단계 70 + 면접 30	개인면접, 집단면접
공주교대	고교적성인재	1단계(4배수) : 서류100 2단계 : 1단계 90.2 + 면접 9.8	교직관 면접, 집단면접
광주교대	교직적성우수자	1단계(3배수) : 서류100 2단계 : 1단계 60 + 면접 40	개인면접(교직적성, 교직인성, 문제해결능력)
대구교대	참스승	1단계(3배수) : 서류100 2단계 : 1단계 70 + 면접 30	개인면접(의사소통능력, 문제해결능력, 교직소양 및 인성)

부산교대	초등교직적성자	1단계(3배수) : 서류100 2단계 : 1단계 71.4 + 면접 28.6	집단면접(교직 수행능력, 예비교사 로서의 자질)
서울교대	교직인성우수자*	1단계(2배수) : 서류100 2단계 : 1단계 50 + 면접 50	개인면접(인성, 의사소통, 코칭, 창의성, 융합)
	학교장 추천*	1단계(2배수) : 교과100 2단계 : 1단계 90 + 면접 10	
	사향인재추천	1단계(2배수) : 서류100 2단계 : 1단계 50 + 면접 50	
전주교대	고교성적우수자*	1단계(2배수) : 학생부 100 2단계 : 1단계 90 + 면접 10	개인면접(일반교양, 교직적성), 집단면접
	교직적성우수자	1단계(2배수) : 학생부 60 2단계 : 1단계 50 + 면접 50	
진주교대	21세기형 교직적성자	1단계(2.5배수) : 서류100 2단계 : 1단계 70 + 면접 30	개인면접(긍정적 자아개념, 교사로서의 자질, 전문성과 발전가능성), 집단면접
청주교대	배움나눔인재	1단계(3배수) : 서류100 2단계 : 1단계 60 + 면접 40	개인면접(교직 인·적성, 문제해결능력, 인재상, 의사소통능력)
춘천교대	교직적·인성인재*	1단계(4배수) : 서류100 2단계 : 1단계 60 + 면접 40	개인면접(교직적성, 교직인성)
이화여대	고교추천	학생부 80 + 면접 20	개인면접
	미래인재*	서류 100	
제주대	종합일반	1단계(3배수) : 서류100 2단계 : 1단계 70 + 면접 30	개인면접
한국교원대	학생부종합우수자	1단계(3배수) : 서류100 2단계 : 1단계 80 + 면접 20	개인면접(전공적합성, 교직인·적성, 문제해결능력)

※ * 표시는 수능최저가 있는 대학입니다.

평가항목	항목별 평가요소
전공적합성	전공선택동기 : 전공을 선택하게 된 동기와 전공에 대한 관심 및 이해 전공수학능력 : 전공을 수학하기 위해 갖추어야 할 학업능력
교직적성	교직에 대한 태도 및 가치관 : 교직에 대한 올바른 마음가짐과 건전한 가치를 갖추려는 마음 교사로서의 자질 : 교직을 수행하기 위한 이해와 소질

교직인성	나눔과 배려 : 자신의 가진 것을 기꺼이 나누어 주고자 하며, 상대방을 도와주거나 보살펴 주려는 마음을 실천하려는 의지 공감 및 소통 : 상대방의 입장에서 생각할 수 있고, 사실, 감정, 태도, 생각 등을 효과적으로 의사소통할 수 있는 능력
문제해결능력	논리적 표현력 : 문제상황을 적절하게 이해하고, 논리적으로 표현하는 능력 상황대처능력 : 다양한 질문과 상황에 잘 대응할 수 있는 능력

출처 : 2021학년도 한국교원대 모집요강

Q&A 88

실제 토론면접에 참가한 수험생 면접후기가 궁금합니다.

[광주교대 초등교육학과 합격수기]

• 광주교대 학생부종합전형 면접 준비하면서 걱정했던 점은?

저는 입시 카페 등에 올라와있는 광주교대 면접후기를 보면서 공부를 했었는데 다른 교대들과 비교했을 때 광주교대 면접은 생기부에 관한 질문비중이 높았어요. 초등교육에 관심을 가지고 있었지만 생기부를 완성하기 위해 많은 활동들을 하다 보니 모의 면접을 할 때마다 각 활동들의 자세한 내용과 나에게 생긴 변화들을 조리 있게 정리하여 전달하는 게 가장 어려웠어요. 따라서 제가 면접 준비를 하면서 가장 중요시하고 많이 연습한 부분은 학교생활을 하면서 초등교육에 관심을 가지고 했던 활동들과 그로 인해 변화된 점 등을 잘 정리하여 차분하게 면접관들에게 전달하는 부분이었어요. 우선 생기부에 기재되어 있는 활동들 옆에 면접에서 어떻게 활용할지 상세하게 적어놓고 계속 봤던 것 같아요. 예를 들어서 학교에서 토론대회에 참여한 것이 생기부에 기재되어 있다면 저는 토론대회를 준비하면서 맡은 역할, 토론대회를 진행하면서 맡은 역할 등도 기록하였고 토론대회를 하면서 느낀 것과 느낀 것을 바탕으로 초등교육과 연관시켜 적어놓기도 하였어요. 활동마다 기록해놓은 것들을 계속 보니 어떤 활동에 대한 질문에는 막힘없이 대답을 할 수 있었던 것 같아요.

• 면접을 준비하는 학생을 위한 응원과 격려의 한마디 해주세요?

저는 항상 선배나 주변 선생님들께서 3학년 1학기가 끝나게 되면 학교 분위기 자체가 어수선하여 수시를 위주로 준비해온 친구들은 수능 공부를 하기가 힘들다고 얘기하는 것을 믿지 않았어요. 주변에서 아무리 떠들어도 공부하겠다는 생각만 있으면 충분히 집중하여 공부할 수 있다고 생각했는데 실제로 학교가 어수선해지고 주변이 어수선하면 공부환경도 좋지 않고 효율도 너무 떨어져서 공부하기가 쉽지 않아요. 저는 공부를 하지 못하는 상황에 대비해서 미리 면접 준비를 조금씩 했던 것 같아요. 가장 중요한 것은 수능공부이기도 하지만 수능공부는 학교에서만 할 수 있는 게 아니잖아요. 학교 분위기가 어수선 할 때는 잠시 쉬어간다는 생각으로 면접 준비를 위해 생기부도 읽어보고 초등교육관련 다큐멘터리를 보는 등 면접에 도움이 될 만한 것들을 찾아서 조금 조금씩 준비한 것이 나중에 면접에서 크게 도움이 된 것 같아요. 수능 공부 하는 것이 가장 중요하지만 어수선할 때에 대비해서 면접 준비 같은 차선책을 마련해서 그 기간을 얼마나 잘 활용하는 것도 굉장히 중요하다고 생각해요.

[진주교대 초등교육학과 합격수기]

• 진주교대 학생부종합전형을 면접 준비하면서 걱정했던 점은?

집단면접은 기출문제와 교육에 관한 내용이 주로 출제되지만 다른 친구들의 말을 끝까지 듣는 경청의 자세와 저의 가치관을 바탕으로 다른 친구들에게 질문하고 그것에 대한 생각을 서로 묻는 과정을 많은 시간을 투자하여 준비하였어요. 또한 답변 중에 교사의 신념까지 보여 줄 수 있도록 답안을 작성하는 데 노력했으며 친구들과 답변 연습을 많이 했어요.

또한 교수님께서 개별면접을 날카롭게 질문하신다는 선배들의 후기를 보고 학생부 분석을 꼼꼼하게 준비했어요. 추가 질문이 나올 것을 대비하여 관련기사와 책 등의 객관적인 내용을 인용하여 근거 기반으로 답안을 작성하여 설득력을 높이는 방식으로 말하는 연습을 했어요. 자소서에 적힌 내용도 물어보기에 그 활동을 한 이유에 대해서도 조사하여 정리했고, 이후 합격한 친구들과 서로 면접관이 되어 연습을 많이 한 것이 도움이 많이 되었던 것 같아요.

• 면접을 준비하는 학생을 위한 응원과 격려의 한마디 해주세요.

수시를 준비하는 친구들은 학교생활기록부와 자기소개서에서 한 활동을 '왜 했는지', '이후 변화된 모습' 등 자신만의 스토리를 만들어 조사하면 좋겠어요. 또한 최근 4차 산업혁명으로 교육이 앞으로 어떻게 변화될지 관련된 질문을 받은 친구들도 있으니 이런 준비도 하고, 인공지능과 소프트웨어 교육까지 배우기에 이공계 학생이 지원할 경우 '이런 교육을 어떻게 생각하는지', '이를 활용한다면 어떤 도움을 얻을 수 있는지' 등 고민하고 면접에 참여하면 좋을 것 같아요. 또한 숙명여고 사건이나 비리 유치원 등 최근 시사에 관심을 가지고 있는지도 질문하고 있으니 관련된 기사를 읽고 정리하는 활동을 한다면 면접을 잘 볼 수 있을 것이라고 생각해요. 21세기 교직적성자 우수자전형은 3학년 1학기 학교생활기록부가 마무리될 때까지 학생부와 비교과 활동까지 끝까지 챙기세요. 특히 교대 수능최저가 없어 수능공부를 등한시하는 학생들이 있는데 끝까지 노력한다면 수시에 떨어지더라도 정시에 합격한 친구들 보았기에 여러분도 그런 노력을 한다면 저와 같은 학교에서 교사로서 꿈을 키워나갈 수 있을 거예요. 여러분의 꿈을 응원합니다.

[한국교원대 초등교육학과 합격수기]

• 교원대 학생부종합전형을 면접 준비하면서 걱정했던 점은?

면접 준비는 저의 생각을 논리적으로 전달하는 연습에 집중했어요. 한국교원대학교의 면접은 홈페이지에 올라와 있는 작년 기출문제로도 알 수 있듯이 구체적인 어떤 상황을 제시하거나 학교생활기록부 확인질문이 아니라 어떤 주제에 대한 자신의 생각을 논리적으로 전개하는 방식의 질문이 나와서 어떤 주제에 대해 답변을 할 때 논리적으로 답하는 것을 중점적으로 연습했어요.

주제에 대한 저의 생각만을 그냥 말하기보다는 제가 보았던 뉴스, 책 등의 객관적인 내용을 인용하여 근거를 듦으로써 설득력을 높이는 방식으로 말하는 연습을 많이 했어요. 실제 면접문제에 대해 준비할 시간이 약 10분 정도 주어지는데 이런 방식으로 생각을 전개하다 보면 그 시간이 생각보다 굉장히 짧게 느껴지고, 또 면접 당일에는 긴장도 되기 때문에 이제 면접을 준비하는 친구들은 짧은 시간 안에 어느 정도 답안을 만들어 낼 수 있는 연습이 많이 필요할 것 같다고 생각하여 이 부분에 집중했던 것이 도움이 많이 되었던 것 같아요.

• 면접을 준비하는 학생을 위한 응원과 격려의 한마디 해주세요.

수시를 준비하는 친구들은 수능 준비를 상대적으로 덜 하는 경향이 있어요. 물론 수시를 준비하다 보면 내신도 챙겨야 하고, 교내외 활동도 다양하게 하다 보니 시간이 부족하지만 수능 공부도 포기하지 않고 수능을 놓치지 않았으면 좋겠어요. 저는 한국교원대학교가 정말 오고 싶었고, 수시에서 떨어진다면 정시로라도 도전해서 가고 싶었기 때문에 수능 공부에도 집중했어요. 1학기를 마치고 나면 학생부종합우수자전형을 위한 학교생활기록부가 마무리되면서 상대적으로 힘이 빠지는 경우가 많은데 이 시기를 그냥 보내지 말고 꼭 수능 공부에 매진했으면 좋겠어요. 실제로 수능을 잘못 봐서 수시가 아니면 다른 길이 없다고 생각했을 때의 긴장감과 수시 결과가 안 좋더라도 정시로 다시 도전할 수 있다고 생각하는 긴장감이 전혀 다르다고 느꼈어요.

무엇보다도 중요한 것은 멘탈 관리인 것 같습니다. 많은 친구들이 힘들고 지치는 때가 분명히 옵니다. 하지만 한국교원대에 입학한 나를 상상하면서, 훌륭한 초등교사가 된 모습을 상상하면서 입시에 너무 스트레스 받지 않는 것이 중요한 것 같아요. 마음이 힘들 때에는 너무 미래에 남아있는 일들을 걱정하기 보다는 차근차근 당장 오늘의 내가 할 수 있는 일이 무엇인지만을 생각하고 해나가다 보면 이겨낼 수 있어요. 입시생 분들에게 아주 조금이나마 제 수기가 도움이 될 수 있기를 바래요.

출처 : 한국교원대 2019학년도 합격자 수기

Q&A 89

교대 및 사범대 면접에서 어떤 질문이 있는지 궁금합니다.

- 토론활동이 많은데, 우리나라 토론 교육의 문제점을 말하시고 자신이 교사가 되었을 때 어떻게 학생들에게 토론 수업을 할 것인지 말하세요.(경인교대)
- 3년 모두 초등교사인데 다른 직업은 생각한 적이 없나요?(경인교대)
- 자치법정을 했는데 개개인에 따른 지도가 아니라 통일된 벌을 주는 것이 더 바람직하지 않을까?(경인교대)
- 그 유명한 서머힐을 읽었는데, 서머힐의 제도 중에 한국 교육에 도입해야 할 게 뭐가 있다고 생각해요?(경인교대)
- 생기부를 보면 장래희망도 국어교사고 국어와 관련된 활동이 많아요. 교대는 다양한 과목을 잘해야 하는데 왜 교대에 왔어요?(경인교대)
- '교사 상처'라는 책을 읽고 교직에 대해 변하게 된 가치관이 있나요?(경인교대)
- 초등학생의 자격증 취득에 대한 찬반 양측의 논거를 각각 세 가지씩 들고, 초등 학생의 자격증 취득과 관련하여 교육적으로 고려해야 할 사항에 대해 말하시오. 영원한 삶의 추구에 대한 찬반 양측의 논거를 각각 세 가지씩 들고, 이를 바탕으로 학생 본인의 입장을 정한 다음, 반대 입장을 반박하기 위한 질문을 세 가지 만드시오.(경인교대)

- 4차 산업혁명의 도래로 인해 현재 직업 중 사라지거나 축소될 가능성이 높은 직업과 새롭게 만들어지거나 확대될 가능성이 높은 직업을 세 가지씩 들고 각각 그 이유를 제시하시오. 이를 고려하여 4차 산업혁명 시대에 적합한 인재를 양성하기 위해 학교교육이 어떻게 변화해야 하는지 설명하시오.(경인교대)
- 3학년 학술동아리에서 덴마크 교육을 조사했다고 적혀있는데 학생이 교사가 되었을 때 실현하고 싶은 제도가 있나?(경인교대)
- 다른 교대들 중에서도 경인교대가 꼭 오고 싶은 이유는?(경인교대)
- 3D프린터를 이용한 교육의 장점과 3D프린터가 가져올 문제점은 무엇인가요?(공주교대)
- 제주도에도 교대가 있는 것으로 알고 있는데 굳이 저희 광주교대에 지원하게 된 이유가 따로 있나요?(광주교대)
- 자기주도적인 학습이 더 효율적이라고 기술하였는데, 자신만의 독특한 공부법이나 자기주도적 학습의 요령이 있다면 이야기해 보세요.(광주교대)
- 1, 2학년 때 의사, 약사를 희망하였다가 3학년 때 초등교사로 진로를 바꾼 이유는 무엇인가요?(광주교대)
- ○○동아리를 개설하고 회장을 맡으며 리더 역할을 하였습니다. 그때 리더로서 발휘한 인성덕목을 가지고, 활동 상황을 이야기해 보세요.(광주교대)
- 미래인재표창 인성부분 수상을 했는데 본인이 생각했을 때 어떠한 이유로 수상했다고 생각하나요? 스스로 생각하는 초등학생들에게 인성교육을 시키기 위해 좋은 방법은 무엇일까요?(광주교대)
- 또래 상담 동아리활동을 통해 배우고 느낀 점은 무엇이라고 생각합니까?(광주교대)
- 초등교사가 되는 데 있어 가장 중요한 자질이 무엇이라고 생각하는가?(광주교대)
- 요즘 학생들이 스마트폰으로 많이 소통하고 게임도 많이 하면서 문제들이 발생하고 있는데 어떻게 지도할 것인지 경험을 바탕으로 말해 주세요.(부산교대)
- 대학교에 오게 되면 다른 학생들과 같이 수업을 들으면서 의견 충돌, 갈등을 겪게 될

텐데, 자신의 성격상 장점과 단점은 무엇이라고 생각하나요?(부산교대)

• 부산교대의 특별한 점이 있다면? 대학 생활에 대해서는 어떤 기대를 갖고 있는지? (부산교대)

• 아이들을 좋은 방향으로 이끌어주고 싶다고 했는데 구체적으로 좋은 방향이 무엇인가?(부산교대)

• 사회도 좋아하고 체육수업도 힘들 것 같은데, 중등교사가 더 낫지 않나?(부산교대)

• OER(Open Educational Resources)은 교수자와 학습자에게 온라인상에서 공개적으로 제공되는 무료 교수-학습 자료이다. 대표적인 예로는 MOOC(Massive Open Online Course)와 TED(Technology, Entertainment, Design) 등이 있다. 이러한 OER의 장점과 단점에 대해 논하시오.(서울교대)

• 대표적인 팝 아트 작가인 앤디 워홀(Andy Warhol)의 작품이다. 순수 예술 애호가들은 이러한 팝 아트를 진정한 예술 작품으로 볼 수 없다고 주장한다. 그 주장의 근거를 추론하고, 이에 대한 자신의 견해를 논하시오.(서울교대)

• 음악의 기능과 음악 교육의 필요성에 대한 자신의 견해를 논하시오.(서울교대)

• '기본 소득제'는 소득의 유무, 노동 의지 및 현재 노동 여부와 관계없이 모든 개인에게 일정 금액을 동일하게 지원하는 제도이다. 기본 소득세 도입에 대한 찬성과 반대 근거를 각각 제시하고, 이에 대한 자신의 견해를 논하시오.(서울교대)

• 교원 순환근무제란 어느 학교에서 일정 기간 근무하면 다른 학교로 전보시키는 제도이다. 공립학교 교원의 순환근무제에 대한 찬반 입장을 밝히고, 그 이유를 말하시오.(전주교대)

• 지난해 서울시교육청은 초등학교 저학년의 숙제를 폐지하여 '숙제 없는 학교'를 만들겠다고 발표했다. 숙제 부과에 대한 찬반 입장을 밝히고, 그 이유를 말하시오.(전주교대)

• 1980년대 이후 정부는 학생 수의 감소로 인해 농어촌지역 소규모 학교의 통폐합을 유도하고 있다. 소규모학교 통폐합 정책에 대한 찬반 입장을 밝히고, 그 이유를 말하시오.(전주교대)

- 학생의 질문을 유도해 답변을 주는 수업을 예를 들어 어떻게 할 수 있을까요?(부산교대)
- 초등교사는 예체능에 다재다능해야 하는데 본인의 경우는 어떠한가?(춘천교대)
- 메르스 사망자 유가족들이 국가를 상대로 손해배상 청구를 하는데 자신의 의견은 어떠한가요?(춘천교대)
- 꼭 하고 싶은 수업방식이 있다면 교과든 예체능이든 상관없이 설명해 주세요.(부산교대)
- 서울대가 아닌 우리 대학교에 진학해야 하는 이유를 설득하시오.(한국교원대)

[사범대학]
- 지리교육에 대한 어떠한 전공에 대한 탐구욕이 학문을 발전시키는 데 도움이 된다고 생각하나요?(고려대)
- 고려대에는 양심우산제도가 있는데, 우산의 회수율이 낮습니다. 회수율을 높일 수 있는 방법은 뭘까요?(고려대)
- 한국사 교과서 국정화는 어떻게 생각하는가?(고려대)
- **학과 지원 시 가장 영향을 준 책을 소개해 주세요.(고려대)
- 자기소개서에 보니까 역사지리캠프를 다녀왔는데, 그 중 가장 인상 깊었던 장소가 군산이네요. 군산의 지리적 특색은?(동국대)
- 진로희망에는 고등학교 3년 동안 '초등교사'를 희망했는데 교육학과에 지원했습니다. 자기소개서에서 교육학과 지원동기에 대해 기술했습니다. 교육학과를 통해서 이후 어떤 진로를 생각하고 계신가요?(동국대)
- 〈금오신화〉의 다섯 단편 모두가 김시습이 바랐던 이상세계가 그려져 있다고 했는데, 이에 대한 자세한 설명을 해보세요.(동국대)
- 중학생 대상 수업 시연 프로그램에서 〈천만리 머나 먼 길에〉 시조 수업을 해보았는데, 그 경험이 자기에게 미친 영향에 대해 이야기해 보세요.(동국대)
- '교육은 학습자 중심으로 이루어져야 한다'는 자신의 교육관 확립의 동기와 그 교육관

이 실제의 활동으로 이어진 경험에 대해 이야기해 보세요.(동국대)

• 역사를 통해 세상을 보여주고 싶다고 했는데 그 의미에 대해 설명해 보세요.(동국대)

• 교육을 통해 학생들에게 올바른 역사인식을 기르고 싶다고 했는데, 그러기 위해 교사
는 어떤 활동을 해야 하나?(동국대)

• 지리과목 학습 PMI는 무엇인가요? 하나의 문제를 두고 여러 가지 시각에서 바라보며
문제를 해결하기 위한 방법들을 제안하고 일상생활에서 스스로 결과를 적용시켰다고
했는데, 구체적인 사례를 들어 설명해 보세요.(동국대)

• 인구절벽으로 학생들도 점점 감소하고 있는데 국어교사가 안 된다면 생각해 놓은 진로
가 있는지요?(서울대)

• 자기소개서에 호주 화상수업을 했다고 하는데 자세히 설명해 주세요. (서울대)

• 힐러리 클린턴이나 엠마왓슨 연설문 등을 공부하면서 원어민 선생님이 영단어의 미묘
한 차이를 알려주셨다고 했는데, 그 단어가 무엇인가?(서울대)

• 학생들에게 윤리를 어떻게 가르칠 것입니까?(서울대)

• '니코마코스 윤리학'에서 드러난 아리스토텔레스의 사상 중 자신이 가장 중요하다고 생
각하는 것을 한 가지만 말해 봐요.(서울대)

• 문과가 수학, 과학을 배울 필요가 있다고 생각하나?(서울대)

• 일반적인 교사가 갖춰야 할 자질과 국어교사가 갖춰야 할 자질을 말해 보세요.(서울대)

• 지리학은 자연지리나 인문지리같이 여러 분야가 있는데 그 중 어느 것에 가장 관심이
있나?(서울대)

• 중국사랑 일본사에 흥미를 느꼈으며, 중일전형을 설명해 보세요.(서울대)

• '삶을 위한 국어교육'이라는 책을 읽고 고전교육에 대한 올바른 방향성에 대해 생각해
보았다고 했는데 이에 대해 말해 보세요.(서울대)

• 이때껏 만난 선생님 중 "아, 이 선생님은 닮고 싶다" 했던 선생님이 있다면?(이화여대)

• 교권침해를 예방하기 위해서 어떤 노력을 해야 하는지?(한국교원대)

- 인문학 동아리와 인문학적 상상여행 동아리를 하셨다고 했는데 자신이 한 강연이 있다고 적혀있는데 구체적으로 무엇이었죠?(인천대)
- 인류가 발전함에 있어서 경쟁이 크게 작용하는가? 협력이 크게 작용했는가?(인하대)
- 유아교육을 하다 보면 장애 아동이 일반 아동과 함께 수업을 받게 되는데 교사 입장에서 어떻게 대우하는 것이 옳다고 보는가?(중앙대)

[자연공학계열]

Q&A 90

자연과학 및 공학계열 면접의 특징이 궁금합니다.

이공계 경우 대학에서 배우는 교과목과 여러 활동은 전문적인 경우가 많은데, 이러한 공부를 충분히 원활하게 수행하기 위해서는 본인 스스로 학습동기를 가지고 진행하는 자기주도 학습능력뿐만 아니라 전공과 관련된 선택과목을 이수했는지 확인하고 관련 학습경험을 물어보는 경향이 많아졌습니다. 학습내용 자체의 지식을 물어보는 것이 아니라 본인의 학습경험을 바탕으로 과목에 대한 이해를 갖추고 있는지 물어봅니다. 또한 동아리 활동이나 진로활동 등을 통해 전공에 대한 관심을 어느 정도 갖고 있는지 평가하고 있습니다.

Q&A 91

과학기술원 관찰면접의 진행방식과 특징에 대해 궁금합니다.

과학기술원은 다자간 토의면접을 통해 지원계열 전공적합성뿐만 아니라 교육철학, 미래계획, 사회정의와 공익 등 차별화된 내용을 통해 미래 한국 과학을 이끌어나갈 인재를 선발하기 위해 면접문제를 별도로 출제하고 있습니다. 또는 15분정도 주제문을 보고 면접관 앞에서 5분간 발표하는 면접도 진행하고 있습니다. 2020년부터 4대 과기원 기획처장 등으로 구성된 '과기원 혁신 과제 실행 운영위원회(가칭)'을 설립하여 창의적 인재를 양성하고자 교육혁신을 꾀하고 있습니다. 기존 학생 선발 시 관찰면접으로 전환하여 면접 비중을 높이고 있습니다. 관찰면접에서는 기계적인 지식보다는 융합적 사고, 어려운 문제풀이보다는 창의적 문제해결 역량을 심층평가하고 있습니다.

국가과학기술자문회의(https://www.pacst.go.kr/jsp/main/main.jsp)

[토의면접]

• 양심적 병역 거부가 인정된 것에 대해 이전에는 양심적 병역 거부가 인정되지 않았던 이유와 양심적 병역 거부 대상자는 어떻게 선정하여야 하며, 대체 복무를 진행할 때 대체 복무의 방식이나 기간은 어떻게 해야 한다고 생각하는가?

• 공론화위원회의 결정에 의해 신고리 5, 6호기의 공사를 중단하게 되었다. 국회와 같은 공인된 의견수렴 기관이 있음에도 불구하고, 공론화위원회를 존재하게 하는 숙의 민주주의가 바람직하다고 생각하는가? 이에 대해 찬성한다면 그 근거를 대고, 이에 대해 반대한다면 문제점과 그 이유를 설명하세요.

[발표면접]

• 원자력 발전소의 작동오류로 인한 방사능 노출로 만성질환에 시달리고 생태계 파괴의 문제 등을 야기하는데 원자력 발전을 지속하는 것이 좋을까요?

• 뉴런의 수가 최근 1000억개로 추정하고 있다. 사람의 지능을 가진 인공지능이 가능할 것인가요?

Q&A 92

자연과학 및 공학계열 심층면접이 학교별로 차이가 있는지 궁금합니다.

심층면접 후기를 통해 학교별 차이에 대해 알아보겠습니다.

[고려대 기계공미디어학부 합격자 후기]

• 면접은 어떻게 준비하였나요?

　제시문의 내용과 문항의 의도를 정확히 파악하여 묻고 있는 바에 대해 두괄식으로 말하고자 노력했어요. 제시문에 이미 언급되어 있는 내용을 반복적으로 설명하는 것은 나를 어필하기에 부족할 것이라고 생각하고, 주장하는 바를 논리적으로 설득할 수 있는 구체적이고 적절한 사례를 제시하여 답변하려고 노력했어요. 고려대 인재발굴처 홈페이지에서 기출문제를 모두 출력한 후, 답변 준비를 하여 실전처럼 시간을 재면서 답변을 했으며, 수학과 과학 교과과정을 복습하고 사고의 깊이를 드러낼 수 있도록 노력하였어요.

• 면접 준비나 면접 과정에서 어려운 점을 극복하는 나만의 방법을 알려주세요?

　면접 기출문제를 처음 보면 많이 어렵고 시간이 부족했어요. 그래서 여러 번 반복하면서 이 과정이 익숙해지도록 노력하였으며, 그 결과 짧은 시간에 문제해결능력을 기르게 되어 긴장하지 않고 편하게 면접에 임할 수 있었어요.

[고려대 바이오의공학부 합격자 후기]

• 면접은 어떻게 준비하였나요?

　정시와 수시 모두 준비하고 있었기 때문에 면접 준비를 수능 이전에 하기는 현실적으로 힘들었어요. 수능이 끝나고 나서 학교 선생님들과 합격한 학생들과 함께 학생부기반 면접을 연습하고 집에서는 제시문 기반 면접 연습을 위해 고려대학교 인재발굴처에 있는 기출문제를 풀어보면서 연습을 했어요. 유튜브에 올라와 있는 고려대학교 면접 유의사항 동영상을 보면서 실제 면접의 분위기나 면접태도, 답변 방식을 배울 수 있었어요. 나쁜 예시가 모두 있었으므로 면접을 대비할 때 도움이 많이 되었어요. 그 외에도 고등학교 생활 중에 발표나 토론수업을 자주 했던 것이 말을 조리 있게 정리하는 데 큰 도움이 되었어요.

• 면접 준비나 면접 과정에서 어려운 점을 극복하는 나만의 방법을 알려주세요.

제가 가장 걱정되는 것은 긴장이었어요. 저는 너무 떨려서 대기실에서 청심환을 먹었어요. 사람마다 효과가 다르겠지만 먹고 난 이후에는 별로 긴장되지 않아서 신기했어요. 하지만 시간이 지나면 졸리기도 하고 약간 멍한 상태가 될 수 있으니 주의하시기 바래요. 따뜻한 물을 면접장에 챙겨서 갔던 것도 긴장을 푸는 데 도움이 되었어요. 또한 면접장에 들어가서 첫마디 목소리를 크게 했더니 이후 답변들도 자신감 있게 할 수 있었어요. 긴장하면 말이 빨라지는데 초반에 말의 템포를 여유 있게 조절하니깐 이후에도 당황하지 않고 답을 할 수 있었어요. 면접은 자신감이 무엇보다도 중요하다고 생각해요. 이후에도 당황하지 않고 답을 할 수 있었어요. 면접은 자신감이 무엇보다도 중요하다고 생각해요 "나는 모든 것을 알고 있다."라는 생각을 가지고 면접장에 들어가면 더 편한 마음가짐으로 면접에 임할 수 있을 것이라고 생각해서 추천드려요.

출처 : 2021 고려대학교 학생부종합전형 안내서

[연세대학교 전기전자공학부 학생부종합전형(면접형) 합격자 후기]

• 면접은 어떻게 준비하였나요?

제시문 기반 면접은 짧은 시간 동안 자신의 답을 논리적으로 이야기하고, 설득력 있게 만들 수 있는가가 평가기준이라 생각하고, 학교에서 여러 번 모의면접을 해보면서 순발력 있게 대답하는 훈련을 했어요. 제시문 숙지 시간이 5분밖에 주어지지 않는다면, 제시문을 한 번 본 뒤 질문을 읽었을 때 직감적으로 바로 보이는 답이 '제시문이 말하는 답'이라고 생각하고 짧은 시간 동안 답을 뒷받침하는 최대한 많은 예시를 찾고자 노력했어요.

활동기반 면접은 학생부와 자소서에 적혀져 있는 여러 활동에 대해서 각각 내가 왜 이 활동을 했고, 활동과정에서 어떤 어려움이 있었으며, 그 어려움을 극복하고 활동을 마치면서 나의 무엇이 달라졌는지 코멘트를 달아보면서 막힘없이 이야기할 수 있도록 준비했어요.

• 면접 준비나 면접 과정에서 어려운 점을 극복하는 나만의 방법을 알려주세요?

가장 조심해야 하는 것은 지나간 것에 대한 미련과 걱정이에요. 자신이 부족한 것을 걱정하면서 시간을 허비하기보다는 이런 단점을 극복하기 위해 노력한 과정, 성적이 떨어졌지만 다른 활동을 위해 노력한 것을 구체적으로 설명하면서 단점을 만회할 수 있는 방법을 찾으면서 "나를 사랑하는 모습을 보여주세요." 그럼 자신감 있는 모습을 교수님께서도 아시고 좋은 평가를 하실 것입니다.

[연세대학교 수학과 학생부종합전형(활동우수형) 합격자 후기]
• 면접은 어떻게 준비하였나요?

3년 동안 수학 자율동아리에서 활동하였으며, 수학, 과학 관련 대회나 강연 등의 여러 활동에 거의 빠짐없이 모두 참여하였으며, 활동이후 느낀 점과 부족한 점 등을 기록하면서 보완하였어요. 활동우수형 면접은 제시문 면접이 대부분을 차지해요. 기출문제 위주로 여러 사회문제와 관련된 상식을 정리하면서 제 의견까지 따로 정리하면서 준비한 점이 가장 도움이 되었어요.

• 면접 준비나 면접 과정에서 어려운 점을 극복하는 나만의 방법을 알려주세요.

  2~3개년 정도의 기출문제를 바탕으로 유형만 파악해두고 자신의 생각을 떨지 않고 이야기하는 연습을 하는 것이 가장 중요해요. "자신의 생각과 의견을 자신 있게 이야기하는 것이 가장 중요해요."

출처 : 2020 연세대학교 학생부종합전형 안내서

Q&A 93

자연과학 및 공학계열 면접에서 어떤 질문이 있는지 궁금합니다.

[수학계열]

• 하디바인베르크 법칙이 무엇인가요?(고려대)

• 보험계리사로 정한 계기를 설명해 보세요.(고려대)

• 저소득층 사람들이 보험을 낼 여유가 있을까?(고려대)

• 대학교 수학을 공부해 본 적이 있는가?(국민대)

• 학교생활기록부에 꿈이 수학교사인데 왜 수학과에 지원하게 되었는가?(국민대)

• 수학 관련 수상 실적이 있는데 수상한 이유에 대해 설명해 보세요.(경기대)

• 퍼펙트 통계에서 '진로선택이 빠를수록 인생이 행복하다?'라는 주제를 가지고 통계자료 분석 시 주의해야 한다고 했는데 이에 대해서 설명하시오.(동국대)

• 쌍곡선의 정의, 점근선의 방정식에 대해 설명하세요.(명지대)

• 고등학교와 대학교 수학은 다르다. 알고 있나? 무슨 차이가 있는가?(서울시립대)

• 대학 수학 중 어느 분야에 관심이 가나?(서울시립대)

• 물리학과와 수학과는 어떤 연관성이 있는가?(서울대)

• 정규분포곡선이 매끄럽다고 생각하는 이유는?(서울대)

- '박사가 사랑한 수식'에서 박사가 사랑한 수식이 무엇이었는가?(서울대)
- 수리과학부에 지원했다면 수학에 대해 엄청나게 호감을 가지고 있을 것 같은데, 수학이 좋은 이유가 무엇인가요?(서울대)
- 좋아하는 수학자가 있나요?(이화여대)
- 자신의 성격 중 수학을 하면서 필요하다고 생각하는 것은?(이화여대)

[물리/지구과학계열]

- 물리Ⅱ 교과를 왜 선택하지 않았나요?(건국대)
- 물리에 관심이 많다고 했는데, 물리Ⅱ를 배우면서 가장 어려웠던 것은?(건국대)
- 교내 LISA라는 실험동아리에 참여했는데, 어떤 동아리인가요?(건국대)
- 천문대에 다녀와서 망원경 전시된 걸 보고 왔다고 하는데, 망원경의 종류에 대해 말해 보세요.(건국대)
- 천문학에 관심이 많다고 했는데, 이 과는 엔지니어와 관련된 학과인데 천문학과 항공의 연관성은?(건국대)
- 비행기가 나는 원리는?(건국대)
- 토론대회에 나가서 대상까지 탔는데, 토론대회는 어떤 식으로 진행했나요.(건국대)
- '청소년을 위한 천문학 여행'이란 책을 읽었는데, 우주배경복사에 대해 알게 된 것은?(경희대)
- 천문학을 하려면 수학을 잘해야 하는데 수학성적이 미진한 것 같아요. 이에 대한 계획은?(경희대)
- 내적은 어떻게 구하는가?(동국대)
- 내적은 벡터인가 스칼라인가?(동국대)
- 힘 1N을 정리해 보시오.(동국대)
- 뉴턴의 제2법칙에 대해 말해보시오.(동국대)

- 가속도의 단위는?(동국대)
- 빠른 속도로 달리는 KTX에도 관성이 적용되는지에 대한 본인의 의견을 설명하세요. (부경대)
- 지질학 중에서도 어떤 부분을 공부하고 싶나요?(서울대)
- 서울대학교에 진학하면 사회적 리더가 되는 경우가 많다. 리더의 자질은?(서울대)
- 뉴턴의 3가지 법칙을 말해 보시오.(서울과기대)
- 인터스텔라에서 시간이 느리게 흐르는 이유는 무엇인가요?(서울과기대)
- 자동차의 속도계는 어떻게 표시되나요? 속도계가 표시되는 원리는 무엇인가요?(서울과기대)
- 적분은 실생활에서 어떻게 쓰일까요?(서울과기대)

[컴퓨터/전자계열]

- 해커톤이 무슨 대회인가요?(가천대)
- SW에 대해 설명해 주세요. 왜 필요한가요?(가천대)
- 기하와 벡터 실생활의 예를 들어 설명해 주세요.(가천대)
- 태양광과 태양열에너지 차이에 대해 설명해 주세요.(가천대)
- 취미가 인터넷 뉴스 기사 보기인데 최근에 우리 과와 관련된 기사를 소개해 주세요. (가천대)
- 전기전자공학부와 관련된 직업 세 가지를 설명해 주세요.(고려대)
- 무인자동차가 앞에 사람이 있다면 피하도록 설계했다. 그런데 그 사람을 피하면 운전자 가 다친다. 이 경우 우선순위를 어디에 두어야 하는가?(고려대)
- 수학과 과학에서 공식을 사용하는 것이 바람직한가?(고려대)
- 물리II를 안 배운 이유는?(광운대)
- 어떤 로봇을 만들고 싶나요? 사람의 마음을 읽고 소통하는 로봇에 대해 자세히 설명해

주세요.(광운대)

- 과학캠프 때 로봇을 만들면서 제일 힘들었던 점은?(광운대)
- 동아리에서 창의력을 키울 수 있었다고 하는데 창의력의 정의가 무엇인가?(광운대)
- 그러면 창의력을 발휘한 적이 있는가?(광운대)
- 로봇과 관련된 활동을 했는데 로봇학과가 아닌 전자융합공학과에지원한 이유는 무엇인 가?(광운대)
- 우리 학교에 전자공학이 있고 전자융합공학이 있는데 굳이 전자융합공학에 지원한 이 유는?(광운대)
- 어떤 로봇을 만들고 싶은가?(광운대)
- 어떤 로봇공학자가 되고 싶은가?(광운대)
- 프로그램 언어 중 다룰 줄 아는 언어가 있는가?(광운대)
- 우리 학과 오면 물리II 내용이 많은데 이를 채우기 위해 어떤 노력을 하였는가?(경희대)
- 진로를 전자기파 차단 소재 개발이라고 했는데, 이렇게 구체적으로 결정하게 된 동기 는?(경희대)
- 디스플레이에 대해 과학과 수학 중 어떤 과목이 더 중요하다고 생각하죠?(경희대)
- 자율 주행 자동차의 순기능과 역기능은?(국민대)
- 자신이 웨어러블 기기를 개발한다면(구글글라스, 애플워치), 어떤 웨어러블 기기를 개발 할 것인가?(국민대)
- CCTV 설치 확대에 찬성하는가? 반대하는가?(국민대)
- 전기전자공학부는 물리와 화학이 중요한데, 3학년 때 물리를 선택하지 않았는데 전기 전자공학부에 들어와서 다른 학생들에 비해 힘들지 않을까요?(동국대)
- 이진법이 컴퓨터의 수학적인 구조라고 자기소개서에 기술하였는데, 그 내용을 설명해주 시고, 이진법을 안 쓰면 컴퓨터는 있을 수 없는지 본인의 생각을 설명해 주세요.(동국대)
- 인공지능에 대해 많은 관심이 있는 것 같은데, 인공지능이란 무엇이라고 생각하는지,

인공지능이 상업적으로 활성화되기 위해 필요한 것은 무엇이 있는지 설명해 주세요.
(동국대)

- 시그모이드 함수(곡선)에 대해서 왜 관심을 가지게 되었고 그 특징을 이해하였다는데, 어떤 방식으로 또는 어떻게 이해하였는지 설명해 보세요.(동국대)
- 어셈블리어를 왜 공부하였는지, 활용하여 프로그래밍한 경험이 있나요?(동국대)
- 수학영재 산출물 대회에서 태양 위치 변화 고려한 태양전지판 움직임을 수학적으로 어떻게 모델링했다고 하였는데, 구체적으로 설명하시오.(동국대)
- 아날로그와 디지털의 차이점에 대해 설명하세요.(서울과기대)
- 유비쿼터스가 무슨 뜻인가요? 자기소개서에 유비쿼터스 도시를 만들겠다고 했는데 이것은 지금도 만들고 있는 실정입니다. 이에 대해 어떻게 생각하나요?(서울과기대)
- 맥놀이현상이 무엇인가?(서울과기대)
- 반도체에 대해 아는 대로 설명하세요.(서울과기대)
- 트랜지스터, 저항, 콘덴서 등 전자부품의 특징과 용도를 설명하세요.(서울과기대)
- 패러데이법칙을 설명해 보고, 적용한 예를 말해 보세요.(서울대)
- SNS를 세 가지로 표현하고, 그 이유를 말해 보세요.(서울시립대)
- 고체결정의 에너지띠와 전기전도성은 무슨 관계인가?(서울시립대)
- n형반도체가 무엇인가요? 어떻게 만드나요? 무슨 원소를 첨가하는지 모두 말해 보시오.(서울시립대)
- 압전 효과에 대해 좀 더 자세히 설명해 주세요.(숭실대)
- 전기란 무엇이고, 전기가 우리 생활에 어떻게 유용한지 그 이유를 말해 보세요.(숭실대)
- 자신이 전기연구원으로서 인재상에 적합한 것, 부족한 것, 앞으로 채워야 할 것이 있다면 무엇이라고 생각하는가?(숭실대)
- 전기연구원의 꿈을 갖게 된 계기와 이유가 있다면 무엇인가요?(숭실대)
- 보안 어플리케이션에는 무엇이 있나?(숭실대)

- 전기공학에 대한 이슈는?(숭실대)
- 스마트폰에 사용된 센서를 말하고 그 원리를 설명하라.(한국외대)
- RIFD에 대해서 잘 알고 있네요. 교내 활동에서 RIFD를 이용하여 마트의 복잡함을 해결하는 방법에 대해 토론하고 연구해 보았다고 했는데, 어떻게 문제를 해결했나요?(한국외대)
- 가상현실 전문가가 되고 싶다고 했는데, 현재 저희 대학 교수님들 중 가상현실 분야를 연구 중인 교수님이 계시나요?(중앙대)

[토목/건축계열]

- 물리에 관심이 많은 것 같은데 굳이 건축공학과를 지원하게 된 특별한 사례가 있나요?(경희대)
- 자신이 살고 있는 집의 구조를 설명하고 바꾸고 싶은 점을 말해 보세요.(가천대)
- 자신이 하고 싶은 건축이 무엇인지 말해 보세요.(가천대)
- 자신이 추구하는 건축과 집주인이 원하는 건축이 다를 때, 어떻게 할 것인가?(가천대)
- 인상 깊은 건축물이 무엇인가? 그 이유는?(가천대)
- 살기 좋은 집의 기준이 무엇이라고 생각하는가?(건국대)
- 건축과 관련된 인상 깊었던 책 한 권에 대해 말해 보시오.(건국대)
- 자기소개서 내용 중 할머니 집을 새로 지었다고 했는데, 어떤 점이 달라졌나요?(건국대)
- 동아리활동 중 공학 동아리 활동을 했는데, 건축에서 공학이 왜 중요하다고 생각하는가?(건국대)
- 내셔널지오그래픽을 보면서 가장 인상 깊었던 장면을 소개해 주세요.(경기대)
- '원자력의 미래 발전방향' 탐구보고서를 작성했는데 자세히 설명해보세요.(경희대)
- '건축사회환경공학부'는 왜 건축과 사회, 환경을 다 합쳐 놓았다고 생각하는가?(고려대)
- 최근 많은 시설에서 CCTV 설치가 증가하고 있는데, 사생활침해가 우려된다는 문제점

이 있습니다. CCTV설치에 찬성하는가, 반대하는가?(국민대)

• 학생부, 자기소개서를 보면 한옥에 관심이 많은데, 한옥의 장점과 단점은 무엇인가요? 단점을 보완하기 위한 대책을 생각해 본 적이 있나요?(동국대)

• 새로운 주거형태의 대안으로 한옥을 설정한 이유는?(동국대)

• 여성 건축사의 한계에 대해 말해 보고, 자신은 그 한계를 극복할 수 있다고 생각하는가?(동국대)

• 자소서에 언급한 해체공법은 주로 건축에 관련된 내용입니다. 혹시 건축공학과와 건설환경공학에 차이에 대하여 알아본 적이 있나요? 건설환경을 지원한 확실한 이유가 있나요?(동국대)

• 한옥에 대해서 관심이 많은 것 같은데, 한옥의 장점과 단점을 설명해 보세요.(동국대)

• 신재생 에너지를 이용한 건축물을 하고 싶다고 하였는데, 신재생 에너지를 건축에 어떻게 이용할 수 있을까요?(동국대)

• 건축학과와 건축공학, 건설시스템의 차이점에 대해 비교 설명하세요. (서울과기대)

• 자동차가 고속도로에서 국도로 나갈 때 속도를 줄여야 하는 이유는? (서울시립대)

• 속도와 가속도를 내적하면 어떻게 되는가? 내적의 정의는?(서울시립대)

[기계/항공/자동차계열]
• 기계공학적 소양과 기계설계학적 소양이 어떻게 다른가?(건국대)

• 스포츠 엔지니어 꿈을 어떻게 이룰 것인가? 우리나라에 해당 기업이 없는데, 대표적인 회사는?(건국대)

• 기계공학에서 제일 필요한 교과목 3가지는?(고려대)

• 호크아이에 동역학이 적용된다고 기술했는데, 어떻게 적용되었나?(건국대)

• 동아리에서 베르누이 방정식 관련 활동을 했는데, 양력이 무엇인가?(건국대)

• 태양전지 패널의 원리에 대해 설명해 보세요.(건국대)

- 광전효과의 원리에 대해 설명해 보세요.(건국대)

- 3D프린터기기의 원리 및 제작법에 대해 설명해 보세요.(건국대)

- 열기구가 열팽창하지 않고도 상공으로 날 수 있는지, 그리고 열기구가 찌그러진 상태에서도 날 수 있는지?(건국대)

- 외골격 로봇의 작동 방식과 인간 관절과 비교 했는데 무엇인가요? 설계를 위해서 어떤 과목을 배워야 하며 역학 과목과는 무슨 관련이 있을까요?(동국대)

- 의자 바퀴 전기 생성 시스템을 고안했는데 어떤 원리를 이용한 것이고 실제로 제작을 하였나? 어느 정도의 전기를 얻었나?(동국대)

- 도마뱀 발이 반데르발스와 관련 있다고 했는데 반데르발스 힘이란 무엇이고 접착성의 원리는 무엇인가요?(동국대)

- 변리사에 관심이 많은데, 변리사는 여러 전문 분야가 있다. 왜 산업공학을 통해 변리사가 되려고 하는가?(동국대)

- 연료 전지 및 2차 전지에 개발에 관심이 있는 것으로 알고 있는데, 연료전지 혹은 2차 전지 중 현재 가장 큰 문제가 무엇이며, 구체적으로 앞으로 어떤 연구를 하고 싶은지 말해 보세요.(동국대)

- 손난로 제작에 대해서 수행한 것으로 알고 있는데, 구체적인 원리 및 손난로를 제작하면서 배운점에 대해서 말해 보세요.(동국대)

- 삼각비와 피타고라스 정리를 이용한 수열문제(서울대)

- 속도, 거리를 이용해 개미의 목적지 도착시간을 구하는 적분문제(서울대)

- 인공위성에 작용하는 힘 2가지는 무엇인가?(서울과기대)

- 왜 높은 산에 올라가면 추운가?(서울과기대)

- 안전공학과가 어떤 과이며 대체로 어디로 취업하는가?(서울과기대)

- 어떤 로봇을 만들고 싶나요? 사람의 마음을 읽고 소통하는 로봇에 대해 자세히 설명해 주세요.(광운대)

- 과학캠프 때 로봇을 만들면서 제일 힘들었던 점은?(광운대)

- 어떤 로봇을 만들고 싶은가?(광운대)

- 어떤 로봇공학자가 되고 싶은가?(광운대)

[의학생명계열]

Q&A 94

의학 및 생명계열 면접의 특징이 궁금합니다.

2021학년도 기준 전국 의학계열 선발 대학 가운데 학생부종합전형으로 선발하는 대학의 면접방식 및 면접 유형을 정리하면 다음과 같습니다.

대학	전형명	수능최저	전형방법	면접유형
가천대	가천의예	3개 1등급	1단계(4배수) : 서류100 2단계 : 1단계 50+면접 50	
가톨릭대	학교장추천자	3개 합4	1단계(3배수) : 서류 100 2단계 : 1단계 70+면접 30	
가톨릭관동대	CKU종합전형	3개 합5	1단계(3배수) : 서류100 2단계 : 1단계 70+면접 30	
경북대	학생부종합 (일반학생)*	4개 합5	1단계(5배수) : 서류100 2단계 : 1단계 70+면접 30	
경상대	학생부종합(일반)	X	1단계(3배수) : 서류100 2단계 : 1단계 70+심층면접 30	
경희대	네오르네상스	X	1단계(3배수) : 서류100 2단계 : 1단계 70+면접 30	
계명대	학생부종합(일반)	X	1단계(4배수) : 서류100 2단계 : 1단계 80+면접 20	
고려대	일반전형_학업우수	4개 합5	1단계(5배수) : 서류100 2단계 : 1단계 70+면접 30	
	일반전형_계열적합	4개 합5	1단계(5배수) : 서류100 2단계 : 1단계 70+면접 30	

단국대천안	학생부종합(DKU인재)	3개 합5	1단계(4배수) : 서류100 2단계 : 1단계 70+면접 30	
동국대경주	학생부종합 (참사랑)*	3개 합4	1단계(10배수) : 서류100 2단계 : 1단계 70+면접 30	
부산대	학생부종합	3개 합4	서류100	
순천향대	학생부종합 (일반학생)	X	1단계(3배수) : 서류100 2단계 : 1단계 80+면접 20	
서울대	학생부종합 (지역균형)	3개 2등급	서류 70+면접 30	
성균관대	학생부종합 (학과모집)	X	1단계(3배수) : 서류100 2단계 : 1단계 80+면접 20	
아주대	학생부종합 (ACE)	4개 합5	1단계(3배수) : 서류100 2단계 : 1단계 80+면접 20	
연세대	활동우수형	X	1단계(4배수) : 서류100 2단계 : 1단계 60+면접 40	
	면접형	X	1단계(3배수) : 교과40+서류60 2단계 : 1단계 40+면접 60	
연세대미래	학생부종합 (학교생활우수자)*	3개 합4	1단계(6배수) : 서류100 2단계 : 1단계 80+면접 20	
원광대	학생부종합	3개 합6	1단계(5배수) : 서류100 2단계 : 1단계 66.7+면접 33.3	
이화여대	학생부종합 (미래인재)	4개 합5	서류 100	
인하대	인하미래인재	X	1단계(3배수) : 서류100 2단계 : 1단계 70+면접 30	
울산대	학생부종합면접		1단계(4배수) : 서류100 2단계 : 1단계 50+면접 50	
전북대	학생부종합 (큰사람)	4계 힙7	1단계(4배수) : 서류100 2단계 : 1단계 70+면접 30	
중앙대	학생부종합 (다빈치인재)	X	서류100	
	학생부종합 (탐구형인재)		서류100	
충남대	학생부종합 (PRISM인재)	3개 합5	1단계(2배수) : 서류100 2단계 : 1단계 66.7+면접 33.3	
충북대	학생부종합(학생부종합l)	X	1단계(3배수) : 서류100 2단계 : 1단계 66.7+면접 33.3	

한림대	학생부종합 (학교생활우수자)	3개 합4	1단계(6배수) : 서류100 2단계 : 1단계 70+면접 30	
한양대	학생부종합	X	학생부100	

Q&A 95

생명계열 제시문 면접의 문제와 특징에 대해 궁금합니다.

생명계열 제시문 면접의 특징은 화학Ⅱ, 생명과학Ⅱ에 관한 개념을 기반으로 생활 속에서 적용하여 이해한 내용을 출제하고 있습니다. 따라서 개념과 원리를 이해하고 생활 속에서 활용되는 예시까지 조사하여 학습하는 것을 추천합니다. 또한 그래프 해석능력을 물어보는 문제도 출제되고 있으니 다양한 그래프를 보고 관계를 설명할 수 있는 능력을 기르는 것을 추천드립니다.

- 인지질 2중층의 세포막의 선택적 투과에 대해 설명하세요.
- 선택적 투과의 개념을 사회현상에 적용하여 사례를 설명하세요.
- 방사성 동위원소 탄소원자로 이루어진 식물이 죽으면 붕괴가 되기 시작한다는 것을 활용하여 실 사례로 적용할 수 있는 것을 설명하세요.
- 신체활동이 증가하면 지방 저장량이 감소하여 비만이 될 확률이 작아지는 이유를 국민 평균 걸음수와 구민 비만율 사이의 관계로 설명하세요.
- 국민 활동 불평등도와 국민 비만율 사이의 관계를 설명하세요.
- 평균으로 이해하기 어려운 데이터 특성을 설명할 수 있는 다른 개념이 있다면 제시해주세요.
- 청소년 남자 국가대표팀의 생일 데이터를 통해 대부분의 선수 생일이 1, 2분기에 집중되어 있는 것으로 관찰된다. 이러한 패턴이 생길 수 있는 이유가 설명해주세요.
- 두 집단 구성원 간의 빈부격차를 구하고자 한다. 상위 20%집단 구성원 개인의 소득은

나머지 80% 집단 구성원 개인의 소득의 몇 배인가?(단, 각 집단 안에서 구성원들의 소
득은 동일하다고 가정한다.)

Q&A 96

의학계열 다중미니면접(MMI)이 학교별로 차이가 있는지 궁금합니다.

서울대 의대는 일반전형 면접에서 상황면접 4개방(각10분)과 제출서류 내용
확인면접 1개방(20분) 등 전체 5개방에서 면접고사를 진행했다. 서울대 외에도
아주대, 인제대, 한림대 등도 MMI 방식을 활용합니다. 성균관대 글로벌 인재전
형에서 MMI를 도입하여 60분 동안 4단계 평가를 진행했다. 다음은 성균관대
면접진행과정을 소개하였습니다.

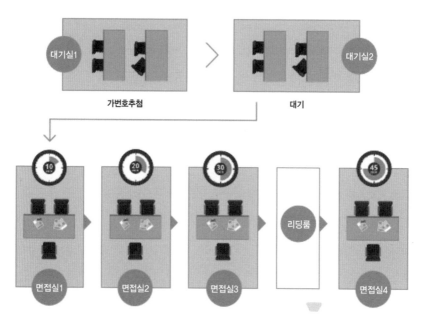

출처 : 2021학년도 성균관대 학생부종합전형 가이드북

Q&A 97

의학계열 다중미니면접(MMI) 기출문제가 궁금합니다.

• 서울대학교 학생들은 다양한 배경을 가지고 입학하기 때문에 자신의 학문에 대한 자존심이 강하다. 학생이 과대표라고 하고 20명의 의견A와 10명의 의견B로 나누어졌을 때, 학생은 어떤 선택을 하겠는가?(단, 의견 A와 의견 B는 양립할 수 없다.)(서울대)

• 반려동물이 질병 전파가능성이 있다는 제시문에 대한 본인의 생각은?(서울대)

• 살면서 가장 지양해야 할 삶의 태도는 무엇이라고 생각하는지 말해보시오.(성균관대)

• 학교생활을 하면서 주변 인물들과 연대하여 어려운 일을 극복한 경험이 있다면 말해보시오.(성균관대)

• 학교생활을 하면서 역지사지가 중요하다고 생각한 적이 있었다면, 그 상황을 설명하고 이유를 말해보시오.(성균관대)

• 3개의 고대 기술(경작, 숫자, 종이)과 3개의 현대 기술(우주여행, 유전체 편집, 스마트폰) 가운데 고대 기술에서 한 가지, 현대 기술에서 한 가지를 선택하여, 그 고대 기술이 어떤 여러 가지 단계적 과정을 통해 선택한 현대 기술에 이르게 되었는지를 구체적이고 개연성 있게 설명하시오.(성균관대)

Q&A 98

실제 다중미니면접(MMI)에 참가한 수험생 면접후기가 궁금합니다.

[성균관대 의예과 합격수기]

• 성균관대 학생부종합전형을 준비하면서 걱정했던 점은?

학생부종합전형을 준비하면서 면접이 제일 큰 걱정이었어요. 적극적인 성격이 아니어서 처음 보는 교수님들 앞에서 말하는 것이 생각만 해도 긴장이 되어 면접 보기도 전에 겁을 먹었어요. 그래서 수시 원서 접수할 대학교를 결정할 때 면접비중이 낮은 대학을 선택했었는데 면접은 연습하다 보면 실력이 늘기 때문에 혹시 저와 같은 고민을 하는 **칩**구들이 있다면 자신감을 가지고 면접 비중이 높은 대학도 겁먹지 말고 지원해보라고 말씀드리고 싶어요.

· 면접장 분위기와 제시문 난이도가 궁금해요.

면접 전에 대기실에서 먼저 대기를 하게 되는데 1차를 통과한 다른 친구들과 함께 대기를 하게 되어서 무척 떨었어요. 순서는 추첨을 통해서 결정되었는데 저는 거의 마지막 순서를 뽑아서 4시간 가량 대기를 했는데 긴장한 상태로 화장실을 왔다 갔다 하면서 기다렸던 것 같아요. 이후 순서가 오면 면접 직접 대기실로 이동을 해서 5분 정도 기다렸다가 면접을 보는 방 앞에서 제시문을 일정 시간 읽고 생각을 정리한 뒤 노크를 하고 면접장에 들어서게 됩니다. 첫 번째 방에서는 자신의 학생부와 자기소개서에 적힌 내용에 대한 사실확인 차원에서 질문을 받았어요. 나머지 방들의 제시문 자체의 난이도는 어렵지 않지만 면접 방에 들어가서 교수님들께서 대답에 대한 꼬리질문을 하시는데 당황하지 않고 자신감 있게 말하는 것이 제일 중요한 것 같아요.

· 면접 준비를 어떻게 했나요?

면접을 준비하는데 가장 기본이 되는 것은 학생부와 자기소개서를 몇 번씩 반복해서 읽는 거예요. 그리고 자신의 서류를 읽으면서 학교생활에 대해 생각나는 것은 메모를 하고 예상질문을 뽑아달라고 하는 것도 도움이 될 수 있어요. 그리고 무엇보다도 중요한 것은 자신감이라고 생각해요. 자신감 있어 보이는 목소리와 말투로 자신의 인상이 달라 보일 수 있기 때문에 거울을 보면서 표정연습을 하거나 자신의 목소리를 녹음하여 들어보는 것도 도움이 많이 될 거예요.

• 준비하는 학생을 위한 응원과 격려의 한마디해주세요.

대학 입시라는 것은 정말 끝까지 가봐야 아는 것이기 때문에 절대 중간에 포기하지 말고 끝까지 달렸으면 좋겠어요. 특히 학종을 준비하고 있는 학생들은 학생부를 끝까지 챙기고 겁먹지 말고 자신감을 갖고 면접을 준비하면 합격할 수 있을 거예요. 그리고 사실 무엇보다도 내신에 대해서 많은 걱정과 고민을 할텐데 중간에 한번 삐끗했다고 절대 좌절해서 포기하지 않았으면 좋겠어요. 대학 입시는 어떻게 될지 모르는 거니까요! 그리고 꼭 자신만의 방법으로 스트레스를 풀어가면서 공부하라고 말하고 싶어요. 절대로 포기하지 말고 끝까지 힘내어 달려서 꼭 원하는 결과를 성취하기 바래요.

출처 : 2021 성균관대학교 학종가이드

[서울대 의예과 합격수기]

• 서울대 지역균형전형을 준비하면서 걱정했던 점은?

지방에서 고등학교를 다니다 보니 서울이나 다른 수도권의 학교들에서 하는 활동과 차이가 클까 봐 걱정이 많이 됐다. 그런데 입학 사정관들은 자신이 주어진 환경에서 얼마큼 했느냐를 보는 것 같다.

• 면접장 분위기와 난이도가 궁금해요?

지균 면접은 10분간 생활기록부에 대한 질문을 받는다. 대기실에서 기다리다가 조별로 면접을 보러 가고, 10명 정도의 학생이 동시에 다른 방에 들어가 면접을 본다. 나는 제일 마지막 순서여서 정확하진 않지만 2~3시간 기다렸던 것 같다. 분위기는 그렇게 딱딱하진 않았다. 질문들도 앞에 몇 분 정도는 생기부 관련 질문을 받고, 그 뒤에는 시사상식에 관한 질문을 받았다. 지균 전형은 면접에 큰 영향을 받지 않는 것 같다.

• 면접 준비를 어떻게 했나요?

생기부와 자소서를 읽으면서 각 부분에서 나올만한 질문들을 먼저 한글 파일로 정리했다. 그런 뒤 잘 몰랐던 질문이나 뭐라고 대답해야 할지 모르겠는 질문들에 대해 답변을 준비하고 키워드를 뽑아서 외웠다. 비슷한 맥락의 질문이 던져졌을 때 당황하지 않도록 키워드로 외우는 게 중요했던 것 같다.

• 준비하는 학생을 위한 응원과 격려의 한마디해주세요.

지방학생이라고 손해볼 것이라고 지레 겁먹지 말고 자신감을 가지고 끝까지 도전해보세요. 면접을 준비하면서 너무 수준높은 것을 준비하기보다는 자신이 학생부를 읽고 "왜 이 활동을 했는지", "이 활동을 알게 된 점이 무엇인지" 등 분석해서 준비한다면 답변을 잘 할 수 있을 것이라고 생각됩니다. 그리고 평상시 관련된 신문이나 잡지를 꾸준히 구독하면서 관련된 지식을 정리하는 습관을 가진다면 좋은 결과가 있을 것이라고 생각해요. 절대 포기하지 말고 끝까지 힘내어 달려서 원하는 것을 얻어 같이 학교를 다니면 좋겠네요.

Q&A 99

의학 및 생명계열 면접에서 어떤 질문이 있는지 궁금합니다.

[화학/생명계열]
• 3년 동안 꿈이 화학연구원인데 그 꿈을 가지게 된 계기는 무엇인가?(가천대)
• 연구자가 가져야 하는 가장 중요한 덕목이 무엇이라고 생각하나요?(서울대)
• 세포호흡 중 산화적 광인산화에 대해 설명해 보세요.(건국대)
• 지방산 구조에 대해 설명해 보세요.(건국대)
• 과학탐구연구부활동을 했다고 하는데 그 활동에 대해 자세히 설명해 보세요.(건국대)

- 세부능력 및 특기사항에 화학II에 대한 전반적인 지식이 뛰어나다고 하는데 그렇다면 산화환원반응의 정의에 대해 설명해 보세요. 중화반응의 정의에 대해 설명해 보세요.
- 화학결합의 종류에 대해 설명해 보세요.(건국대)
- 엔트로피가 무엇인지 말하고, 엔탈피와 엔트로피의 단위를 말해 보세요.(건국대)
- 형상기억합금이 무엇인가요?(건국대)
- 화장품 개발연구원이 왜 되려고 하는가?(건국대)
- 어떤 실험을 했나요? 서울대 생명과학캠프에서 한 실험을 소개해 보세요.(건국대)
- 화학II을 배웠다고 하는데, 진짜로 배운 것이 맞나?(건국대)
- 기억나는 화학II 내용이 있는가?(건국대)
- 식품개발 중 가장 중요한 점은 무엇인가요?(경희대)
- 소논문쓰기를 했는데, 자료조사는 어떻게 했나요?(경희대)
- 과학실험동아리를 3년 동안 했는데, 정말로 학교에서 하지 못했던 실험들도 있나요? (경희대)
- 약과학과에서 배우는 내용이랑 의사나 간호사 이쪽에서 배우는 보건이랑 차이가 있거 든요. 이걸 어떻게 극복할 것인지?(경희대)
- 꿈이 고분자공학자던데 꿈이 바뀌었나요?(정보디스플레이학과 지원이유?) 아님 성적이 낮 아서?(경희대)
- 식품생명공학과가 전국 여러 대학에 있는데 경희대에 지원한 이유는?(경희대)
- 켐벨의 생명과학을 읽었는데, 고등학교 생명과학과 다른 차이는 무엇이라고 생각하나 요?(경희대)
- 고등학교 생명과학이 더 어려워져야 한다고 생각하나요?(경희대)
- 그럼 유전적 원인의 수면장애의 한 가지 질병을 알고 있나요?(경희대)
- 그 질환이 어느 DNA의 유전자에 이상이 생겨 나타나는 질병인지 알고 있나요?(경희대)
- 바이러스는 비세포 구조인가? 어떻게 돌연변이가 일어나는가?(경희대)

- 현재 사용되고 있는 항암제는 어떤 부작용? 혹시 알고 있는 항암제가 있는가?(경희대)
- 과학II 과목을 안 배웠으면, 생물학과로 진학했을 때 걱정되지 않은가?(경희대)
- 시각장애인에게 빨간색을 설명해야 한다면 어떻게 설명할 것인가요?(고려대)
- 생명과학부에서 하고 싶은 것을 설명해 보세요.(고려대)
- 무인자동차 프로그램을 설계할 때 행인과 운전자 중 누구의 안전을 우선시 할 것인지 설명해 보세요.(고려대)
- 사회현상을 과학현상처럼 수학식으로 나타내는 것이 효과적일지 설명해 보세요.(고려대)
- 과학UCC에서 점탄성을 다루었는데 그 정의에 대해 설명해 주세요. (광운대)
- TiO_2 안전성에 대해 논문을 읽어봤다고 했는데, 본인이 생각하기에 안전하다고 생각하나요?(광운대)
- 친환경지향 나노기술연구센터가 어디 있는 것이지요.(광운대)
- 우주로 나가는 것보다 땅굴도시에서 인간과 자연의 환경의 공존을 이루는 것이 참신한 생각인 것 같은데, 만약에 같은 비용으로 파괴한 환경을 개선하는 것과 땅굴도시 중 어느 것을 선택할 것인가요?(광운대)
- 화학과와 화학공학과의 차이는?(광운대)
- 4차 산업혁명에서 화공생명공학자가 할 수 있는 일을 소개해 주세요.(연세대)
- 합성수지에 대해 설명해 보세요.(고려대)
- 동아리에서 맡은 임무와 가장 헌신했다고 생각하는 경험은?(동국대)
- 물이 아보가드로 수 만큼 모여 있다면, 몇 그램이고 그 이유는?(동국대)
- 아미노산의 기본 단위는?(동국대)
- 핵산의 기본 단위는?(동국대)
- 아스피린 용액 장내 미생물 실험으로 약의 부작용을 알 수 있었다고 했는데, 약의 부작용과 어떤 관계가 있는가?(동국대)
- 수학과 생명과학을 연계할 수 있는 내용에 대해 기술하였는데, 자세하게 설명할 수 있

는지?(동국대)

- 유용성 미생물(EM)에 대하여 언급하였는데 그것의 장단점에 대하여 설명해 보세요.
(동국대)

- ED 강의에서 나노의 정의와 나노연구의 필요성을 알게 되었다고 했는데 구체적으로
설명해 보시오.(동국대)

- 생체모방 연구 활동 중 흰다리 새우를 모델링 한 시뮬레이션을 했는데, 자세히 설명하
시오.(동국대)

- 질병을 더 빠르고 쉽게 진단하고 예방할 수 있는 기술들을 개발하고 싶다고 했는데 구
체적으로 설명하시오. 주제발표에서 산성비와 황사의 상호작용의 원리를 알게 되었다고
서술하였는데 그 원리에 대하여 설명해 보세요.(동국대)

- 원소분석 실험을 통해 실험식은 어떻게 구하는지 설명해 주세요.(중앙대)

- 엔트로피를 우리말로 한 단어로 말한다면 어떻게 말할 수 있을까요?(중앙대)

- 빛은 어떤 특성을 가지고 있나요?(명지대)

- 유전자 재조합 식품인 GMO의 장점과 단점에 대해 말하세요.(부경대)

- 물성과학이란? 물성이 결국 물리학이랑 같은 것 아닌가?(서울대)

- 알칼리 금속의 반응성과 그 이유는?(서울과기대)

- 지시약의 색깔 변화에 대해 설명하세요.(서울과기대)

- 인류가 사용해온 소재를 나눈다면, 어떤 기준으로 나눌 것인가?(서울과기대)

- 미래에 필요한 신소재의 물성에는 어떤 것들이 있는가?(서울과기대)

- 물질을 분류하고 그 성질에 대해 말해 보시오.(서울과기대)

- 물질, 재료에 관심이 많다고 했는데, 그 중 가장 관심이 있는 분야는 어디인가?(서울과기대)

- 금속을 선택했다면, 금속 재료의 성질을 설명해 보시오.(서울과기대)

- 금속이 연성과 전성 성질을 왜 가지는 것 같은가?(서울과기대)

- 주기율표에 대해서 설명하시오.(서울과기대)

- '화학'하면 생각나는 것 10가지를 말해 보시오.(서울과기대)

- 원자번호로 알 수 있는 것은?(서울과기대)

- 이상기체 상태방정식은?(서울과기대)

- 계면활성제의 구조에 대해 설명하시오.(서울과기대)

- 화학물질로 인한 환경문제가 심각한데 이를 어떻게 해결할 수 있나?(서울시립대)

- 다인자 유전일 경우, 관여하는 유전자의 개수를 근사적으로 추정하려고 한다. 이것이 어떻게 가능한가? 단, 변이 유전자들은 모두 다른 염색체에 위치한다고 가정한다. 만약 추가적으로 필요한 가정이 있다면 이를 언급하시오.(이화여대)

- 플루오린화 수소(HF)가 물에 잘 용해되어 안정하게 되는 이유를 설명하시오.(이화여대)

- 고체 염화나트륨(NaCl)을 물과 사염화탄소에 넣었을 때, 염화나트륨의 용해 정도를 비교하고 그 이유를 설명하시오.(이화여대)

- 따로 공학적인 발명품이나 독특한 아이디어를 낸 적이 있나요?(중앙대)

- 자기소개서에 오토파지(자식작용)에 대해서 탐구했다고 했는데, 오토파지는 무엇인가요?(중앙대)

- 오토파지와 파킨슨병과 무슨 관련이 있나요?(중앙대)

- 우리 몸속으로 들어오는 병원체에 대하여 어떠한 방어 수단이 있는지 설명하라.(한국외대)

- 자기 면역 질환이 발생하는 원인은 무엇인가?(한국외대)

- 실험을 좋아한다고 하였는데 화학실험, 생명실험 과목의 성적이 낮다. 그 이유는?(DGIST)

[의예. 치의예]
- 의사를 결정하는 상황에서 의견이 상충했던 경험이 있다면 말하시오.(서울대)

- 노화의 원인이 뭐라고 생각해요?(가톨릭대)

- 자기소개서에 전기영동 과정에서 문제가 생겨 가설을 설정하였다고 했는데, 그 가설은

무엇이고 가설 중에서 무엇이 옳았나요?(가톨릭대)

- 세포막의 구조에 대해서 설명해보세요.(서울대)

- 의사는 스페셜리스트인가? 아니면 제너럴리스트인가?(건양대)

- 독거노인 A씨는 말기암 환자입니다. 최근에 개발된 고가의 항암제로만 치료가 가능합니다. 그러나 A씨는 치료비를 지불할 능력이 없습니다. 당신이 의사라면 어떻게 하겠습니까? 당신이 환자라면 어떻게 하겠습니까?(건양대)

- 최근 사회적 이슈인 낙태죄 폐지 논란에 대하여 본인의 의견과 그 이유를 말해 주세요.태아의 선천성 기형이 발견되었을 경우 어떻게 대처할 것인지 말해 주세요.(건양대)

- 자신의 의견과 집단의 의견이 다를 때 어떻게 문제를 해결했는가?(건양대)

- 환자와 어떻게 소통할 것인가?(건양대)

- 학생이 의사가 되었을 때 단점이 될 수도 있겠다고 판단이 되는 것은 어떤 부분이 있나요?(경희대)

- 의학지식과 의료정보의 한계로 인해 행해진 의료인의 의료행위에 의해 환자가 피해를 보게 되었을 때 의료인이 어느 정도까지 책임을 져야 하는지 판단하고, 그 판단의 논리적 근거를 들어 말해 주세요.(경희대)

- 효과가 크고 부작용도 큰 신약과 효과와 부작용이 모두 작은 신약 중 어떤 것을 환자에게 어떤 약을 처방할 건가요?(고려대)

- 최근 경영이 어려워 문을 닫는 병원이 늘고 있는데 본인이라면 어떻게 할 건지?(고신대)

- 고려대 Molecular Frontier Symposium에 참여했는데 설명해 주세요.(서울대)

- (하위 20%가구보다 소득 상위 20% 가구가 만성적인 질환에 대해 치료를 받는 횟수가 더 많다는 조사결과를 말해주면서) 왜 이런 결과가 나왔을지 설명해 보세요.(서울대)

- 지방의대도 가도 되는데, 굳이 서울대 의대에 지원한 이유가 뭔가요?(서울대)

- 자폐학생에게 간단한 업무를 맡겼는데 그 학생이 더 수준 높은 일을 원한다면 어떻게 해 주어야 하는가?(서울대)

- 연명치료에 관한 토론을 했는데 연명치료에 대한 본인의 생각과 내 가족이 그런 상황에 놓인다면 어떤 입장일 것 같아요?(서울대)

- 본인이 내린 사르트르와 다윈의 말 중에 어떤 것이 옳다고 생각해요? 그리고 그 이유를 설명하세요.(서울대)

- 서울대학교 학생들은 다양한 배경을 가지고 입학하기 때문에 자신의 학문에 대한 자존심이 강하다. 학생이 과대표라고 하고 20명의 의견A와 10명의 의견B로 나누어졌을 때, 학생은 어떤 선택을 하겠는가?(단, 의견 A와 의견 B는 양립할 수 없다.)(서울대)

- 일상생활 속에서 법의 효력이 강화되는 방법은?(서울대)

- 노화 방지와 죽음을 방지하고 싶다는 생각은 언제부터 했나요?(서울대)

- 수면의학에 관심이 많고 프로비질(기면증 치료제)에 대해서 관심이 많네요? 어떻게 알게 되었어요?(순천향대)

- 정신과의사에 관심을 갖게 된 계기가 무엇인가요?(순천향대)

- 주를 사용한 실험을 하셨는데, mouse인가요? rat인가요?(순천향대)

- 체코 정부의 담배값 인상(제시문)에 관한 질문.(연세대)

- 알약 분배에 관한(제시문)에 관한 질문.(연세대)

- 어떤 의사가 되고 싶은가?(연세대)

- 당신은 선배 외과 전공의에게 의료 술기를 받고 있는 외과 전문의이다. 당신은 선배가 환자를 수술하는 도중에 실수하는 장면을 목격하였고, 그로 인해 환자는 예정에 없던 추가처치를 받게 되었다. 이 상황에서 당신은 환자에게 추가치료 사실을 알릴 것인가?(영남대)

- 극히 건조한 사막에 서식하는 동물에게 있어 A와 B의 대사 중에 어느 것이 생존에 도움을 주겠는지 선택하고, 그 이유를 설명하시오.(이화여대)

- 원시지구의 바다에 축적된 유기 물질로부터 복합체가 생겨났고, 약 39억 년 전에 세포의 기원이 된 생명체가 출현했다. 그 이후 지속된 원시지구 환경에서 유기물을 분해하

여 에너지를 얻는 대사 방법이 최초로 진화하였을 때, 이 방법은 A와 B 중 어느 것에 가깝다고 생각하는지 설명하시오.(이화여대)

- 유전병의 예시와 유전자 기술을 이용한 그 질병의 치료 과정에 대해 설명하세요.(인하대)
- 메르스에 걸린 환자가 응급신호가 왔다. 소독하는 옷을 입는 데는 5분이 걸린다. 어떻게 하겠는가?(제주대)

[한의예]

- DNA재조합 실험을 자소서에 소개했는데 실험과정을 설명하세요.(경희대)
- 꿈이 한의학전문변호사이던데 알고 있는 한의학 관련 의료사고에는 무엇이 있나요? (경희대)
- 한의학이 비과학적이라는 생각을 가진 사람이 많은데 이에 대해 자신의 생각과 한의학 과학과를 위해 해야 할 일은?(경희대)
- 연수에 이상이 있는 환자의 장기이식에 대한 찬반의견을 말해주세요?
- 대장균을 통해 인슐린 대량생산 방법에 대해 말해주세요?
- 한의사의 자질은 무엇이라고 생각하나요?
- 암 치료방법 중 한의학에서 효과가 좋은 방법을 소개해주세요?
- 중의학과 한의학의 차이점에 대해 설명해주세요?

[수의예]

- 인간에게 질병이 감염되는 과정과 알고 있는 것을 설명해 보세요.(건국대)
- 자소서를 보니까 암시적으로 본인은 임상수의학에 관심이 없다고 표현한 것 같은데 어떻게 생각하나요?(건국대)
- 박테리오 파지의 '용균성 생활사'의 정의를 설명하세요.(건국대)
- 왜 굳이 인수공통전염병에 대해 연구하고 싶은가?(건국대)

- 자신의 강점이 질병연구에 어떤 영향을 줄 것 같은가?(건국대)
- 실험용 개와 반려견의 차이는 무엇인가요?(서울대)
- 수의예과 지원동기와 자신의 향후 5년, 10년 후의 수의사로서의 모습에 대해서 이야기 해 보세요.(서울대)
- 최근에 캣맘 사건이 있었는데 그와 관련하여 길고양이 관련 갈등의 원인과 해결 방안 은 무엇이라 생각하는가?(서울대)
- 무균동물들은 어떤 문제점이 발생할까?(서울대)
- 자가 진료가 축산동물에겐 허용되고 반려동물에겐 금지된 것에 대한 견해를 말해 주세 요.(서울대)
- 반려동물을 기르는 사람들에게 수의사로서 해줄 일은?(서울대)
- 반려동물이 질병 전파가능성이 있다는 제시문에 대한 본인의 생각은?(서울대)
- 동물복지에 대해 아는 것에 대해 말해 주세요. 고등학교 생활 동안 나에게 가장 큰 영 향을 준 일은 무엇인가요?(서울대)
- 화성에서 생명체가 발견되었을 때 생명체로 인정받기 위해서 필요한 특징은?(전남대)
- 수의학에 대해 어떻게 생각하며, 수의학이 여러 분야에서 활용되는데 이를 어떻게 생각 하는지요?(충남대)
- 특수동물이 뭐가 있는지?(특수동물 수의사가 진로희망) (충남대)
- 특수동물 수의사의 전망에 대해 어떻게 생각하는가?(충남대)
- 동물 맞춤 의약품이란 무엇인가요?(충남대)
- 유기동물 보호소에서 주로 본인이 한 역할은 무엇이며 힘들지는 않았는지?(충남대)

[간호학과]
- 어느 분야 간호사가 되고 싶은가? 그 이유는?(가천대)
- 꿈이 간호사에서 바뀐 이유와 지원동기는?(경희대)

244

- 앞에 애기가 울고 있다면 어떻게 달래나요?(가천대)
- 간호사로서 본인의 장점 및 자질 3가지 소개해 주세요.(가천대)
- 간호사가 꿈인데 교육봉사를 한 이유를 설명해 주세요.(가천대)
- 간호사가 되면 어떤 힘든 점이 있을지 이야기해 주세요.(가천대)
- 간호 관련 기사 스크랩활동을 했는데 그 중 가장 기억에 남는 기사는?(가천대)
- 아동전문 간호사가 되고 싶은 이유는?(건양대)
- 병문안에 대해 어떻게 생각하는가?(건양대)
- 우리 몸도 면역체계가 있는데 항체를 만드는 림프구는 무엇인가요?(건양대)
- 질병의 원인이 뭐라고 생각하나요?(경북대)
- 질병의 환경적 요인은 뭐라고 생각하나요?(경북대)
- 간호사로서 양심을 지켜야 할 때는 언제라고 생각합니까? 그러면 만약 학생이 간호사로서 이 사건에 개입되어 있다면 어떻게 할 거예요? (고려대)
- 자신이 간호사에 적합한가? 간호사의 자질은 무엇이라고 생각하나요?(서울대)
- 역사적 또는 현대적으로 리더십으로 본받을 인물이 있다면 소개해 주세요.(서울대)
- 생명교과에 관심이 많은 것 같은데 왜 간호로 지원하게 되었나요?(서울대)
- 꿈이 변경된 이유에 대해 말해 주세요.(이화여대)
- 자신이 스포츠 재활 간호인이 되고 싶다고 했는데, 그렇다면 자신의 미래의 모습을 10년 단위로 말해 보세요.(서울대)
- 남자로서 간호학과에 지원하기 쉽지 않았을 텐데, 부모님은 찬성하셨는가? 또 주변에 남자간호사 중 본인에게 모티브를 준 사람이 있어서 지원했는가?(서울대)
- 응급처치대회에 많이 참가했는데, 왜 간호사 꿈을 가지게 되었나요?(순천향대)
- '나이팅게일의 눈물'이라는 책을 읽고 인상 깊었던 구절이 있으면 말하시오.(순천향대)
- '병원이 선택하는 탁월한 신입간호사'라는 책을 읽고 어떤 간호사가 탁월한지 말해 보세요.(순천향대)

- 가정폭력 및 아동학대 예방교육을 받았네요. 아동학대가 발생했을 때 간호사는 이를 즉시 신고해야 할 의무가 있습니다. 아동학대의 단서에는 무엇이 있을까요?(인하대)
- 사람의 몸의 소금의 농도는 몇 %인가요?(인하대)
- 노인이 잘 걸리는 질병에는 무엇이 있을까요?(인하대)
- 수술실 간호사가 되고 싶은 특별한 이유는 무엇인가요?(인하대)
- 자기소개서 내용 중에서 특히 소아과병동 간호사가 되고 싶다고 했는데, 그 이유는? (충남대)
- 나만의 간호철학을 말하세요.(한양대)

[보건계열]

- 병원 코디네이터와 장기이식 코디네이터의 차이점은?(생기부 진로 관련 질문)(경희대)
- 팀 닥터의 사회적 인식은? 팀닥터로서 갖춰야 할 자질은?(경희대)
- 자신이 생각할 때 자신이 '보건정책관리학부'에 몇 % 정도 준비되어 있다고 생각하는가?(고려대)
- 질병의 원인이 뭐라고 생각하나요?(경북대)
- 질병의 환경적 요인은 뭐라고 생각하나요?(경북대)
- 역사적 또는 현대적으로 리더십으로 본받을 인물이 있다면 소개해 주세요.(서울대)
- 생명교과에 관심이 많은 것 같은데 왜 간호로 지원하게 되었나요?(서울대)
- 꿈이 변경된 이유에 대해 말해 주세요.(이화여대)
- 반장을 할 때 반 학생들을 세세하게 챙겨줬다고 했는데 자세하게 무슨 일을 했는지 말해 주세요.(이화여대)
- 스포츠를 좋아하는데 왜 간호학과를 지원했는가?(서울대)
- 자신이 스포츠 재활 간호인이 되고 싶다고 했는데, 그렇다면 자신의 미래의 모습을 10년 단위로 말해 보세요.(서울대)

- 응급처치대회에 많이 참가했는데, 왜 간호사 꿈을 가지게 되었나요?(순천향대)
- '나이팅게일의 눈물'이라는 책을 읽고 인상 깊었던 구절이 있으면 말하시오.(순천향대)
- 자외선에 의해 사람에게 발생할 수 있는 돌연변이는 무엇이 있나요?(인하대)
- 가정폭력 및 아동학대 예방교육을 받았네요. 아동학대가 발생했을 때 물리치료사로서 이를 즉시 신고해야 할 단서에는 무엇이 있을까요?(건양대)
- 사람의 몸의 소금의 농도는 몇 %인가요?(인하대)
- 노인이 잘 걸리는 질병에는 무엇이 있을까요?(인하대)

Q&A 100

면접에서 유의해야 할 사항들을 알려주세요.

2020학년도는 면접에서만 블라인드 면접을 시행했지만, 2021학년도는 서류와 면접 모두 블라인드로 시행합니다. 블라인드 면접 시 학교명, 성장배경, 이름을 언급하면 안됩니다. 대학에서는 지원자의 이름, 수험번호, 출신고교명, 부모(친인척 포함)의 실명 및 사회·경제적 지위를 나타낼 수 있는 직업명, 직장명, 직위명 등을 답변하지 않도록 안내하고 있습니다. 또한 이를 추정할 수 있게 만드는 자신의 이름이나 출신고교명을 활용해 만든 활동, 프로그램, 수상명 등까지도 언급하지 않도록 하고 있습니다. 이를 준수하지 않았을 경우 평가에 불이익이 있을 것을 밝히고 있습니다.

〈면접 시 유의사항〉

1. 면접 시 교복을 착용할 수 없습니다.

2. 블라인드 면접 시행으로 본인 확인 후 가번호를 사용합니다.

3. 설명, 출신고교, 수험번호, 부모직업, 교외 수상실적 등이 포함된 답변은 지원자에게 불이익이 갈 수 있습니다.

4. 면접이 시작된 이후 도착한 수험생은 면접에 응시할 수 없으니, 해당 수험생 대기실에 지정된 시간까지 입실하여 관계자의 지시에 따라야 합니다.

5. 수험생은 면접 진행 과정에서 대학 관계자의 안내 및 지시사항을 준수하여야 하며 이에 따르지 않을 경우에는 부정행위로 간주합니다.

6. 고사장 내에서는 휴대전화, 무전기, 녹음기, 카메라, 전자사전 등 통신기기 및 전자기기 등을 지참할 수 없습니다.

7. 면접을 마친 수험생, 학부모 등 보호자는 수험생 대기실에 출입할 수 없습니다.

8. 면접 응시 확인서가 필요한 수험생은 수험대기실에 입실하여 진행요원에게 요청하여 주시기 바랍니다. 등 면접대상자는 학교별 유의사항을 파악하여 면접에 임하시길 바랍니다.

부록

[부록 1] 2021학년도 자기소개서 대학별 자율문항

대학	자율문항 내용
가천대 (가천의예전형)	지원동기와 지원분야의 진로계획을 위해 고등학교 재학기간 중 어떤 노력과 준비를 해 왔는지 기술해주시기 바랍니다.(1,000자 이내)
가톨릭대	해당 모집단위에 지원하게 된 동기와 지원하기 위해 노력한 과정을 구체적으로 기술해주시기 바랍니다.(1,000자 이내)
강원대	해당 모집단위에 지원하게 된 동기와 이를 준비하기 위해 노력한 과정을 기술하고, 대학 입학 후 학업계획을 기술해주시기 바랍니다.(1,000자 이내)
건국대	해당 모집단위에 지원하게 된 동기, 지원하기 위해 노력한 과정을 구체적으로 기술하시오.(1,500자 이내)
경상대	지원동기와 입학 후 학업 및 진로계획에 대해 기술해 주시기 바랍니다.((1,000자 이내)
경인교대	초등교사에게 필요한 자질이 무엇이라고 생각하는지 쓰고, 그 자질을 갖추기 위해 어떤 노력을 해왔는지를 구체적으로 기술해주시기 바랍니다.(1,500자 이내)
경희대	해당 모집단위에 지원하게 된 동기와 지원하기 위해 노력한 과정을 구체적으로 기술해주시기 바랍니다.(1,500자 이내)
고려대	해당 모집단위 지원동기를 포함하여 고려대학교가 지원자를 선발해야 하는 이유를 기술해주시기 바랍니다.(1,000자 이내)
공주교대	공주교육대학교가 지원자를 선발해야 하는 이유를 기술해주시기 바랍니다.(1,000자 이내)
공주대	자신의 진로목표를 중심으로 지원동기와 학업계획을 기술해주시기 바랍니다.(1,000자 이내)
광운대	해당 모집단위에 지원하게 된 동기와 이를 준비하기 위해 노력한 과정을 기술하고, 대학 입학 후 학업계획을 기술해 주시기 바랍니다. (띄어쓰기 포함 1,000자 이내)
광주과학기술원	광주과학기술원 GIST대학에 지원한 동기에 대해 작성하고, 본인은 어떤 과학기술인으로 성장하고 싶은지 기술해주시기 바랍니다.(1,500자 이내)
국민대	해당 모집단위에 지원하게 된 동기와 이를 준비하기 위해 노력한 과정을 기술하고, 대학 입학 후 학업계획을 기술해 주시기 바랍니다. (띄어쓰기 포함 1,000자이내)
동국대(경주) (한의/의예/간호)	대학 입학 후 학업계획과 향후 진로계획에 대해 기술하세요.(1,000자 이내)
동국대(서울)	고등학교 활동 중 전공 준비를 위해 노력한 과정을 바탕으로 지원한 동기를 기술해주시기 바랍니다 (띄어쓰기 포함 1,000자이내) (노력과정은 과목 선택 등을 통한 학업의지, 진로준비 구체화 과정, 진로고민의 흔적 등을 의미합니다.)(교내활동을 중심으로 작성하되, 학교장의 허락을 받고 참여한 교외활동은 포함할 수 있습니다.)
부산대	지원학과를 선택하게 된 지원동기, 입학 후 학업계획, 졸업 후 진로계획에 대해 모두 기술해주시기 바랍니다.(1,500자 이내)

서강대	지원전공을 선택한 이유와 대학 입학 후 학업 또는 진로계획에 대해 기술하기 바랍니다.(1,000자 이내)
서울교대	초등교사에게 필요한 자질이 무엇이라고 생각하는지 쓰고, 그 자질을 갖추기 위해 어떤 노력을 해왔는지를 구체적으로 기술하시오.(1,500자 이내)
서울대	고등학교 재학기간(또는 최근 3년간) 읽었던 책 중 자신에게 가장 큰 영향을 준 책을 3권 이내로 선정하여 그 이유를 기술하여 주십시오 • '선정이유'는 각 도서별로 띄어쓰기를 포함하여 500자 이내로 작성 • '선정이유'는 단순한 내용요약이나 감상이 아니라, 읽게 된 계기, 책에 대한 평가, 자신에게 준 영향을 중심으로 기술
서울시립대	지원동기와 향후 진로계획에 대해 구체적으로 기술해주시기 바랍니다.(1,000자 이내)
성균관대	성균관대학교와 해당 모집단위에 지원하게 된 동기와 관련하여 본인의 노력을 구체적으로 기술해 주시기 바랍니다. (띄어쓰기 포함 1,000자이내)
성신여대	고교 재학기간 동안 어떤 꿈(비전)을 갖고 학교생활에서 어떻게 노력해왔으며, 대학입학 후 그 꿈을 실현하기 위한 학업 및 진로계획에 대해 기술해주시기 바랍니다.(1,000자 이내)
숭실대	지원동기와 대학 입학 후 학업계획 및 향후 진로계획에 대해 기술해주시기 바랍니다.(1,000자 이내)
아주대	지원전공을 선택한 이유와 자신의 목표를 이루기 위해 고등학교 재학 중 도전한 경험에 대해 구체적으로 기술해주시기 바랍니다.(1,000자 이내)
연세대	해당 모집단위에 지원하게 된 동기와 지원하기 위해 노력한 과정을 구체적으로 기술하시오.(1,500자 이내)
울산과학기술원	UNIST에 지원한 동기와 고등학교 재학기간 동안 들였던 노력, 기타 특별한 경험 등에 대해서 활동중심으로 상세히 기술해주시기 바랍니다.(1,000자 이내)
울산대(의예)	해당 모집단위에 지원하게 된 동기와 지원분야의 진로를 위해 어떤 노력과 준비를 해왔는지 기술해주시기 바랍니다.(1,000자 이내)
인천대	해당 모집단위에 지원한 동기와 대학 입학 후 학업계획 및 진로계획을 구체적으로 기술하세요(1,000자 이내)
인하대	희망전공에 지원한 동기와 준비과정을 기술해주시기 바랍니다.(1,000자 이내)
전북대	지원동기와 향후 진로계획을 기술해주시기 바랍니다.(1,000자 이내)
전주교대	자신의 성장과정과 환경이 자신의 삶에 미친 영향에 대해 기술해주시기 바랍니다.(1,000자 이내)
제주대	제주대학교 학과(전공)을 선택하게 된 동기와 입학 후 학업계획에 대해 자유롭게 기술해주시기 바랍니다.(1,000자 이내)
중앙대	해당 모집단위에 지원하게 된 동기와 지원하기 위해 노력한 과정을 구체적으로 기술해주시기 바랍니다.(1,500자 이내)
진주교대	초등교사에게 필요한 자질이 무엇이라고 생각하는지 쓰고, 그 자질을 갖추기 위해 어떤 노력을 해왔는지를 구체적으로 기술해주시기 바랍니다.(1,500자 이내)

춘천교대	초등교사에게 필요한 자질이 무엇이라고 생각하는지 쓰고, 그 자질을 갖추기 위해 어떤 노력을 해왔는지를 구체적으로 기술해주시기 바랍니다.(1,500자 이내)
충남대	자신의 지원동기 및 학업계획에 대해 자유롭게 기술해주시기 바랍니다.(1,000자 이내)
충북대	지원동기와 대학입학 후 학업계획, 향후 진로계획에 대해 기술해주시기 바랍니다.(1,000자 이내)
포항공대	자신에 대해 좀 더 소개하고 싶은 내용(POTECH 지원동기, 재능 및 특기 등)이 있다면 자유롭게 기술해주시기 바랍니다.(1,000자 이내)
한국교원대	지원자 본인이 우리 대학에 합격해야 하는 당위성과 강점에 대해 여러 근거(교직적·인성 등)를 들어 자유롭게 기술하여주시기 바랍니다.(1,000자 이내)
한국과학기술원	본인의 꿈(목표)은 무엇이며, 그것을 이루기 위해 지금까지 기울인 노력과 앞으로의 계획을 기술해주시기 바랍니다.(1,000자 이내)
한국기술교대	해당 모집단위를 지원하게 된 동기를 포함하여 학업 또는 진로계획을 기술해주시기 바랍니다.(1,000자 이내)
한국항공대	지원한 모집분야에 지원하게 된 동기와 향후 진로계획, 장래희망에 대해 구체적으로 기술해주시기 바랍니다.(1,000자 이내)
한국해양대	해당 학과를 선택하게 된 지원동기를 기술하고, 입학 후 학업계획과 졸업 후 진로계획을 기술해 주시기 바랍니다.(1,000자 이내)
한동대	한동대학교 지원동기와 입학 후 학업계획 및 졸업 후 진로계획에 대해 기술해주시기 바랍니다.(1,000자 이내)
홍익대	지원동기 및 대학 입학 후 학업계획과 향후 진로계획에 대해 기술해주시기 바랍니다.(1,500자 이내)

[부록 2] 자기소개서 점검사항

문항	점검사항
공통사항	• 수험생 자신의 직접 고민을 통한 성장의 기록인가? • 정해진 분량에 맞으며 질문의 내용에 맞추어 서술되었는가? • 기본적인 어법인 맞춤법과 띄어쓰기는 잘되었는가? • 각 항목이 일관성을 가지고 어울리도록 작성되었는가? • 쉬운 단어 대신 어려운 전문 용어의 남발 등으로 현학적인 글쓰기는 아닌가? • 활동의 동기와 과정, 결과가 아닌 활동의 나열을 아닌가?
1번 문항	[학업에 기울인 노력과 학습경험] • 스스로 어떤 노력을 하였는지 드러나게 작성하였는가? • 모집단위와 관련한 지적호기심과 탐구심이 나타나고 있는가? • 세부능력 및 특기사항을 통해 교과와 연계된 활동에 대한 기록인가? • 학업노력이 지속적이며 학습경험 과정의 내용이 구체적인가? • 현재의 경험을 통해 발전의 가능성이 서술되어 있는가?
2번 문항	[의미를 두고 노력한 교내활동] • 동기와 과정, 결과가 일관성 있게 기록이 되어 있는가? • 나만의 차별화된 경험이 서술되어 있는가? • 장황한 활동의 과정에 대한 설명으로 평가자가 지루하게 생각할 점은 없는가? • 활동을 통해 얻은 성장의 경험을 구체적인 실례를 들어 작성하였는가?
3번 문항	[배려, 나눔, 협력 등을 실천한 사례와 느낀 점] • 자신이 경험한 과정을 현실감 있게 서술하였는가? • 구체적인 사례가 없이 형식적이고 일반적인 내용으로 구성되어 있지 않은가? • 하나의 문제에 대해 다양한 해법을 제시하는 융통성과 문제해결력, 진정성이 있는가? • 실천경험을 통해 느낀 점을 진정성 있게 논리적으로 작성하였는가?
4번 문항	[지원동기 및 학업계획] • 자율문항의 질문에 대한 이해를 바탕으로 작성하였는가? • 지원동기와 노력의 과정이 설득력이 있는가? • 전공적합성이나 계열적합성이 보이는가?

[부록 3] 자기소개서 항목별 확인면접 기출문제
(출처: 2020동국대 학종가이드북)

– 자기소개서 1번 항목. 학업에 기울인 노력과 학습경험

· 불교인물 중 가장 존경하는 사람은 누구이며, 그 이유는 어디에 있고 그의 서적 중 가장 감명 깊게 읽었던 책은 어떤 것인지요?(불교학부)

· 셰익스피어의 작품에 큰 감명을 받았다고 하는데, 셰익스피어에 대해서 아는 것을 말해보시오.(영어영문학부)

· 어떤 학문이든 철학이 기반이 되어야 실용적일 수 있다고 했는데, 조금 더 구체적으로 설명해 보세요.(철학과)

· 달러와 금값의 관계에 대해서 구체적으로 설명해보세요.(국제통상학과)

· 시그모이드 함수(곡선)에 대해서 왜 관심을 가지게 되었고 그 특징을 이해하였다는데, 어떤 방식으로 또는 어떻게 이해하였는지 설명해 보시오.(정보통신공학)

· 외골격 로봇의 작동 방식과 인간 관절과 비교 했는데 무엇인가요? 설계를 위해서 어떤 과목을 배워야하며 역학 과목과는 무슨 관련이 있을까요?(기계로봇에너지공학)

· 지리과목 학습 PMI는 무엇인가요? 하나의 문제를 두고 여러 가지 시각에서 바라보며 문제를 해결하기 위한 방법들을 제안하고 일상생활에서 스스로 결과를 적용시켰다고 했는데, 구체적인 사례를 들어 설명해보세요.(지리교육)

– 자기소개서 2번 항목. 본인이 의미를 두고 노력했던 교내 활동

· 한국역사에서 불교사의 위상은 어느 정도 되며, 한국사 기술에서 불교사 기술은 어떠한 지위로서 다루어져야 하는가?(불교학부)

· 마블영화를 좋아해서 관련된 영문 소설, 만화를 본다고 하였는데, 영화와 독서의 차이점과 장단점에 대해서 말해 보세요.(영어영문학부)

- 아스피린 용액 내 장미실험으로 약의 부작용을 알 수 있었다고 했는데, 약의 부작용과 어떤 관계가 있는가?(화학과)
- 퍼펙트통계에서 '진로선택이 빠를수록 인생이 행복하다?'라는 주제를 가지고 통계자료 분석 시 주의해야한다고 했는데 이에 대해서 설명하시오.(통계학과)
- 시사토론 동아리활동을 하면서 어려웠던 점과 극복과정, 인공지능의 개발 제한에 관한 토론에서 어떠한 주장과 근거를 제시하였는가?(정치외교학과)
- 부유세에 대한 자료조사 결과 대중의 인식이 어떻게 나타났는가, 부유세가 필요한 이유에 대하여 어떠한 근거를 제시하였는가?(정치외교학과)
- 경영 마케팅 창업의 이해에서 창업계획서를 작성해 보았다고 했는데 준비 과정과 그 내용에 대해 간단히 소개해 주세요.(경제학과)
- 범죄심리에 대한 이해를 통하여, 어떻게 현장에 접목시킬 것인가?(경찰행정학부)
- 수학과 생명과학을 연계할 수 있는 내용에 대해 기술하였는데, 자세하게 설명할 수 있는지?(생명과학과)
- 주제발표에서 산성비와 황사의 상호작용의 원리를 알게 되었다고 서술하였는데 그 원리에 대하여 설명해 보세요.(바이오환경과학과)
- 생체모방 연구 활동 중 흰다리 새우를 모델링 한 시뮬레이션을 했는데, 자세히 설명하시오.(의생명공학과)
- 어셈블리어를 왜 공부하였는지, 활용하여 프로그래밍 한 경험이 있나요?(정보통신공학)
- 수학영재 산출물 대회에서 태양 위치 변화 고려한 태양전지판 움직임을 수학적으로 모델링했다고 하였는데, 구체적으로 설명하시오.(정보통신공학)
- 의자 바퀴 전기 생성 시스템을 고안했는데 어떤 원리를 이용한 것이고 실제로 제작을 하였나? 어느 정도의 전기를 얻었나?(기계로봇에너지공학)
- 도마뱀 발이 반데르발스와 관련있다고 했는데 반데르발스 힘이란 무엇이고 접착성의 원리는 무엇인가요?(기계로봇에너지공학)

- 한옥에 대해서 관심이 많은 것 같은데, 한옥의 장점과 단점을 설명해 보세요.(건축공학부)
- 손난로 제작에 대해서 수행한 것으로 알고 있는데, 구체적인 원리 및 손난로를 제작하면서 배운 점에 대해서 말해 보세요.(융합에너지신소재공학)
- 〈금오신화〉의 다섯 단편 모두가 김시습이 바랐던 이상세계가 그려져 있다고 했는데, 이에 대한 자세한 설명을 해보세요.(국어교육)
- 중학생 대상 수업 시연 프로그램에서 〈천만리 머나 먼 길에〉 시조 수업을 해보았는데, 그 경험이 자기에게 미친 영향에 대해 이야기해 보세요.(국어교육)
- 스타니슬랍스키의 연극 교육방식에 대해 언급하였는데, 조금 더 자세히 말씀해 주시겠어요?(연극학부)

– 자기소개서 3번 항목. 학교생활 중 배려, 나눔, 협력, 갈등관리 등을 실천한 사례
- 사람들이 먹방에 관심을 갖고 열광하는 이유는 무엇이라고 생각하는가? 문제점은? (미디어커뮤니케이션학)
- 청년층의 실업난으로 많은 어려움을 겪고 있다. 여러 가지 원인 중에서 지나친 학벌주의로 인한 문제가 있을 것인데 학벌이 가지는 의미와 이를 해결할 수 있는 방안은?
- 층간소음으로 이웃 간 에 다툼이 빈번하게 발생하는데 다툼이 발생하는 원인이 무엇이며, 본인은 이런 상황에서 어떻게 행동할 것인가?
- 전공을 결정하는데 있어 부모와 의견이 서로 다를 경우 어떻게 결정한 것인가요?
- 쓰레기 매립장, 방사선 폐기물 매립장 등 혐오시설로 지자체와 주민 간의 갈등이 발생할 경우 갈등을 해결할 수 있는 방안에 대해 소개해주세요?
- 다른 사람에게 나눔을 실천하는 삶을 추구하는 이유는 무엇 때문인가요?
- 100만원을 아무 제한 없이 사용할 수 있다면 어떻게 사용할 것인가요?
- 본인의 이타적인 면과 이기적인 면을 소개해주세요?
-

– 자기소개서 4번 항목. 자신의 노력과 역량을 바탕으로 해당 전공(학부, 학과)에 대한 지원동기 및 진로계획

• 작가와 평론가는 자질적으로 서로 상반되는 측면이 있어요? 간단히 말하면 감성과 이성이랄까, 그 상반된 자질을 필요로 하는 진로를 희망하는 이유와 자신은 그런 두 자질을 가지고 있음을 설득력 있게 제시한다면?(문예창작학부)

• 학생은 이미 철학 수업을 많이 들은 것 같은데, 예를 들어 '끝으로 철학 수업에서 한나 아렌트의 악의 평범성을 배우며 아무 생각 없이 사는 것 자체가 악이라는 것을 깨달았습니다.'와 같이, 어디서 이런 철학수업을 들었는지요?(철학과)

• 현재에도 교훈을 줄 수 있는 역사적 사건과 인물을 찾아 소개하고 싶다고 했는데 하나를 소개할 수 있나요?(사학과)

• TED 강의에서 나노의 정의와 나노연구의 필요성을 알게 되었다고 했는데 구체적으로 설명해 보시오.(화학과)

• 법조인 중 검사가 되고자 희망하는 이유는? 이를 위해 본인에게 강점이 있다면 무엇인가요?(법학과)

• 미중무역전쟁과 관련된 발표 내용에 대하여 설명하고, 활동내용을 요약하여 소개해 주세요.(국제통상학과)

• 왜 언론을 권력의 4부라고 생각하는가? 미래에는 어떻게 될 것인가?(미디어커뮤니케이션학)

• 장차 식용곤충 사업을 하고 싶다고 하였는데, 소비자의 심리적 거부를 어떻게 해결할 것인가?(식품산업관리학과)

• 공익과 사익을 함께 추구하는 광고를 만들고 싶다고 하였는데, 예시를 들어본다면? (광고홍보학과)

• 복지 중에서 노인복지에 관심이 많은 이유는?(사회복지학과)

• 개인 광고 제작 프로젝트에서 광고 제작을 위해 상품의 정확한 가치와 정보, 타깃의 특성 등을 분석했다고 하였는데 자료를 어떻게 수집하고 분석하였는지 간단히 설명해보

세요.(경영정보학부)

- 유용성 미생물 (EM)에 대하여 언급하였는데 그것의 장단점에 대하여 설명해 보세요.(바이오환경과학과)

- 질병을 더 빠르고 쉽게 진단하고 예방할 수 있는 기술들을 개발하고 싶다고 했는데 구체적으로 설명하시오.(의생명공학과)

- 이진법이 컴퓨터의 수학적인 구조라고 자기소개서에 기술하였는데, 그 내용을 설명해주시고, 이진법을 안쓰면 컴퓨터는 있을 수 없는지 본인의 생각을 설명해 주세요.(컴퓨터공학)

- 인공지능에 대해 많은 관심이 있는 것 같은데, 인공지능이란 무엇이라고 생각하는지, 인공지능이 상업적으로 활성화되기 위해 필요한 것은 무엇이 있는지 설명해주십시오.(컴퓨터공학)

- 자소서에 언급하신 해체공법은 주로 건축에 관련된 내용입니다. 혹시 건축공학과와 건설환경공학에 차이에 대하여 알아본 적이 있나요? 건설환경을 지원한 확실한 이유가 있나요?(건설환경공학)

- 신재생 에너지를 이용한 건축물을 하고 싶다고 하였는데, 신재생 에너지를 건축에 어떻게 이용할 수 있을까요?(건축공학부)

- 변리사에 관심이 많은데, 변리사는 여러 전문 분야가 있다. 왜 산업공학을 통해 변리사가 되려고 하는가?(산업시스템공학과)

- 연료 전지 및 2차 전지에 개발에 관심이 있는 것으로 알고 있는데, 연료전지 혹은 2차 전지 중 현재 가장 큰 문제가 무엇이며, 구체적으로 앞으로 어떤 연구를 하고 싶은지 말해 보세요.(융합에너지신소재공학)

- 진로희망에는 고등학교 3년 동안 '초등교사'를 희망했는데 교육학과에 지원했습니다. 자기소개서에서 교육학과 지원동기에 대해 기술했습니다만, 교육학과를 통해서 이후 어떤 진로를 생각하고 계신가요?(교육학과)

[부록 4] 계열별 면접평가표를 활용한 면접체크리스트

[인문사회계열 면접평가표]

	평가항목	1	2	3	4	5
미디어 커뮤니케이션 학과	과제연구 시간에 방송물의 해외현지화에 영향을 주는 5 가지 요인을 분석했다고 했는데, 어떤 것들이 있나요? 가장 중요한 요인은 무엇이라고 생각하나요?					
	대중과 미디어의 관계에 대해 보고서를 작성했는데, 그 내용에 대해 설명해보세요.					
	기자단으로 장애인 인식 관련 조사를 했는데, 몇 명을 대상으로 진행했나요? 그 결과는 어떠했나요?					
행정학과	분배적 정의와 공정한 분배에 대한 수업시간에 다루었는데, 그 내용은 무엇이었나요?					
	막스 베버의 '프로테스탄트 윤리와 자본주의 정신'이라는 고전을 읽었다고 나와있는데, 생각나는 내용을 이야기해볼까요?					
	한비자와 순자의 관점을 통해 왕따 문제의 해결책을 연구했는데, 고등학교에서도 적용될 수 있는 주장인가요?					
	문화예술행정가가 되는 것이 꿈이라고 했는데, 우리나라 지역축제의 현황에 대해서 자신의 생각을 말해보세요.					
	지역개발이 이루어지다보면 지역주민과의 갈등이 생길 수 있는데 본인이 생각하는 해결방법을 말해보세요.					
국제통상학과	국제통상전문가 진로를 가지고 있는데 앞으로 어떤 통상이 유망할 것이라고 생각하나요?					
	물류산업 CEO가 되는 것이 꿈이라고 했는데 이런 꿈을 가진 이유에 대해 설명해주세요.					
	한국이 해외 여러 국가와 FTA를 체결하려는 이유는 무엇때문인가요?					
광고홍보학과	***프로젝트를 알리기 위해 캠페인 활동을 했는데 캠페인 활동의 효과에 대해 말해주세요.					
	한국사 문화재 광고를 만들어서 칭찬을 받았는데 어떤 광고를 만들었나요?					
	본인이 최근에 인상 깊게 본 광고 또는 홍보 캠페인에 대해 소개해주세요.					
	본인이 부족하다고 생각하는 점과 이를 극복하기 위해 노력한 점은 무엇인가요?					
	SNS마케팅에 관한 보고서를 작성했는데 어떤 내용으로 작성했으며, 이를 통해 배우고 느낀 점은 무엇인가요?					

경영학부	'고장난 거대기업' 책을 읽고 자신이 우리나라 기업에게 요구하는 싶다고 느낀 것이 있다면 무엇인지 말해보세요.					
	자신이 생각하는 CEO의 모습을 실현할 수 있는 이상적인 경영체제는 무엇인가요?					
	애덤스미스 책을 읽었는데, 비판할 점은 무엇인가요?					
	대형마트 매출 경쟁력의 원인을 조사하기 위해 소비자 설문조사를 했는데, 설문의 주된 내용은 무엇이었나요?					
	설문 회수율은 얼마나 되었고, 분석 결과 유의미하게 도출된 요인은 어떤 것이 있었나요?					
국어국문학과	국문과에서 무엇을 공부하는 과인지 알고 있나요?					
	문인에게 필요한 덕목이 무엇이라고 생각하나요?					
	가장 좋아하는 시인이나 문학가에 대해 말해보세요.					
	신석정 시인의 '아직 촛불을 켤 때가 아닙니다' 시 속에서 촛불이 의미하는 것은 무엇인가요?					
	시인이 우리에게 암시하는 것은 무엇인가요?					
국제학부	자원분쟁에 대한 책을 많이 읽고 있다고 했는데, 분쟁의 해결책을 찾아낸 것이 있나요?					
	독도가 우리 땅인 이유와 그에 대한 해결방안을 말해보세요.					
	기아와 난민 해결방안을 의제로 모의 유엔을 진행했다고 했는데, 의제에 대한 세계각국의 태도를 알려주세요.					
	한국의 화장품이 중국에서 인기가 있는 이유는 무엇때문인가요?					
	국제기구에서 일할 경우 언어적 한계에 어떻게 대응할 것인가요?					
심리학과	왜 의사결정에 관심을 가지게 되었나요?					
	한국인은 의사결정을 잘 한다고 생각하나요?					
	심리학 공부를 할 때 가장 힘들었던 점은 무엇인가요?					
	신데랄라를 비판적으로 재해석해보세요.					
	성폭력 예방 대책은 무엇이라고 생각하나요?					
영어교육과	영어 번역봉사활동을 꾸준히 했던데, 어려움은 없었나요? 번역이 힘들었던 책이 있었나요?					
	수업시간에 우리나라 영어교육을 분석했다고 했는데, 어떤 점이 가장 문제라고 생각하나요? 이를 해결할 수 있는 방안은 무엇이라고 보나요?					

	평가항목	1	2	3	4	5
영어교육과	초등교사를 희망하다가 영어교사로 바뀌었는데, 그 계기가 있나요?					
	영어와 관련된 가장 인상 깊은 활동에 대해 소개해주세요.					
	영어 원서 읽기 중 가장 인상 깊은 원서와 그 이유를 설명해주세요.					
철학과	칸트의 정언명령에 대한 배웠다고 했는데, 제 1법칙과 제 2법칙에 대해 설명해보세요.					
	기자가 되고 싶다고 했는데, 철학과에 진학하고자 하는 이유가 있나요?					
	니체의 자아와 자기에 대해 보고서 작성을 했다고 되어 있는데, 두 개념이 어떻게 다른가요?					
	롤스의 사상을 설명해보세요? 최소 수혜자에게 최대 이익을 부여하는 이유는 무엇때문인가요?					

[이공계열 면접평가표]

	평가항목	1	2	3	4	5
건축학부	수학과 건축의 연관관계에 관한 연구를 했다고 나와있는데 어떤 내용인지 구체적으로 설명해줄 수 있나요?					
	바우하우스 모형을 제작하면서 힘들었던 점은 무엇인가요? 극복하기 위한 노력을 이야기해볼까요?					
	베리어프리와 장애인을 위한 공간을 언급했는데 가장 이상적인 건축물은 무엇이 있나요?					
	'나는 건축가다' 책을 읽고 많은 것을 느꼈다고 기술되어 있는데 구체적으로 무엇을 느꼈나요?					
	'빅 데이터'를 활용하여 층간소음, 청소년 욕설문제 등을 해결하는 아이디어를 냈다고 했는데 구체적으로 설명해주세요.					
전기전자 공학부	쓰레기 분리시스템을 만들게 된 이유가 있나요? 작동원리는 어떻게 되나요? 혹 문제가 발생하거나 보완할 점은 없었나요?					
	생명과학에 대한 성취가 높고 관심이 많아보이는데, 전기전자공학부에서 공부하는데 어떤 도움이 될까요?					
	엔트로피에 대해 배웠다고 했는데, 엔트로피의 원리를 설명해볼까요?					

	10V의 직류전원에 200Ω과 300Ω의 저항을 직렬연결 하였을 때 200Ω에 걸리는 전압은 얼마인가요?					
	어떤 함수에 미분하였을 때 임의의 상수가 곱해져서 나왔다면 이 함수는?					
기계공학부	항공기가 이륙할 때 받는 힘에 대해서 말해보세요.					
	비행기가 주행경로를 따라 비행하고 있는데 난기류를 만나서 급하게 방향전환을 해야 하는 상황이 왔다. 이때 비행기에 작용하는 힘이나 물리현상에 대해서 설명해보세요.					
	학생이 앉아 있는 의자에는 힘이 작용하고 있다. 물체에 작용할 때 나타날 수 있는 물리현상에 대해서 아는 대로 이야기해주세요.					
	생체모방로봇에 대해 설명해보세요.					
	'오펜하이머가 들려주는 원자폭탄 이야기'를 읽고 느낀 점은 무엇인가요? 원자폭탄 원리에 대해 설명해주세요.					
컴퓨터공학과	수학동아리에서 작성한 탐구보고서에 대해 설명해주세요.					
	자신이 치명적인 병에 걸렸을 때, 일정 확률로 병을 고칠 수 있는 약이 있다고 하자. 약을 복용했을 때 부작용이 있을 수 있다고 한다면 약을 복용할 것인가?					
	기계학습에 대해 아는 것을 말해보세요? 머신러닝과 딥러닝의 차이점에 대해 설명해주세요.					
스마트ICT 융합공학과	탐구토론부분 수상이 있는데, 어떤 내용이고 본인이 기여한 역할이 무엇인지 설명해볼까요?					
	3학년 때 활동 중 'C언어를 이용한 moving sofa problem의 해결' 내용을 간단하게 설명해보세요.					
	2학년 동아리에서 아두이노 AI형 작물재배모델을 제작했다고 나와있는데 설명해볼까요?					
줄기세포 재생공학과	줄기세포가 만능세포라고 하는데 동의했는데, 그 근거가 무엇인가요?					
	동아리에서 DNA메틸화분석에 대한 기사를 작성했다고 했는데, 어떤 자료를 참고했나요? 작성한 내용을 구체적으로 설명해주세요.					
	아토피에 대한 고민으로 재생공학에 관심이 생겼다고 했는데, 아토피가 생기는 이유는 무엇인가요?					

융합생명 공학과	단백질 특성 연구를 위해 논문을 읽었다고 했는데, 어떤 경로를 통해서 찾아봤나요? 논문에서 어떤 도움을 받았나요? 연구의 결과는 어떻게 나왔나요?					
	곰팡이 종류 동정을 위한 형태학적 DNA염기서열 분석을 수행했다고 나와 있는데 내용을 설명해볼 수 있을까요?					
	교내 창의과학대회에서 입상한 청국장과 낫토의 혈전용해 효과 비교 실험에서 설정한 실험군과 대조군에 대해 설명해볼까요?					
	자신이 치명적인 병에 걸렸을 때, 일정 확률로 병을 고칠 수 있는 약이 있다고 하자. 약을 복용했을 때 부작용이 있을 수 있다고 한다면 약을 복용할 것인가?					
화장품공학과	발효화장품을 제작하고 싶다고 했는데, 발효의 원리에 대해 설명해보세요.					
	천연 에센스를 만들었다고 했는데, 어떤 재료들이 들어갔나요? 천연화장품이 갖는 장단점이 있을까요?					
	자외선 차단 필름 제작실험을 했다고 하는데, 자외선이 피부에 미치는 영향에 대해 설명해보세요.					
식품생명 공학과	어떤 식품을 개발하고 싶은가요?					
	비건 푸드에 대해 어떻게 생각하나요?					
	글루텐 프리 다이어트에서 밀가루가 문제라는데 그럼 먹으면 안되나요?					
	식품의 저장성과 그에 대한 건강유지에 대해 말해보세요.					

263

[부록 5] 의학 면접일정 및 생명윤리 면접 문항

[2021학년도 학생부종합전형 의치한대학 면접일정]

날짜	의대	치대	한의대
11.6(금)			우석대(지역인재)
11.7(토)	가톨릭관동대(CKU종합1) 연세대(연세한마음) 연세대미래(강원인재) 영남대(창의인재)	연세대(연세한마음)	
11.13(금)			세명대(지역인재)
11.14(토)	성균관대(학과모집) 연세대(면접형)	연세대(면접형)	대전대(혜화인재)
11.21(토)	고려대(계열적합형) 연세대미래(학교생활우수자)		
11.26(목)		강릉원주대(농어촌)	
12.3(목)	수능 시험일		
12.5(토)	계명대(종합일반) 대구가톨릭대(DCU자기추천) 충북대(학생부종합Ⅰ)	강릉원주대 (혜람인재/지역인재)	가천대(가천의예)
12.6(일)	계명대(지역인재) 고려대(학교추천) 순천향대(일반/지역인재) 인하대(인하미래인재)		
12.7(월)	전북대(큰사람인재) 제주대(지역인재)	전북대(큰사람인재)	
12.9(수)	전남대(지역인재) 제주대(지역인재)	전남대(지역인재)	
12.10(목)	인제대(의예/지역인재)		
12.11(금)	경상대(일반/지역인재) 고려대(학업우수형) 아주대(ACE) 원광대(지역인재) 한림대 (학교생활우수자/지역인재)	원광대(지역인재)	원광대(지역인재)

12.12(토)	경북대(일반/지역인재) 고신대(지역인재) 단국대(DKU인재) 서울대(일반) 울산대(지역인재) 원광대(학생부종합)	경북대(일반/지역인재) 단국대(DKU인재) 서울대(일반) 원광대(학생부종합)	동의대(학교생활우수자) 원광대(학생부종합)
12.13(일)	연세대(활동우수형)	연세대(활동우수형)	
12.16(수)	충남대(PRISM인재)		
12.17(목)	가천대(가천의예)		
12.19(토)	가톨릭대(학교장추천) 동국대경주(지역인재/참사랑) 동아대(지역인재) 서울대(지역균형) 울산대(학생부종합) 을지대(지역인재)	서울대(지역균형)	동국대경주(지역인재/참사랑)
12.20(일)	경희대(네오르네상스)	경희대(네오르네상스)	경희대(네오르네상스)
12.23(수)	수능 성적표 발표일		
12.25(금)	건양대(일반/지역인재)		

[의학 및 생명 윤리질문]

• 의학 윤리학 분야에서 현재 논란이 되고 있는 사실을 알고 있나요?

• 안락사에 대해 어떻게 생각하나요?

• 안락사와 존엄사의 차이점이 어떻게 되나요?

• 말기환자와 일반 환자에게 느끼는 감정이 다른가요?

• 마약 중독자인 젊은이와 나이 많은 어르신 중 한 명에게 장기이식을 한다면 누구에게 먼저 해주는 것이 좋을까요?

• HIV에 양성반응을 보인 환자를 치료하는 것에 어떻게 생각하나요?

• 에이즈에 걸린 환자가 치료를 거부할 경우 어떻게 설득할 것인가요?

• 10대 임신에 대해 어떻게 생각하나요?

• 응급실에서 제한된 자원이 있어 모든 환자를 치료하기 힘들 경우, 어떤 환자를 먼저 처

치하는 것이 좋을까요?

- 선의의 거짓말을 해본 적이 있는가? 있다면 어떤 상황에서 해보왔는가?
- 과잉진료에 대한 본인의 생각은?
- 에볼라 감염국가로 의사를 파견해야 하는 상황에서 지원자는 갈 것인가요?
- 코로나 감염 위험을 무릅쓰고 자원하는 의료진이 많은 상황에서 본인은 어떻게 할 것인가요?
- 정체불명의 감염병이 여러 나라로 전파되고 있는 상황에서 국제협력 차원에서 파견하였는데, 파견 의료진 중 일부 감염되어 우리 정부에서 감염자의 귀국을 제한하고 있는 상황이다. 지원자는 한국 정부의 방침을 따른 것인가?
- 본인이 무증상자로 자가격리를 위반하고 외출하여 많은 사람이 감염되었다면 어떻게 조치할 것인가?
- 1년 시한부라고 판정을 받게 된다면 앞으로 어떻게 살고 싶은가?
- 어제 늦게까지 수술하고 늦잠을 자고 있는데 위급한 환자가 내원해서 최대한 빨리 병원에 가야하는데 택시 승강장에서 아픈 환자가 발생할 경우 어떻게 할 것인가?
- 감염성이 높은 질병이 확산되는 상황에서 의료보호장구가 바닥이 나서 추가적인 지원이 없을 경우 본인은 어떻게 할 것인가?

[부록 6] 서울시립대학교 2021학년도 학생부종합전형 모집단위별 인재상

(자기소개서 4번 학부 및 학과인재상을 고려해서 작성)

정경대학

행정학과

- 기초교과의 성취도가 우수한 학생
- 사회문제와 공동체 가치에 대한 관심이 높고 사회현상에 대한 분석적·비판적 사고력을 바탕으로 자신의 미래를 적극적으로 개발하려는 의지가 강한 학생
- 원활한 의사소통 능력과 갈등에 대한 이해 및 조정능력을 갖춘 학생

국제관계학과

- 외국어, 언어 및 사회교과의 성취도가 우수한 학생
- 국제관계 문제(국제안보이슈, 지정학, 현대국제의제, 국제정치경제, 에너지, 국제이주, 환경, 재제, 국제개발협력 등)와 지역연구 및 한반도 정치외교문제(통일, 민주주의, 선거 등)에 관심이 많고 분석 능력을 갖춘 학생
- 국제적 마인드, 리더십, 봉사정신, 팀워크, 희생정신, 소통능력 및 배려심이 있는 학생

경제학부

- 다양한 분야의 경제문제에 관심이 많고 수학적 소양이 우수한 학생
- 정보화 적응력 및 분석적 사고를 바탕으로 혁신과 창의성이 뛰어나며 글로벌 마인드, 적극적인 리더십이 있는 학생
- 공동체 의식을 바탕으로 협동정신과 봉사정신이 뛰어나며 높은 윤리 의식을 가진 학생

사회복지학과

- 기초교과의 성취도가 우수하고 다양한 분야의 사회복지문제에 관심이 많은 학생
- 지식, 정보를 유연하고 비판적으로 활용할 줄 아는 창의적인 학생
- 타인과의 의사소통 능력 및 원활한 대인관계 형성·유지 능력 및 리더십이 있는 학생

세무학과

- 기초 및 탐구영역 교과의 성취도가 우수하고 자기주도적 학습능력을 갖춘 학생
- 통합적 사고능력을 바탕으로 융합 학문에 대한 이해를 통하여 새로운 가치 창출을 추구하는 학생
- 높은 윤리의식을 바탕으로 지속적인 발전과 혁신을 추구하는 리더십이 있는 학생

경영대학

경영학부

- 수리적 분석력과 정보 활용 능력, 외국어 능력이 우수한 학생
- 논리적 사고력을 갖추고 창의적인 문제해결방안 제시가 가능하며 도전정신을 가진 학생
- 사회통합형 리더십과 팀워크 능력, 올바른 기업윤리 정신에 대한 이해와 시민의식을 갖춘 학생

공과대학

전자전기컴퓨터공학부

- 수학과 물리에 대한 풍부한 기초지식을 지니고 있으며 우수한 외국어 능력을 갖춘 학생
- 전자전기컴퓨터공학 기술에 대한 탐구 의욕이 강하며 창의적인 사고를 할 수 있는 학생
- 다양한 의견들을 통합할 수 있는 리더로서의 능력을 지니고 있으며 미래의 목표를 설정하고 끊임없이 노력하는 학생

화학공학과

- 기초 과학 및 수학 교과목에 대해 깊은 소양을 갖춘 학생
- 공학적 응용에서 요구되는 창의적이고 분석적인 사고력을 겸비한 학생
- 타인과 공동목표를 위해 협동하는 능력 및 다양한 의견들을 통합할 수 있는 리더십을 갖춘 학생

기계정보공학과

- 수학 및 기초과학(물리)에 대한 학업성취도가 높은 학생
- 기계 및 정보 과학기술에 흥미가 높으며 창의적인 사고력이 있는 학생
- 타인과 협동하는 리더십을 갖춘 학생

신소재공학과

- 기초교과(수학, 물리, 화학) 및 외국어 능력과 성취도가 우수하고, 자신의 생각을 논리 정연한 글로써 나타낼 수 있는 학생
- 단순히 학점만을 위한 공부가 아니라, 전공학문에 대한 흥미와 호기심을 바탕으로 창의적인 질문을 생각해 내고 그에 대한 해답을 찾기 위해 끊임없이 탐구하는 학생
- 타인을 배려하고 전체 속에서 자신의 역할을 스스로 찾아 수행해 가며, 원활한 의사소통 능력을 발휘하여 팀워크를 세워나가는 학생

토목공학과

- 공학이수를 위한 기초교과(수학, 물리, 화학, 지구과학) 성취도가 우수한 학생
- 전공에 대한 흥미와 창의성 및 학업 열의가 강한 학생
- 사회 전반에서 발생하는 여러 문제들에 대한 이해도가 높고 문제해결 의지가 강한 학생

컴퓨터과학부

- 수학, 기초과학에 대한 지식 및 외국어 능력을 갖춘 학생
- 컴퓨터 및 정보·과학기술에 흥미가 높으며 창의적이고 자기주도적인 문제해결능력을 갖춘 학생
- 의사소통 능력 및 협동 능력을 갖춘 학생

인문대학

영어영문학과

- 기초교과 성취도가 우수하고 특히 영어 및 국어의 성취도가 우수한 학생
- 영어 능력을 바탕으로 영미문학, 영어학 및 영미문화에 관심과 열정이 있고 창의력과 사고력을 갖춘 학생
- 의사소통 능력과 타인에 대한 공감과 배려, 자신과 다른 의견에 대한 포용력이 뛰어난 학생

국어국문학과

- 한국어문학 소양이 우수한 학생
- 언어능력과 문학적 감수성을 지닌 학생
- 의사소통 능력과 봉사정신을 갖춘 학생

국사학과

- 역사 관련(한국사, 동아시아사, 세계사) 교과 및 언어 영역(국어, 영어) 교과 성취도가 우수한 학생
- 역사적 사고 능력과 사료 해석 능력을 갖춘 학생
- 협업능력과 창의력을 겸비한 학생

철학과

- 기초교과의 성취도가 우수한 학생
- 비판적 사고력을 바탕으로 논리적이고 창의적인 탐구가 가능한 학생
- 다양한 사고방식을 이해하고 서로 소통하고 협력할 수 있는 능력을 갖춘 학생

중국어문화학과

- 기초교과의 성취도가 우수하고 특히 국어 및 역사 교과의 소양이 뛰어난 학생
- 비판적 사고와 통찰력을 바탕으로 중국의 문화와 사회에 대해 관심이 큰 학생
- 텍스트를 이해하여 환경에 맞게 해석할 수 있으며 자신의 의견이나 생각을 명확하고 설득력 있게 설명할 수 있는 학생

자연과학대학

수학과

- 수학 및 과학 교과의 성취도가 우수하고 외국어 능력을 갖춘 학생
- 수리 논리적 사고능력을 바탕으로 수학적 탐구심과 창의성이 있는 학생
- 성실하고 의사소통 능력을 갖춘 학생

통계학과

- 전문성 : 통찰력과 합리적인 사고를 바탕으로 수리적인 지식을 쌓은 학생
- 창의성 : 새로운 아이디어를 바탕으로 변화와 혁신을 추구하며 창의적으로 공부하는 학생
- 협동성 : 열린 마음으로 소통하고 배려하여 합리적인 결과를 도출하는 능력을 갖춘 학생

물리학과

- 수학, 과학의 학업역량이 우수한 학생
- 자연현상 및 현대 과학기술의 근본원리에 대한 호기심이 강하고 관련된 문제와 해결방안을 창의적으로 제시하는 학생
- 공동체 발전 및 팀워크를 통한 문제 해결을 중시하는 학생

생명과학과

- 기초과학교과의 성취도가 우수한 학생
- 생명현상의 원리에 대한 관심이 많고 과학적 소질을 가진 학생
- 성실하고 창의성이 있는 학생

환경원예학과

- 과학관련 교과(생명과학, 화학)가 우수한 학생
- 환경원예분야(환경, 생태, 식물)에 대한 높은 관심이 있고 과학적 소질을 가진 학생
- 긍정적인 사고를 가지고 자신에게 주어진 일에 최선을 다하는 학생

도시과학대학

도시행정학과

- 외국어 및 사회교과의 학업성취도가 높고 자기주도적 학습역량을 갖춘 학생
- 도시 및 사회현상을 다양한 관점에서 이해하며 분석력을 갖춘 학생
- 도전정신 및 소통과 통합역량, 진취적 리더십 및 봉사정신을 갖춘 학생

도시사회학과

- 국어, 영어, 수학, 통합사회 영역에서 균형 있는 학업성취도를 나타내며 문제해결 능력

이 뛰어난 학생

- 사회현상에 대한 객관적 관찰력을 갖추고 창의적·혁신적 문제 제기가 가능한 학생
- 동아리활동, 팀프로젝트, 토론과 실습을 통한 학습 등에 적극적인 학생

건축학부(건축공학전공)

- 건축공학분야에 대한 흥미와 수학 및 과학교과의 학업역량이 우수한 학생
- 창의성과 실천력을 갖춘 인재로 발전가능성이 높은 학생
- 의사소통 역량이 우수하고 성실히 공부하는 학생

건축학부(건축학전공)

- 기초교과 성취도가 우수한 학생
- 건축 및 디자인에 대한 관심이 많고 창의성과 기획력을 갖춘 학생
- 협력과 의사소통 역량 및 리더십을 갖춘 학생

도시공학과

- 기초 및 탐구영역 교과의 성취도가 우수하고 자기주도적인 학습역량을 갖춘 학생
- 미래 변화 예측과 능동적 대응에 필요한 창의성과 유연성을 갖춘 학생
- 도시문제 해결을 위한 협력적 리더십과 의사소통 능력을 갖춘 학생

교통공학과

- 기초교과(수학, 물리, 영어) 성취도가 우수한 학생
- 사물과 현상에 대한 수학적·과학적 사고력이 뛰어난 학생
- 의사소통 능력 및 높은 윤리의식을 가진 학생

조경학과

- 조경학에 대한 학습 열의가 높고 기초 교과 성취도가 우수한 학생
- 과학적 사고 및 예술적 소양을 바탕으로 환경과 조경에 대한 통찰력과 창의성을 갖춘 학생
- 의사소통 능력이 우수하고 공동체의식을 바탕으로 사회관계능력을 갖춘 학생

환경공학부

- 환경문제에 대한 내재적 동기부여를 갖고 있으며 수학, 물리, 화학, 생명과학을 기반으로 공학적 응용 및 문제해결능력을 겸비한 학생
- 주어진 문제에 대한 창의적이고 비판적 사고력을 겸비한 학생
- 타인과의 신뢰를 바탕으로 배려와 양보를 실천하며 스스로에 대한 가치를 인정할 수 있는 학생

공간정보공학과

- 수학과 물리, 지구과학, 지리과목에 대한 지식이 풍부하고 전공이수에 필요한 소프트웨어 및 외국어 능력을 갖춘 학생
- 공간정보 분야에 대한 높은 관심을 바탕으로 분석적 사고력과 창의성을 지닌 학생
- 의사소통 능력과 갈등해결 능력이 있는 학생

예술체육대학

스포츠과학과

- 기초교과 성취도가 우수하며 외국어 능력을 갖춘 학생
- 체육 실기능력이 뛰어나고 도전정신과 적극적인 사고 및 창의적 사고를 갖춘 학생
- 스포츠를 통한 복지실현 및 봉사정신을 갖춘 학생

자유융합대학

자유전공학부

- 기초교과 성취도가 우수하고 자기주도적 학습능력을 갖춘 학생
- 인문·사회과학 분야의 소양을 토대로 다학제적 응용능력을 발현할 수 있는 학생
- 지식과 정보를 유연하게 활용하는 의사소통 능력과 타인을 배려하는 리더십을 갖춘 학생

국제관계학-빅데이터분석학전공

- 사회와 수학 교과의 성취도가 우수한 학생
- 국제 관계 문제(국제안보이슈, 지정학, 현대국제의제, 국제정치경제, 에너지, 국제이주, 환경, 재제, 국제개발협력 등)와 지역연구 및 한반도 정치외교문제(통일, 민주주의, 선거 등)에 관심이 많고 통계와 수학적 모델을 활용할 수 있는 분석 능력을 갖춘 학생
- 봉사정신, 리더십, 소통능력, 배려심이 있는 학생

국사학-도시역사경관학전공

- 역사 관련(한국사, 동아시아사, 세계사) 교과 및 언어 영역(국어, 영어) 교과 성취도가 우수한 학생
- 역사적 사고 능력과 사료해석 능력을 갖추고 도시 및 역사경관에 대한 이해능력을 갖춘 학생
- 협업능력과 창의력을 겸비한 학생

철학-동아시아문화학전공

- 기초교과의 성취도가 우수한 학생
- 동아시아 문화 전반에 관심을 가지고 있으며 비판적 사고력을 바탕으로 논리적이고 창의적인 탐구가 가능한 학생

- 다양한 사고방식을 이해하며 서로 소통하고 협력할 수 있는 능력을 갖춘 학생

도시사회학-국제도시개발학전공
- 영어 및 제2외국어 능력이 뛰어나고, 국어, 영어, 수학, 통합사회 영역에서 균형 있는 학업성취도를 나타내는 학생
- 세계질서 및 국제사회현상에 대한 객관적 관찰력을 갖추고 창의적·혁신적 문제제기가 가능한 학생
- 동아리활동, 팀프로젝트, 토론과 실습을 통한 학습 등에 적극적인 학생

물리학-나노반도체물리학
- 수학, 과학의 학업역량이 우수한 학생
- 과학기술의 발전과 첨단 기기의 작동 원리에 대한 호기심이 강하고 관련된 문제와 해결 방안을 창의적으로 제시하는 학생
- 공동체 발전 및 팀워크를 통한 문제 해결을 중시하는 학생

생명과학-빅데이터분석학
- 기초과학 및 수학 과목의 성취도가 우수한 학생
- 생명현상의 원리를 수리 통계적으로 분석하는 데 관심이 많은 학생
- 성실하고 창의성이 있는 학생

도시공학-도시부동산기획경영학전공
- 기초 및 탐구영역 교과의 성취도가 우수하고 자기주도적인 학습역량을 갖춘 학생
- 도시문제와 공익에 대한 관심이 크고 기획력 및 창의성을 갖춘 학생
- 의사소통 능력, 갈등해결 능력 및 창의적 리더십을 갖춘 학생

도시공학-국제도시개발학전공

- 기초 및 탐구영역 교과의 성취도가 우수하고 자기주도적인 학습역량을 갖춘 학생
- 도시문제와 공익에 대한 관심이 크고 기획력 및 글로벌 마인드를 갖춘 학생
- 의사소통 능력, 창의적 리더십을 갖춘 학생

조경-환경생태도시학

- 환경생태적으로 지속가능한 도시에 관심이 많고, 수학(통계), 영어, 과학(물리, 화학), 사회(경제, 지리) 교과 성취도가 우수한 학생
- 환경과 공간 문제에 대한 비판적 사고력이 우수하고 통찰력과 기술활용 능력을 향상시킬 의지가 있는 학생
- 의사소통 능력이 우수하고 사회관계 능력과 갈등해결 능력을 갖춘 학생

[참고자료]

* 2021 서울대학교 학생부종합전형 안내
* 2021 고려대학교 학생부종합전형 안내서
* 2021 연세대학교 수시모집 요강
* 2021 연세대학교 학생부종합전형 안내서
* 2021 서강대학교 입학가이드북
* 2020 성균관대 학생부종합전형 안내서
* 2020 중앙대학교 학생부종합전형 가이드북 BECAUS
* 2020, 2021 경희대학교 학생부종합전형 가이드북 LION
* 2019, 2020 한국외국어대학교 전형가이드
* 2020, 2021 동국대학교 학생부종합전형 가이드북 ver2.0
* 2020, 2021 인하대학교 학생부종합전형 가이드북
* 대입전형 표준화방안 연구_학생부종합전형 평가요소와 평가항목을 중심으로(건국대 등 6개 대학, 2018.3)
* 학생부종합전형 운영공통기준과 용어표준화 연구(2016.3)
* 2019년 5개 대학 공동연구_진로선택과목 학생의 선택과 대학의 평가
* 학생부종합전형 마스터 플랜(미디어 숲. 2017.3)
* 서울대학교 입학본부 웹진 아로리
* 2017, 2018, 2019, 2020 대입 지역 교육청별 면접후기 자료